Collection « L'esprit économique »

fondée par Sophie Boutillier et Dimitri Uzunidis en 1996
dirigée par Sophie Boutillier, Blandine Laperche, Dimitri Uzunidis

Si l'apparence des choses se confondait avec leur réalité, toute réflexion, toute Science, toute recherche serait superflue. La collection « L'esprit économique » soulève le débat, textes et images à l'appui, sur la face cachée économique des faits sociaux : rapports de pouvoir, de production et d'échange, innovations organisationnelles, technologiques et financières, espaces globaux et microéconomiques de valorisation et de profit, pensées critiques et novatrices sur le monde en mouvement...
Ces ouvrages s'adressent aux étudiants, aux enseignants, aux chercheurs en sciences économiques, politiques, sociales, juridiques et de gestion, ainsi qu'aux experts d'entreprise et d'administration des institutions.

La collection est divisée en six séries :

Dans la série *Economie et Innovation* sont publiés des ouvrages d'économie industrielle, financière et du travail et de sociologie économique qui mettent l'accent sur les transformations économiques et sociales suite à l'introduction de nouvelles techniques et méthodes de production. L'innovation se confond avec la nouveauté marchande et touche le cœur même des rapports sociaux et de leurs représentations institutionnelles.

La série *Economie formelle* a pour objectif de promouvoir l'analyse des faits économiques contemporains en s'appuyant sur les approches critiques de l'économie telle qu'elle est enseignée et normalisée mondialement. Elle comprend des livres qui s'interrogent sur les choix des acteurs économiques dans une perspective macroéconomique, historique et prospective.

Dans la série *Le Monde en Question* sont publiés des ouvrages d'économie politique traitant des problèmes internationaux. Les économies nationales, le développement, les espaces élargis, ainsi que l'étude des ressorts fondamentaux de l'économie mondiale sont les sujets de prédilection dans le choix des publications.

La série *Krisis* a été créée pour faciliter la lecture historique des problèmes économiques et sociaux d'aujourd'hui liés aux métamorphoses de l'organisation industrielle et du travail. Elle comprend la réédition d'ouvrages anciens, de compilations de textes autour des mêmes questions et des ouvrages d'histoire de la pensée et des faits économiques.

La série *Clichés* a été créée pour fixer les impressions du monde économique. Les ouvrages contiennent photos et texte pour faire ressortir les caractéristiques d'une situation donnée. Le premier thème directeur est : mémoire et actualité du travail et de l'industrie ; le second : histoire et impacts économiques et sociaux des innovations.

La série *Cours Principaux* comprend des ouvrages simples, fondamentaux et/ou spécialisés qui s'adressent aux étudiants en licence et en master en économie, sociologie, droit, et gestion. Son principe de base est l'application du vieil adage chinois : « le plus long voyage commence par le premier pas ».

LA RÉALITÉ VIRTUELLE

5-7, rue de l'École-Polytechnique, 75005 Paris

http://www.editions-harmattan.fr

ISBN : 978-2-343-14583-9
EAN : 9782343145839

Thomas Michaud

La réalité virtuelle

De la science-fiction à l'innovation

L'Harmattan

Du même auteur

L'innovation, entre science et science-fiction, ISTE Editions, 2017

L'imaginaire et l'organisation, la stimulation de l'innovation technoscientifique par la science-fiction, L'Harmattan, 2014

Un virus martien, Edilivre, 2013 (roman)

Prospective et science-fiction, L'Harmattan, 2010

La stratégie comme discours : la science-fiction dans les centres de Recherche et Développement, L'Harmattan, 2010

Cosmoweb, Editions Memoriae, 2009 (roman)

La zombification du monde, Editions Memoriae, 2009

Le marsisme, Editions Memoriae, 2008

Télécommunications et science-fiction, Editions Memoriae, 2008

La rêvolution satanique, Editions Memoriae, 2008

Science fiction and Innovation, Editions Memoriae, 2008

Introduction

La réalité virtuelle est une innovation promise par les utopistes et auteurs de science-fiction depuis plusieurs décennies. Le discours sur l'avènement de cette technologie fut longtemps l'apanage de l'imaginaire, générant des attentes de la part de consommateurs avides de nouveauté, notamment dans des secteurs comme les jeux vidéo. Les auteurs de science-fiction furent inspirés par des ingénieurs talentueux qui ont mis au point après la Seconde Guerre mondiale des systèmes immersifs préfigurant l'avènement du virtuel. L'informatique personnelle, puis le réseau Internet, furent des révolutions majeures dans l'histoire de l'Humanité, comparables à l'invention de l'imprimerie, voire même de l'écriture. La réalité virtuelle est-elle comparable à ces technologies, ou n'est-elle qu'un gadget supplémentaire que les marchés ont encore du mal à accepter ? Les casques de réalité virtuelle furent annoncés dans les années 2010 comme une innovation majeure susceptible de générer des mutations sociétales importantes, révolutionnant les interactions sociales et les modalités de formation et de communication entre les individus. Les premières années de la commercialisation de cette invention posent la question des conditions de son acceptation par la société. La technologie est elle suffisamment mature pour assurer une expérience satisfaisante aux utilisateurs ? La nausée ressentie par une grande partie des individus n'est elle pas un problème majeur pour d'éventuels clients ? Le prix de cet équipement est-il suffisamment attrayant, ou faut-il encore attendre qu'il baisse pour devenir un marché de masse ? Combien faudra-t-il de temps pour que les casques de réalité virtuelle deviennent une technologie très répandue, intégrée comme un outil nécessaire sur toute la planète, comme le furent les ordinateurs personnels et les téléphones portables ces dernières décennies ? Les experts les plus optimistes considèrent que la réalité virtuelle sera adoptée en quelques années, à l'image des technologies précédemment évoquées.

Les plus pessimistes redoutent sa dimension gadgétoïde et l'imaginaire négatif relatif notamment aux sensations physiques désagréables pour certains utilisateurs.

L'imaginaire accompagnant la diffusion d'une innovation pose en effet de nombreuses questions sur la dimension rationnelle ou fictive de processus souvent complexes. Le succès d'une innovation est en effet difficilement prévisible. Une croyance fréquente dans les communautés d'ingénieurs évoque la capacité de l'imaginaire de la science-fiction à anticiper les innovations majeures. Croire aux prophéties de la science-fiction permettrait d'anticiper les mutations des marchés et de mettre en place des stratégies d'innovation particulièrement pertinentes. Nous avons évoqué cette idée dans le livre *L'innovation, entre science et science-fiction* (2017). De plus en plus d'entreprises ont recours à cet imaginaire pour stimuler la créativité organisationnelle et anticiper les mutations des marchés. Plusieurs types d'imaginaires se développent dans les sociétés et sont dotés d'un pouvoir important, surtout dans un système global dans lequel la culture geek d'origine Californienne est devenue particulièrement influente, notamment chez les ingénieurs et les stratèges.

S'il est conseillé de lire dans un premier temps le livre précédemment cité, il convient de préciser que la présente étude se focalise sur l'imaginaire d'une technologie volontairement traitée superficiellement dans le premier opus, la réalité virtuelle. Pourtant, celle-ci est au centre du courant cyberpunk, qui développa particulièrement des récits dans lesquels réalité virtuelle, technologies convergentes, nanotechnologies, biotechnologies et bien d'autres étaient au centre des sociétés dans un futur proche souvent dystopique, malgré la diffusion massive de ces technologies, qui ne parvenaient que très rarement à assurer le bonheur collectif. Comme nous le verrons, principalement dans la première partie, la science-fiction a extrapolé des dizaines, voire des centaines d'histoires futuristes dans lesquelles la réalité virtuelle joue un rôle majeur. Pourquoi cette profusion de récits ? Que nous apprennent-ils sur leurs sociétés de production, et sur le capitalisme ? La science-fiction est elle une critique du système productif, ou un imaginaire au service de ses mutations et de son évolution ?

Nous avons étudié une cinquantaine de romans et de films de science-fiction ayant pour thème central la réalité virtuelle, des plus classiques comme *Matrix* ou *Neuromancien* aux plus méconnus. Le lecteur pourra certainement découvrir quelques applications originales de cette technologie, et approfondir son expérience en consultant les œuvres les plus marquantes. Cartographier l'imaginaire technique est une nécessité pour mieux le maîtriser et le stimuler. L'imaginaire du virtuel est ambivalent, mais nous constaterons qu'il participe à la construction d'une mentalité collective propice à l'innovation. La première partie permet de découvrir ou redécouvrir l'histoire de la réalité virtuelle dans la science-fiction. Les œuvres les plus récentes furent diffusées en 2018, et les plus anciennes datent des années 1940-50. Nous constaterons que certains récits eurent une influence majeure sur l'imaginaire science-fictionnel. De nombreux films et romans ne furent en effet que des dérivés d'idées originelles particulièrement importantes dans l'histoire des idées techniques, comme la neuroconnexion ou le réseau de réalité virtuelle immersive. Certaines notions inventées par la science-fiction furent par la suite reprises par les ingénieurs pour alimenter leur créativité.

La deuxième partie de ce livre prolonge l'étude de l'imaginaire du virtuel dans la science-fiction en se focalisant sur deux thématiques particulièrement importantes. L'imaginaire du piratage informatique dans la science-fiction cyberpunk, et notamment chez John Brunner, William Gibson, et autres, fut particulièrement fécond dans les années 1980, et a accompagné les premiers hackers dont les plus influents ont participé à la création d'Internet. Cet imaginaire est particulièrement important dans l'histoire de la pensée technique car la science-fiction a proposé des représentations du futur très influentes dans les communautés d'innovateurs. Cette partie développe aussi une analyse de la franchise *Ghost in the Shell*, un manga japonais qui rencontra un succès planétaire à partir des années 1990. Nous étudierons les modalités de normalisation de l'imaginaire du virtuel pour innover. Les scientifiques utilisent en effet la science-fiction pour imaginer des applications novatrices. Les œuvres étudiées dans les deux premières parties permettent de comprendre la complexité de l'imaginaire technique accompagnant les innovateurs. Cet imaginaire est global, très influent, et se nourrit aussi des découvertes technoscientifiques les plus avant-gardistes.

Dans la troisième partie, ce livre s'attardera sur le cas de l'imaginaire des casques de réalité virtuelle, à travers un article sur ce sujet publié dans la revue *Innovations, Revue d'économie et de management de l'innovation* en 2017. Il présente les discours inspirés par la science-fiction de plusieurs acteurs du secteur des TIC (Technologies de l'Information et de la Communication), et évoque l'impact des fictions *Player One* et *Le Samouraï Virtuel* sur l'imaginaire des innovateurs et investisseurs, notamment de la Silicon Valley. Les récits qui illustrent les principaux arguments sont présentés plus longuement dans un premier temps. Le cas des métavers est aussi intéressant. Le nom de ces jeux vidéo en réseau est issu du roman de Neal Stephenson *Le Samouraï Virtuel*. Associés aux casques de réalité virtuelle, ils pourraient dans les prochaines années être au fondement de nouvelles technologies dont la vocation est de distraire, mais aussi de permettre des interactions sociales révolutionnaires.

La dernière partie de ce livre se focalisera sur la théorie des technotypes. L'imaginaire technique puise ses racines dans des idées fondamentales. Cette approche est inspirée par la théorie des archétypes de Jung, et par l'approche structuraliste de l'imaginaire de Gilbert Durand. La théorie du monomythe de Campbell sera aussi présentée pour comprendre de quelle manière l'imaginaire évolue, se dévoile, et finit par contribuer à l'innovation technologique. La science-fiction sera présentée comme une mythologie, une métaphore critique, voire une prophétie, même s'il faudra considérer ce terme dans un contexte spécifique. Si nous aurons recours à la théorie de saint Thomas d'Aquin pour comprendre la prophétie et l'imaginaire, nous procéderons à une actualisation de sa pensée pour l'adapter au contexte du capitalisme techno-industriel. Enfin, cette théorisation aura pour but de déterminer à quel technotype fondamental renvoie la réalité virtuelle, dont l'imaginaire science-fictionnel assure le dévoilement progressif. L'imaginaire sera considéré comme une manifestation spécifique de technotypes présents chez l'être humain depuis ses origines, et dont la connaissance passe par la libération de nouvelles représentations grâce à l'innovation.

Chapitre I

La réalité virtuelle dans la science-fiction

Le roman *Neuromancien* (1983), de William Gibson, est le premier à décrire le cyberespace, prototype imaginaire d'un réseau de réalité virtuelle immersive. Au moment du lancement d'Internet, au début des années 1990, le terme fut utilisé par les scientifiques, les journalistes et les innovateurs pour décrire le réseau informatique du futur. Cette vision de l'avenir technologique introduisait le courant cyberpunk, qui plaçait la réalité virtuelle comme un élément central de la plupart de ses récits. Pour ainsi dire, ce courant de science-fiction contribua à représenter des technologies utopiques qui se réalisèrent quelques années plus tard et qui continuent toujours à faire rêver les futurs utilisateurs et les inventeurs, notamment dans l'informatique, les nanotechnologies, les biotechnologies et les sciences cognitives. Les récits cyberpunks critiquent implicitement la transformation du réel par les technologies de l'information. Leurs héros sont souvent des marginaux qui ont développé des compétences extraordinaires dans la maîtrise des réseaux de réalité virtuelle. Case, dans *Neuromancien*, Hiro Protagoniste dans *Le Samouraï Virtuel*, et Wade dans *Player One* ont une double identité, car ils expriment leurs capacités extraordinaires dans les mondes virtuels. Ces trois romans posent aussi la question du contrôle des mondes virtuels par les multinationales et décrivent un futur dystopique dans lequel le recours à la réalité virtuelle est un exutoire pour l'Humanité.

De nombreuses œuvres comme *Le Successeur de pierre*, de Truong, ou *Matrix*, expliquent aussi que l'immersion dans les mondes virtuels répond à une réalité apocalyptique comme la diffusion d'un virus ou la prise du pouvoir par les machines. Si la réalité virtuelle de ces œuvres est la conséquence d'un progrès technique et d'innovations dans les prochaines décennies, bon nombre de récits de science-fiction mettent en garde contre une technologie devenue autonome en raison de la perte de contrôle des intelligences artificielles créées par l'Humanité. Des enjeux d'éthique de la recherche scientifique sont posés par certains films ou romans. La science-fiction imagine aussi l'impact de la réalité virtuelle sur les sociétés à moyen terme. Le roman *Le Samouraï Virtuel*, de Neal Stephenson, a anticipé les innovations dans les mondes virtuels comme Second Life, en décrivant les avatars, et les lunettes de connexion aux métavers, qui connaissent un succès croissant depuis plus de vingt ans. Le roman *Player One* (2010), d'Ernest Cline apparaît comme indispensable pour comprendre les enjeux de la diffusion de casques de réalité virtuelle dans les prochaines années. Ce livre sert de référence à l'inventeur de l'Oculus Rift, Palmer Luckey, dont l'entreprise a été rachetée en 2014 par Facebook. 2016 est d'ores et déjà présentée comme l'année du début de la commercialisation des casques de réalité virtuelle. Cline soulève des questions morales et pragmatiques sur la gestion des mondes virtuels par des multinationales et sur l'intérêt pour une société de transférer son lien social dans les mondes virtuels. Après le cyberespace de Gibson, et le métavers de Stephenson, l'OASIS de Cline est devenu en quelques mois la référence incontournable en termes de vision prophétique pour les concepteurs informatiques. Le livre est truffé de descriptions assez précises d'applications de réalité virtuelle dans tous les secteurs de la société. Par exemple, « Dans l'OASIS, les salles de cours ressemblaient au holodeck. Du coup, il était bien plus facile de captiver les élèves. Les profs pouvaient nous emmener tous les jours sur le terrain, sans jamais quitter l'enceinte de l'école[1] ». De *Neuromancien* à *Player One*, les représentations des mondes virtuels ont accompagné la commercialisation de grandes innovations, de l'ordinateur personnel à Internet, puis à la réalité virtuelle immersive, présentée comme un enjeu technologique et sociétal

[1] Cline (Ernest), *Player One*, Paris, Editions Michel Lafon, 2013, p. 86

majeur dans les prochaines années. Il s'agit aussi souvent de décrire le futur des jeux vidéo.

La numérisation des esprits dans les mondes virtuels

Le thème de la numérisation des esprits (mind uploading en anglais) est présent dans de nombreux romans et films de science-fiction qui relaient des idées présentes dans la communauté scientifique depuis les années 1980. Ce concept faisait déjà l'objet de nouvelles et de romans dans les années 1950, relayant l'engouement pour la cybernétique et la naissance de l'informatique, sources de peurs et de fantasmes dans la société américaine, initialement. L'idée est de permettre à des individus de transférer leur personnalité dans des simulations informatiques, dans le but d'atteindre l'immortalité cognitive. Il s'agit d'une spéculation scientifique qui repose sur l'hypothèse que la conscience peut s'expliquer grâce aux lois de la physique, ce qui est contesté par d'autres courants philosophiques comme le dualisme. Depuis que la loi de Moore a été exprimée en 1965, l'imaginaire des possibilités offertes par l'informatique fut abondant. La numérisation des esprits est devenue une sorte de Graal pour les informaticiens de toute la planète. L'invention d'une intelligence artificielle supérieure à l'Humanité est nommée par les transhumanistes la singularité. Cette créature artificielle suscite beaucoup de fantasmes et de peurs chez les scientifiques du monde entier. Mais ne pourrait-on pas se trouver prochainement confrontés à une intelligence humaine numérisée, immortelle et dépassant la puissance de calcul des intelligences artificielles les plus évoluées ?

Les romans de science-fiction traitant de la numérisation des esprits présentent cette technologie comme une possibilité de vaincre la mort. Dans *La Cité des Permutants* (1994), Greg Egan suggère que l'immortalité cognitive pourrait être réservée à quelques privilégiés capables de numériser des copies de leur identité dans un monde virtuel. Le film *Transcendance* (2014) reprend cette idée. Autre exemple, dans la série d'animation *Code Lyoko*, les personnages sont « virtualisés », ce qui leur permet de pénétrer dans les réseaux informatiques. Il faut ainsi distinguer deux types de numérisation de l'esprit qui peut s'effectuer soit dans un clone, un corps biologique, soit dans un support mécanique comme un robot ou un monde virtuel.

Réalité augmentée et réalité virtuelle

Il faut aussi différencier la réalité virtuelle de la réalité augmentée. Cette dernière a été popularisée par le film *Terminator* (1984). Le robot incarné par Arnold Schwarzenegger accède à des informations qui se superposent à sa vision. Cette fiction préfigure la réalité augmentée et les possibilités offertes par la mise en réseau de toutes les informations possibles. Une question se pose d'ailleurs : comment est-il possible que le réseau d'information du cyborg fonctionne dans la société de 1984 qui n'a pas encore inventé Internet, qui a manifestement connu un fort développement dans un futur dans lequel les intelligences artificielles ont pris le pouvoir et ambitionnent de détruire l'espèce humaine ? Des programmes comme le film *Minority Report* (2002) et la série *Black Mirror* suggèrent que la réalité augmentée pourrait être intégrée dans l'œil des individus, avec des micro-caméras ou des lentilles. Dans *Minority Report*, cela permet de personnaliser les publicités. Dans le manga *Dragon Ball Z*, certains personnages sont équipés de lunettes qui transmettent des informations sur leur environnement et notamment sur la puissance de leurs adversaires. Le projet Google Glass repose sur la possibilité de faire accéder les individus à une forme de réalité augmentée. Ce projet avant-gardiste a été interrompu en 2015, mais pourrait revenir dans un futur proche à mesure que son prix sera abordable et que les applications deviendront intéressantes pour les consommateurs.

Le Cobaye et Le Cobaye 2 : la réalité virtuelle rend elle plus intelligent ?

Dans le film *Le Cobaye*, la réalité virtuelle permet à un simple d'esprit de devenir plus intelligent, dépassant même les capacités du savant qui à mis au point les programmes informatiques qui ont permis cette évolution cognitive. Le thème de l'augmentation de l'intelligence est fréquent dans l'imaginaire technique, principalement dans la philosophie transhumaniste. Les penseurs psychédéliques comme Timothy Leary pensaient que des drogues comme le LSD pouvaient permettre d'accéder à des états de conscience améliorée. Leary croyait dans les bienfaits de l'informatique et de la réalité virtuelle, dont il comparait les effets à ceux générés par le LSD. La théorie de la singularité, développée par Von Neumann et popularisée par l'auteur de science-fiction Vernor Vinge explique que l'intelligence artificielle deviendra à un moment plus performante que l'intelligence humaine. Cette théorie est très populaire chez les scientifiques dont les plus éminents, comme Stephen Hawking, soutenu par des milliardaires comme Elon Musk ou Bill Gates, redoutent une catastrophe quand la singularité se réalisera. Si certains craignent les conséquences du progrès technique, d'autres attendent beaucoup d'éléments positifs de la révolution technologique. L'augmentation de l'intelligence grâce aux réseaux de données est un point récurrent de l'imaginaire contemporain. Une série comme *Intelligence* montre comment un super-agent utilise ses capacités cognitives augmentées par la connexion aux réseaux informatiques et de réalité virtuelle et augmentée pour traquer les criminels. Il est par exemple capable de se connecter aux réseaux de caméras de vidéosurveillance, ce qui lui permet de localiser des suspects en quelques instants. L'innovation technologique n'est donc pas seulement un danger pour l'Humanité, qui pourrait être éradiquée par la singularité. Elle permet aussi de développer l'intelligence humaine. Le progrès des sciences cognitives et des connaissances sur le cerveau pourrait bien augmenter l'intelligence humaine grâce aussi aux biotechnologies dans les prochaines décennies, ce qui permettrait de toujours garder une longueur d'avance sur des machines qui pourraient alors demeurer des outils intelligents contrôlés par les humains.

Un texte introduit le film *Le Cobaye*. Il présente la réalité virtuelle comme une technologie ambivalente :

« D'ici la fin du millénaire, une technologie connue sous le nom de réalité virtuelle sera largement répandue. Elle permettra d'entrer dans ses mondes artificiels façonnés par ordinateur aussi illimités que l'imagination elle-même. Ses créateurs entrevoient des millions d'utilisations positives – d'autres redoutent que ce soit là une nouvelle forme de contrôle de la pensée ».

L'entreprise Virtual Space Indutries utilise la réalité virtuelle pour rendre des animaux plus intelligents, capables d'utiliser un armement militaire. Le savant à l'origine de cette invention souhaite qu'elle soit utilisée à des fins pacifiques, mais d'autres acteurs planifient de créer de nouvelles armes. « La réalité virtuelle contient la clé de l'évolution de l'esprit », dit le Dr Angelo après la mort de son singe cobaye qui avait essayé de s'échapper du centre de recherche, témoignant d'une intelligence prodigieuse et d'une capacité à évoluer avec un casque de réalité augmentée. Il sombre dans une dépression et souhaite poursuivre ses recherches à l'écart du centre qui le subventionnait. Il décide d'utiliser un cobaye humain, un simple d'esprit nommé Jobe qui s'occupe des espaces verts près de son domicile. Le Dr Angelo est bien connu pour créer et posséder des jeux vidéo qui fascinent les plus jeunes. Jobe accepte de devenir cobaye car le docteur lui promet que son invention lui permettra de devenir plus intelligent. Jobe reçoit des injections de drogues neurotropiques en même temps qu'il se connecte à un programme de réalité virtuelle immersive. Il progresse rapidement et Angelo souhaite poursuivre ses expériences au sein du centre Virtual Space Industy, équipé de l'ordinateur le plus sophistiqué du monde. Il est possible de s'équiper d'une combinaison spéciale et d'utiliser des gyrosphères qui permettent de se connecter à la réalité virtuelle. Jobe apprend le latin en deux heures. Ce thème de l'apprentissage accéléré grâce à cette technologie se retrouve aussi dans *Matrix*. Néo passe des heures à apprendre les différentes techniques de combats dans des simulations virtuelles. Jobe est cependant pris de maux de tête, car il se met à entendre les pensées des gens dans un bar. Il développe aussi la télékinésie, et expérimente le sexe virtuel dans les gyrosphères avec sa petite amie, qui ressort traumatisée par l'expérience en raison une défaillance du système. La crainte que la réalité virtuelle provoque des séquelles neurologiques est fréquente dans la science-fiction. Si cette technologie peut rendre plus intelligent, elle peut aussi mener à des traumatismes invalidants. Cette scène montre l'ambivalence de l'imaginaire de la réalité virtuelle. Cette défaillance est en fait causée par la hiérarchie du Dr Angelo, qui souhaite que cette expérience s'oriente vers des applications militaires. Puis Jobe, devenu plus intelligent que son créateur, affirme : « Nous n'avons jamais exploré les fonctions nouvelles du cerveau. Nous n'avons fait que réveiller les plus anciennes. Cette technologie conduit au pouvoir que les magiciens et les alchimistes utilisaient il y a des siècles. Les hommes se sont aliénés cette connaissance. Aujourd'hui je la fais mienne au moyen de la réalité virtuelle ». Le Dr Angelo présente ses découvertes à Washington et explique que la réalité virtuelle pourrait avoir un impact pour le traitement des attardés ou des malades d'Alzheimer, et être utile à l'éducation en général. Pendant ce temps là, Jobe s'injecte une surdose et accède à une forme de surhumanité le poussant à éliminer ceux qui se moquaient de son idiotie avant sa transformation. Il explique comment il conçoit son rôle : « La réalité virtuelle n'est pas qu'une simulation. C'est tout un autre monde. Une nouvelle dimension électrique. C'est l'utopie Docteur. C'est l'utopie dont l'Homme a rêvé depuis le commencement des temps et je serai le guide (...) Cette technologie doit croître. Tout comme le télégraphe amena le téléphone, et la radio la télévision, elle vivra partout (...) Je vais me projeter à l'intérieur de l'ordinateur central et deviendrai de la pure énergie. Une fois entré dans le réseau neural, ma naissance sera annoncée par la sonnerie de tous les téléphones de la planète ». Selon Angelo, Jobe est victime de psychoses, manifestant les symptômes du syndrome du Christ. En effet Jobe se conçoit comme le « cyberchrist ».

La suite du film, *Le Cobaye 2* (1996) montre Jobe après qu'il a survécu à l'incendie du centre Virtual Space Industry. Une infirmière lui promet que la réalité virtuelle reconstruira son esprit et peut-être aussi son corps. Handicapé, il est placé dans une gyrosphère. L'action se déroule à Los Angeles, dans le futur. Une bande de jeunes se connecte au cyberespace grâce à des lunettes et un ordinateur. Grâce à un disque cybercycle, ils voyagent dans une réalité virtuelle avec des motos. Ils rencontrent Jobe, qui confie une mission à un des jeunes, Peter, son ami du premier film. Lors de cette rencontre, un individu tire sur Peter, qui est touché à l'épaule. Il ressort inconscient dans la réalité. Cette scène montre que la réalité virtuelle a un impact sur le réel. Comme dans *Matrix*, mourir dans le virtuel signifie la mort dans le monde réel. Virtual Light Institute est une entreprise qui a construit un réseau informatique entièrement fondé sur la réalité virtuelle. Le processeur Chiron permettra par exemple la consultation en ligne de toutes les connaissances.

Jobe a demandé à Peter de retrouver le scientifique Benjamin Trace pour lui venir en aide, alors qu'il construit le processeur Chiron. « Chaque fois que quelqu'un se connecte à Virtual Light, nous savons les moindres choses sur sa vie privée », explique John Walker, un homme d'affaire qui utilise Jobe pour développer Chiron et qui a volé le brevet de cette invention à Benjamin Trace. Lors d'une démonstration, Walker demande au président des Etats-Unis de s'équiper de son visiocasque. Bien que séparés par des centaines de kilomètres, ils se retrouvent dans un même espace virtuel. Lors d'une cérémonie, Jobe fusionne avec le monde virtuel et contrôle tous les systèmes automatisés, comme les comptes bancaires, les réseaux d'eau et d'électricité, et provoque le désordre. Ceci renvoie à l'imaginaire de la panne dans les sociétés hyperconnectées. Si les réseaux ne fonctionnent plus, la civilisation risque de s'effondrer. La peur du Bug de l'an 2000 reposait sur le même imaginaire, et les architectes se posent aussi souvent la question du sort potentiellement négatif des immeubles des villes nouvelles construites notamment en Corée du Sud ou en Chine en cas de panne des réseaux informatiques ou d'attaques par des hackers.

Jobe se présente comme un nouveau messie et prône l'anarchie dans le monde réel, alors qu'il promet une vie paradisiaque à tous ceux qui le suivront dans le cyberespace. Les héros finissent par sortir Jobe de son délire et par éviter qu'il prenne le contrôle des mondes virtuels. La crainte de la domination des mondes virtuels par des hackers, des virus, des intelligences artificielles, des multinationales ou d'un Etat Orwellien est récurrente dans la science-fiction. En général, les personnages positifs parviennent à éviter la corruption des mondes virtuels. Si ces derniers sont initialement souvent présentés comme des Paradis artificiels, ils sont fragiles et pourraient devenir des lieux infernaux s'ils tombaient entre de mauvaises mains, comme des dictateurs ou des criminels. Les mondes virtuels peuvent en effet servir des causes moralement discutables. Dans *Les Enfers Virtuels*, d'Iain M. Banks, une guerre circonscrite au virtuel oppose les partisans des Enfers Virtuels à leurs adversaires qui souhaitent leur abolition. Ces derniers contestent l'existence de ces lieux où les condamnés numérisés après leur mort y ressuscitent continuellement pour subir de nouveaux supplices. Les défenseurs de cette pratique la justifient en expliquant notamment que sans la peur de la condamnation aux enfers virtuels, la société sombrerait dans le chaos et la désolation.

Matrix, Passé Virtuel, eXistenZ : 1999 l'année du virtuel au cinéma

Dans *Passé Virtuel* (1999), Hannon Fuller, un informaticien génial a recréé par ordinateur la ville de Los Angeles de 1937. Il est assassiné après y avoir fait une découverte. Pour se connecter à cette simulation, ses collègues, et notamment son associé Douglas Hall, connectent leurs cerveaux à une machine qui ressemble à un scanner. Allongés, leur conscience pénètre la simulation au point de ne plus pouvoir distinguer la réalité du virtuel. Hall réalise que les personnes qui vivent dans la simulation sont « d'autres nous-mêmes » dont certains se rendent compte des limites du monde virtuel. Si certains films et romans montrent des simulations du réel quasiment illimitées, comme dans *Matrix*, d'autres mettent en scène des simulations informatiques finies qui posent aux héros la question de l'origine du monde dans lequel ils vivent. Cette question est notamment posée dans le film *Truman Show*, dans lequel Jim Carrey réalise qu'il est le héros d'une téléréalité géante. Hall affirme vers la fin du film : « Nous ne sommes que des êtres simulés sur ordinateur ». Les personnages finissent par se demander quelle est la nature du monde qui a simulé la réalité qu'ils considéraient comme la référence et non comme une simulation. Comme souvent dans les films de science-fiction traitant de la réalité virtuelle, le spectateur finit par se poser la question soulevée par Nick Bostrom : « Vivons nous dans une simulation informatique ? ».

Le film *eXistenZ* est sorti en 1999 et propose une réflexion sur les enjeux philosophiques de la réalité virtuelle. Allegra Geller a inventé un jeu qui se branche directement au système nerveux des utilisateurs. Comme dans *Matrix*, les joueurs utilisent la neuroconnexion. Un bioport est percé dans la colonne vertébrale et un cordon ombilical le relie à la console de jeu, qui ressemble à un fœtus. La créatrice de ce jeu est cependant contestée par des fanatiques qui luttent contre la réalité virtuelle, prônant le réalisme. Ted Pikul, interprété par Jude Law, sauve la vie d'Allegra Geller et l'accompagne dans ses aventures virtuelles après s'être fait poser un bioport. Il était jusqu'alors réticent à cette technologie, craignant une infection ou de finir paralysé. Allegra finit par le convaincre en lui indiquant que l'opération est aussi simple que de se faire percer l'oreille. Les jeux vidéo de nouvelle génération ont modifié les pratiques ludiques. Ainsi, « plus personne ne pratique le ski physiquement ». Les skieurs se connectent désormais à des jeux avec leur bioport. « Le GamePod d'eXistenZ est effectivement d'origine animale », souligne le réparateur de la console endommagée dans laquelle figure l'unique version du jeu. « Il est issu d'un œuf d'amphibien fécondé et bourré d'ADN de synthèse ». Une fois dans le jeu, Ted prononce des phrases sans qu'il ait eu envie de les dire. Allegra le rassure en lui disant que c'est une sensation assez schizophrénique mais nécessaire à l'évolution du jeu. La partie met en scène les joueurs alors que des terroristes nommés « les réalistes » souhaitent la mort d'Allegra. Le film rappelle que des individus ou groupes s'opposent toujours aux innovations technologiques. Dans le cas de la réalité virtuelle, et des jeux vidéo plus généralement, les arguments contestant leur utilisation sont fréquents. Chaque nouvelle étape franchie vers la simulation ultime, de plus en plus indifférenciable de la réalité, pose des questions éthiques qui activent des tensions politiques.

La trilogie *Matrix*, dont le premier film fut aussi diffusé en 1999, constitue l'apogée du courant cyberpunk. Thomas Anderson est un informaticien contacté par des hackers convaincus qu'il est l'élu. Ces derniers lui expliquent que sa vie n'est qu'une simulation informatique, que la réalité est en fait un monde virtuel généré par les machines qui ont vaincu l'Humanité. Elles utilisent les corps humains, placés dans des cocons connectés à la matrice, comme source d'énergie. Les résistants à la dictature des machines vivent à Sion, d'où ils attendent une libération grâce à un sauveur providentiel. Cette trilogie décrit une matrice pure et parfaite à laquelle on peut se connecter grâce à la neuroconnexion. Des programmes de réalité virtuelle permettent à Néo, le surnom de Thomas Anderson, d'acquérir des compétences dans la plupart des arts martiaux, utiles pour combattre l'Agent Smith, un virus qui souhaite éliminer l'espèce humaine. La trilogie *Matrix* est devenue culte, une référence incontournable pour les personnes intéressées par la réalité virtuelle.

Minority Report et les innovations technologiques

Le film *Minority Report* (2002) a inspiré de nombreuses innovations technologiques. En quelques années, les ingénieurs et scientifiques de la planète se sont inspirés de ce film réalisé par Steven Spielberg et à l'origine une nouvelle de Philip K. Dick (1956).

Dans la fiction, les Precogs sont des êtres humains capables de prédire les meurtres et la criminalité. Depuis quelques années, les polices de Los Angeles et de Zurich utilisent des logiciels de « prévention du crime ». Ces programmes intègrent des milliers d'informations relatives à la délinquance (lieux exposés, saisonnalité, influence du climat, adresses des détenus libérés, tensions entre les gangs), et conseillent aux forces de police de patrouiller dans tel ou tel secteur, à titre préventif. Un de ces logiciels, de fabrication allemande, se nomme Precobs (Pre Crime Observation System) en référence aux Precogs de la fiction. Il utilise des bases de données, conjugue différents facteurs (lieu, date, récurrence des délits passés, type de délit, etc.) pour ensuite déterminer à l'aide d'un algorithme la probabilité des délits futurs dans certains territoires. En 2015, l'entreprise Hitachi annonçait la mise au point d'un logiciel permettant de prévenir et de géolocaliser les délits. Dans sa nouvelle, Dick s'interrogeait sur les conséquences pour les démocraties de l'acquisition de la faculté de prédire les crimes. Cette nouvelle faculté pourrait paradoxalement mener à la mise en place d'une nouvelle forme d'Etat policier, voire totalitaire. La mise au point de ces technologies en est encore à l'état de test dans quelques villes, dont certaines obtiennent des résultats stupéfiants. Cette technologie pourrait nécessiter l'accès aux informations présentes dans les réseaux sociaux ou dans toutes les banques de données permettant à moyen terme de modéliser les comportements humains dans le but de les rendre prédictibles. C'est en cela que cette technologie pourrait potentiellement être liberticide, surtout si elle est utilisée dans des systèmes politiques déjà autoritaires. La protection des informations individuelles devrait dans les démocraties limiter

les dérives, même si elles ne sont pas à l'abri de devoir limiter ces libertés pour lutter contre des périls comme le terrorisme.
La dimension prospective du film de Spielberg est la conséquence d'une consultation d'experts par le réalisateur plusieurs mois avant la réalisation du film. Il a notamment organisé une conférence de trois jours dont le thème était la vie en l'an 2054. Il avait invité des écrivains, des urbanistes et des innovateurs, dont beaucoup venaient du MIT, qui a fourni de nombreuses technologies utopiques présentées dans le film. John Underkoffler joua un rôle important de conseiller technique et scientifique. Il considérait que sa fonction était nouvelle dans l'industrie cinématographiques mais était appelée à devenir de plus en plus une nécessité. Le brainstorming organisé accueillait notamment Douglas Coupland, auteur de *Generation X*, le pionnier de la réalité virtuelle Jaron Lanier ou le directeur du Center for Bits and Atoms du Media Lab, Neil Gershenfeld. Underkoffer qui est notamment à l'origine de l'interface révolutionnaire présentée dans ce film estime que :

« In the '30s and '40s, most science fiction just featured caricatures of scientists and there was very little real scientific information there. Now a lot of science from the movies flows back into real research. The 'cyber' research of the last 10 years is very much influenced by the cyberpunk literature of the 10 years before that[2] ».

Dans le film, John Anderton utilise une voiture connectée. Il n'est plus nécessaire de toucher le volant puisqu'il est possible d'utiliser le pilotage automatique. La voiture sans chauffeur est un projet qui mobilise la plupart des centres de Recherche et Développement du secteur. En octobre 2010, Google a par exemple annoncé la mise au point de huit Google Cars intégralement automatisées. Renault-Nissan a prévu de commercialiser en 2020 le Next Two en France, un véhicule électrique sans conducteur ni volant. Elon Musk, PDG de Tesla Motors expliquait que dans quelques années, les voitures avec

---

[2] *MIT Tech Talk*, 17 juillet 2002, http://news.mit.edu/2002/underkoffler-0717

chauffeurs seraient interdites car la totalité des véhicules seraient automatisés, ce qui permettrait notamment d'éradiquer les accidents de la route. Recherché par la police, John Anderton, chef du bureau expérimental Précrime, doit éviter les nombreux capteurs scannant sa rétine car cela permettrait son identification et son interpellation. La reconnaissance rétinienne s'est diffusée depuis 2003, initialement dans tous les aéroports anglais et américains. Elle est aussi utilisée pour l'accès aux sites de l'armée américaine. Grâce au progrès de la biométrie, des appareils identifient en cartographiant la paroi interne de l'œil, avec une marge d'erreur d'1 sur 10 millions. Dans le film, un usager du métro de Washington lit un drôle d'exemplaire du journal *USA Today* dont le contenu s'actualise en temps réel. Cette technologie est devenue courante avec les tablettes et le WIFI mais était futuriste à l'époque de diffusion du film de Spielberg. John Anderton, qui a perdu son fils dans des circonstances atroces, regarde, les larmes aux yeux, des films en 3D de son enfant. Cette vision dite « stéréoscopique et tridimensionnelle en relief » est devenue banale au cinéma depuis 2009, année où James Cameron sortait son film *Avatar* en 3D. Depuis, les grands fabricants de téléviseurs commercialisent des écrans plats permettant de visionner sans lunettes les images en relief. Dans son Q.G., John Anderton commande un grand écran mural en faisant des mouvements dans l'air. Grâce à des gants munis de capteurs, il zoome sur des images et manipule photos, vidéos et fichiers avec ses doigts. Après plusieurs années de recherche, Microsoft présentait, en septembre 2010, le périphérique Kinect. Sur les jeux vidéo de la Xbox, cette innovation permet de reconnaître des gestes et de s'affranchir des manettes. Depuis, d'autres produits ont suivi, comme des télévisions intelligentes ou des téléphones sur lesquels il est possible de naviguer sans toucher l'écran. Certaines scènes de ce film sont considérées par de nombreux experts comme des références et des modèles utiles aux ingénieurs et aux designers pour mettre au point des technologies du virtuel désirables par le grand public.

L'OASIS d'Ernest Cline

Le livre *Player One*, d'Ernest Cline (2011) est devenu une référence en quelques années, au point d'être adapté au cinéma par Steven Spielberg en 2018. L'OASIS est définie comme une « énorme plateforme multi-joueurs en réseau à l'origine du système de réalité virtuelle mondial dont la plus grande partie de l'humanité se servait désormais au quotidien[3] ».

Wade est le héros du roman *Player One*. Il a découvert l'OASIS très jeune. Sa mère s'en servait de baby-sitter virtuelle : « Dès que j'ai été assez grand pour porter un viseur et une paire de gants haptiques, ma mère m'a aidé à créer mon premier avatar dans l'OASIS, puis elle m'a collé dans un coin et s'est remise au boulot, me laissant explorer un monde totalement nouveau, très différent de celui que j'avais connu jusqu'alors[4] ». L'éducation des enfants est confiée à des mondes virtuels qui leur apprennent à chanter, à marcher, à parler à compter, à lire, à écrire, etc. Cette simulation gigantesque permet d'accéder à tous les biens culturels souhaitables. Pourtant, Wade regrette que ce paradis virtuel repose sur une réalité cauchemardesque. Le monde de 2044 est en effet au bord du chaos. Le réchauffement climatique menace la survie de l'Humanité et des guerres nucléaires ravagent certaines parties de la planète. Une crise énergétique majeure ne permet plus à la civilisation de continuer à fonctionner normalement. La pauvreté et la disparition de nombreuses espèces animales s'ajoutent à cette situation dystopique contrastant avec la description édénique de la vie dans les mondes virtuels. Wade estime que l'OASIS lui a permis d'éviter de sombrer dans la folie. Il qualifie le monde virtuel de « lieu magique où tout est possible[5] ». Il n'a plus besoin de se déplacer physiquement à l'école. Il suit les cours de chez lui ou dans une vieille caravane qui constitue son repaire :

---

3 Cline Ernest, *Player One*, Paris, Editions Michel Lafon, 2013, p. 9
4 *Ibid*, p. 29
5 *Ibid*, p. 35

« Mon avatar s'est matérialisé devant mon casier au premier étage de mon lycée, à l'endroit même où je m'étais déconnecté la veille. J'ai parcouru le couloir du regard. L'environnement virtuel semblait presque (mais pas tout à fait) réel. A l'intérieur de l'OASIS, tout était magnifiquement rendu en trois dimensions (...) J'avais entendu dire qu'en se connectant à la simulation avec un système d'immersion dernier cri, il était quasiment impossible de faire la différence entre l'OASIS et le monde réel[6] ».

On apprend aussi que la simulation possède sa propre monnaie qui dépasse les cours des grandes monnaies réelles comme le dollar, l'euro, le yen ou la livre[7]. Les avatars des élèves et étudiants doivent ressembler le plus possible physiquement à leurs propriétaires. En dehors du système scolaire, il est possible de choisir l'apparence que l'on souhaite et il faut dépenser de fortes sommes d'argent pour obtenir un nom d'avatar à la hauteur de ses attentes. En effet, celui-ci sert aussi d'adresse électronique et d'identifiant pour les tchats. Les célébrités fortunées dépensent ainsi de fortes sommes d'argent pour acheter des noms d'avatars à des « cybersquatteurs »[8] qui s'en étaient emparés. Dans l'OASIS, les individus utilisent massivement des pseudonymes afin de cultiver l'anonymat, qui constitue une valeur centrale de l'identité virtuelle. Même si les empreintes digitales ou rétiniennes sont stockées par Gregarious Simulation Systems, ces informations sont confidentielles et conservées sous forme cryptée, si bien qu'il est impossible de vérifier l'identité d'un avatar. Le narrateur est toutefois critique à l'encontre d'un système scolaire virtuel qui ne lui a pas permis de développer une identité conforme à la réalité. Ses facultés se sont adaptées à un environnement virtuel dans lequel il a presque tout appris depuis le CM2. S'il ne rencontre aucune difficulté à interagir avec les autres membres de la simulation,

---

6 *Ibid*, p.51
7 *Ibid*, p. 52
8 *Ibid*, p. 53

par avatars interposés, il n'en est pas de même dans le monde réel, où il se définit comme maladroit et gaffeur.

Les adeptes de l'OASIS se méfient cependant du conglomérat mondial IOI (Innovative Online Industries), spécialisé dans l'audiovisuel et le plus grand fournisseur d'accès à Internet, et à l'OASIS, qui représentait une grande partie de son chiffre d'affaires. IOI a tenté de s'emparer de Gregarious Simulation Systems à plusieurs reprises en tentant des OPA hostiles. Elle souhaite résoudre l'énigme d'Halliday et retrouver l'œuf de Pâques dans l'OASIS pour s'emparer de sa fortune et contrôler la simulation. Wade est conscient du danger que représente IOI pour les libertés fondamentales à l'intérieur d'OASIS :

« A partir du moment où IOI prendrait le contrôle de l'OASIS, cet environnement cesserait d'être l'utopie virtuelle au code source libre dans laquelle j'avais grandi. Gérée par une seule compagnie, l'OASIS se transformerait alors en dystopie, en parc d'attractions au coût excessif, réservé à l'élite des nantis ».

La lutte contre les multinationales contrôlant les mondes virtuels est un thème fréquent dans la science-fiction depuis les années 1980 et le courant cyberpunk. Pourtant, Wade n'est pas un hacker. La figure du geek a remplacé depuis les années 2010 la figure du hacker, qui avait contribué à proposer une personnalité romantique au moment du développement d'Internet. L'éthique hacker est cependant toujours présente chez les fanatiques de simulations informatiques, qui souhaitent protéger les libertés individuelles dans Internet, et éviter notamment une prise de contrôle des données personnelles par des multinationales ou des Etats peu démocratiques. Le roman de Cline assure une transition dans l'imaginaire du virtuel. Il associe le geek à la révolution promise par les géants d'Internet à l'occasion de la commercialisation des casques de réalité virtuelle. Ce roman assure la synthèse des grandes réflexions stratégiques portant sur le futur des réseaux sociaux et des mondes simulés. Il établit les nouveaux dangers rencontrés par une technologie présentée comme révolutionnaire mais ambivalente, capable du meilleur comme du pire.

On apprend plus loin que les enseignants disposent de salles de cours qui ressemblent à l'holodeck de *Star Trek*. Les applications possibles de cette technologie sont encore peu explorées car il n'existe même pas de prototypes. Cette invention est toujours du registre de l'imaginaire, de la science-fiction, et plus spécifiquement elle appartient à l'univers de la série américaine. Pourtant, de nombreuses personnes considèrent les casques de réalité virtuelle comme un gadget qui ne permet pas d'accéder à une simulation virtuelle absolue, dans laquelle l'utilisateur serait incapable de distinguer le réel du virtuel. Dans l'OASIS, un autre concept de l'univers de *Star Trek* est utilisé. Il s'agit de la téléportation. Elle permet de se déplacer d'un lieu en un autre en évitant d'utiliser des vaisseaux couteux en carburant. Il n'est pas possible de se déplacer à une vitesse supérieure à celle de la lumière et il faut dix heures pour passer d'un côté à l'autre de la simulation.

L'OASIS (Ontologie anthropocentrique simulée, immersive et sensorielle) est présentée comme une révolution qui a « engendré un nouveau mode de vie », et notamment la pratique des MMORPG, en passant notamment de la 2D à la 3D haute résolution avec des graphismes proposant des détails générant un sentiment de réalisme. La technologie de connexion, constituée d'une visière et de gants haptiques est décrite :

> « La visière sans fil OASIS à taille unique était légèrement plus grosse qu'une paire de lunettes de soleil. Elle employait des lasers à faible intensité et sans danger pour dessiner un environnement d'un réalisme renversant directement sur la rétine de l'utilisateur, qui se retrouvait complètement immergé dans ce monde en ligne[9] ».

---

[9] *Ibid*, p. 105

Les frais d'inscription à l'OASIS s'élèvent à 25 cents. Par contre, les commerçants souhaitant s'y installer doivent louer ou acheter un terrain virtuel. La vente d'objets et de véhicules virtuels avait aussi rapporté des sommes colossales à GSS. Les utilisateurs pouvaient acheter des accessoires pour leurs avatars comme des vêtements, des meubles, des maisons, etc. Le commerce de biens virtuels et une économie virtuelle sont apparus dans les MMORPG et pourraient constituer un marché considérable dans les prochaines années, à mesure que les technologies permettront de développer du lien social proche de la réalité dans les simulations. Les technologies du virtuel changent le monde et les relations sociales. Le roman de Cline montre bien leur potentiel en accumulant les exemples pratiques de mutations et de socialisations au sein de l'OASIS. La nouvelle civilisation en émergence repose sur l'effacement de la frontière entre le réel et le virtuel :

> « Il n'avait pas fallu longtemps pour que des milliards de gens travaillent ou bien s'amusent au sein de l'OASIS au quotidien. Ils se rencontraient, tombaient amoureux, se mariaient sans jamais poser le pied sur le même continent. La frontière entre leur identité réelle et celle de leur avatar avait alors commencé à se brouiller. Nous étions à l'aube d'une ère nouvelle : la majeure partie de l'espèce humaine passait désormais tout son temps libre à l'intérieur d'un jeu vidéo[10] ».

L'économie virtuelle repose sur la commercialisation de biens qui n'ont aucune réalité. Ils peuvent cependant se vendre très cher en fonction de leur situation dans le monde virtuel et de la fréquentation de lieux plus ou moins propices à proposer de la publicité et des activités vidéoludiques.

---

[10] *Ibid*, p. 108

Intelligence

Face à la multiplication des fictions mettant en scène des hackers, la série *Intelligence* (2014) propose une nouvelle forme de surhomme, un agent américain capable d'utiliser la plupart des informations en réseau pour lutter contre le crime. Cette série n'a pas rencontré un grand succès mais les treize épisodes qui constituent la première et unique saison donnent un aperçu de ce que la police ou l'armée pourraient désirer dans les prochaines années. La création de cyborgs ou de surhommes biocybernétiques est en effet une des motivations des militaires. Si les Etats-Unis sont souvent désignés comme le gendarme de la planète, cette impression se conforte régulièrement avec la diffusion de fictions révélant les peurs et fantasmes du système répressif et militaire.

Le générique indique que « Nous avons créé un homme nouveau qui est le premier de son espèce ». Un super-agent est créé par le projet Clockwork, qui est présenté comme l'équivalent du projet Manhattan pour la société de l'information. Le héros, Gabriel Vaughan, appartient à Cybercommand, qui ressemble à un service du FBI. Une micro-puce lui a été insérée et lui permet de décupler ses facultés. Il accède à toutes les données personnelles des individus qu'il rencontre et est connecté à toutes les formes de réseaux d'informations. Dans l'épisode 1, un grand scientifique spécialisé en neurosciences et qui faisait partie du projet Clockwork a été enlevé par les chinois dans le but de le forcer à implanter une deuxième puce dans un agent chinois. Mais pour recevoir une telle puce, il faut être porteur d'un gène mutant très rare. Grâce à sa puce, Gabriel est capable de retrouver un véhicule en ayant accès au réseau d'information de la police. Il se connecte aussi à l'infrarouge satellite qui lui permet d'éliminer des ennemis dans un centre de paintball obscur. Grâce au cybertransfert, il visualise virtuellement les informations qui lui sont utiles. L'humain augmenté est présenté comme supérieur à des robots : « S'ils avaient voulu un robot, ils en auraient construit un. Ils voulaient un être humain, c'est ce qu'ils ont ».

Gabriel « représente la future évolution de l'intelligence ». Cette phrase, prononcée dans le générique introduisant chaque épisode, permet de concevoir cette série comme un élément du soft power américain, capable de distraire tout en présentant les technologies qui seront par la suite diffusées massivement sur toute la planète. Les téléspectateurs et les fans de science-fiction sont depuis les années 1980 abreuvés de fictions présentant les bienfaits et périls des puces implantées. *Terminator* fut une des premières représentations de cette technologie qui est passée, en un peu plus de trente ans d'un fantasme absolu à une innovation accessible, au moins pour les militaires.

Gabriel utilise son pouvoir pour mener ses missions, et pour impressionner ses connaissances. Dans l'épisode 2, il prévient un personnage : « Robert, ce n'est pas prudent d'avoir le même mot de passe pour le bureau et la maison », Robert lui répondant, stupéfait, « Comment vous savez ça ?». A moyen terme, l'exigence de transparence contribuant au paradigme de la société de communication mettra en réseau les données personnelles des individus. Les réseaux sociaux, dans lesquels les individus exhibent leur vie privée, ne sont probablement que les prototypes de réseaux biens plus élaborés et d'un mode de vie future dans lesquels la plupart des informations, même confidentielles, comme les données médicales, seront diffusées. Chacun pourra, grâce par exemple à des lunettes de réalité augmentée accéder à des informations qui leur permettront de prendre des décisions proches d'une rationalité optimale, pour l'heure très difficile à atteindre en raison de l'opacité de sociétés qui n'en sont encore qu'à un stade finalement peu avancé de l'informationnalisation.

Dans l'épisode 3, Gabriel se connecte à des scènes de crimes. Il accède à des données comme les enregistrements des caméras de vidéosurveillance. Quand il effectue ses recherches, il se trouve dans un monde virtuel. Sa puce est implantée si profondément qu'elle fonctionne comme un sixième sens. Il lui est impossible de se déconnecter. Il visualise les transferts comme dans une sorte de rêve éveillé. Mai Chen, son double chinois, a réussi à contrôler les transferts, donc Gabriel. Elle a piraté sa puce. Cet épisode reflète la crainte des américains d'être piratés par les chinois, de plus en plus présentés depuis les années 2000 au cinéma et dans les séries comme une puissance potentiellement nuisible à leur pays. En fait, Mai Chen fait une proposition à Gabriel dans une simulation virtuelle : elle veut le convaincre de créer de nouveaux agents équipés de puces : « Tu est Adam et je suis Eve. En produisant de nouveaux humains avancés comme nous, nous sommes le début d'une nouvelle espèce. Nous sommes littéralement faits l'un pour l'autre ». Gabriel lui répond : « Tu n'es pas Eve, ma chérie. Tu es le serpent ».

Dans l'épisode 4, Gabriel est envoyé en Syrie, pour ramener des otages aux Etats-Unis. Son opération est coordonnée par la CIA. Gabriel peut évoluer dans la base syrienne grâce aux données fournies par sa puce. Il réussit sa mission mais a pris beaucoup d'initiatives à la frontière de l'insubordination. Sa hiérarchie s'interroge sur le risque de désobéissance de cette nouvelle arme dont les limites sont encore inconnues. Cette crainte de la révolte et de la perte de contrôle d'une nouvelle créature est présente dans la science-fiction depuis ses débuts. Pensons par exemple au roman *Frankenstein ou le Prométhée moderne*, de Mary Shelley, souvent présenté comme l'œuvre fondatrice de ce genre artistique. La science-fiction évoque souvent l'éthique scientifique en mettant en scène des expérimentations dangereuses à travers des savants un peu fous, comme dans le roman de Wells *L'île du docteur Moreau.* Gabriel n'en demeure pas moins une arme très utile aux américains, qui le testent comme un prototype qui, s'il convient à sa hiérarchie, pourrait être le premier d'une longue série d'agents plus performants que des robots. En effet, il faudra probablement plusieurs siècles d'innovations pour parvenir à reproduire les capacités de réflexions et physiques d'un humain sur un robot. Le film *Chappie* montre une société dans laquelle la police est constituée essentiellement de robots. Ils finissent par être piratés et par se révolter, semant le chaos dans le pays.

Finalement, un scientifique qui voulaient créer un robot intelligent, trouve le moyen de transférer son esprit dans un robot, et évite la mort. Cette solution du transfert spirituel est une technologie utopique récurrente dans la science-fiction et dans le transhumanisme. Il faudra sans doute plusieurs décennies avant de réussir cette prouesse, à moins qu'une innovation de rupture accélère les découvertes dans ce secteur.

Dans l'épisode 5, avec une photographie, Gabriel est capable d'accéder à de nombreuses données, comme la biographie et les passages d'individus à la frontière. Il retrouve la trace de mexicains qui avaient enlevé la fille d'un sénateur pour le contraindre à annuler la mise en place d'un satellite surveillant la frontière mexicaine, ce qui aurait pu contrarier les plans du commanditaire, un baron de la drogue mexicain. Là encore, l'exovision est utile à Gabriel pour combiner de nombreuses données et régler une situation délicate.

Dans l'épisode 6, Gabriel doit enrayer une épidémie en retrouvant le patient 0 qui en est à l'origine. Il peut le trouver grâce à l'exovision qui lui permet d'avoir accès à toutes les photos du festival où est apparu le virus. Il utilise la reconnaissance faciale et finit par détecter le patient 0. Gabriel commande aussi par la pensée un quadricoptère et peut voir à l'intérieur des bâtiments grâce à la reconnaissance thermique. Il peut se connecter aux caméras des militaires qui ont tenté de le tuer. Sa supériorité provient de son accès illimité aux réseaux. Il tire notamment sa force du manque de connaissance de ses adversaires, qui ignorent bien souvent qu'il peut accéder à des informations normalement confidentielles, voire privées.

L'imaginaire transhumaniste est aussi utilisé dans l'épisode 7. Des nanites sont inoculées dans l'organisme d'un chercheur en robotique, ce qui a provoqué une hémorragie interne mortelle. Pour trouver le criminel qui envoie les nanites aux grands scientifiques, Gabriel accède aux mails des victimes et les recoupe avec les données de la police. Le criminel s'oppose à la « technolution » dans une paranoïa antigouvernementale. Ce type de revendication anti-techniciste se situe à l'opposé du transhumanisme et de la singularité qui s'interrogent sur la manière de gérer les flux d'informations toujours plus nombreux en augmentant et en adaptant le cerveau humain.

Dans l'épisode 8, les opposants au président de la Bolivie sont éliminés. Il faut retrouver le tueur. Gabriel peut téléphoner sans appareil. Sa puce peut en effet se connecter au réseau téléphonique. Il connaît par ailleurs l'emplacement des mines sur un terrain piégé par l'armée bolivienne car il a accès aux plans des militaires. Cette série présente de nombreux exemples d'applications potentielles d'une technologie encore utopique, mais qui constitue une métaphore des capacités considérables offertes aux enquêteurs et aux forces de l'ordre par les TIC.

Dans l'épisode 9, le réseau Cybercommand qui gère Gabriel et sa puce à 30 millions de dollars est attaqué. Le héros perd la mémoire. Les assaillants chinois cherchent un fichier (la liste Athéna) contenant les noms d'enfants porteurs des gènes permettant le fonctionnant de la micropuce. Les chinois ont trafiqué le système et Gabriel reçoit des données erronées, ce qui le pousse à se retourner contre Cybercommand. Les hackers peuvent endommager les armes les plus perfectionnées de l'appareil répressif américain. Pourtant, même si cette fiction révèle la crainte de la puissance chinoise en matière d'attaques électroniques par les américains, elle montre que la puce de Gabriel représente un enjeu de pouvoir considérable. Une armée dotée de cette technologie encore expérimentale et capable de la diffuser à un effectif important s'octroierait un avantage considérable pour se protéger et renforcer ses intérêts géostratégiques.

Dans l'épisode 10, Gabriel retrouve un criminel qui souhaitait répandre une neurotoxine à San Francisco en accédant à sa webcam. Il parvient aussi à arrêter un avion à distance en prenant son contrôle.

Le dernier épisode de cette série révèle la signification du projet Clockwork. Le nom de ce projet vient d'une nouvelle écrite au dix-neuvième siècle dont le titre est *L'homme le plus doué du monde*. Il relate le parcours d'un simple d'esprit à qui un docteur fait implanter un mécanisme d'horlogerie dans le cerveau, un clockwork qui se trouve être supérieur à n'importe quel cerveau humain. Cette histoire est tragique car le héros réalise qu'il n'est plus humain. Il n'est plus qu'une machine qui sera toujours marginalisée, bannie, exclue, seule. Cette histoire renvoie au mythe fondateur de la science-fiction, *Frankenstein*. Dans l'imaginaire collectif, le savant fou crée des créatures artificielles qui auraient dû constituer un progrès technique utile à l'Humanité. Pourtant, elles finissent par devenir monstrueuses et soulèvent des dilemmes et réflexions éthiques que tous les chercheurs doivent intégrer avant de mettre en place des protocoles potentiellement dangereux pour l'Humanité. Les savants et chercheurs ne doivent pas oublier les racines science-fictionnelles de la civilisation technicienne et doivent de temps à autres relire le roman de Mary Shelley. La science-fiction est un imaginaire mettant en garde contre d'éventuelles dérives. L'auteur de la nouvelle *L'homme le plus doué du monde*, Edward Page Mitchell, a publié ses récits dans le quotidien *The Sun*, de New York, dans le dernier quart du dix-neuvième siècle. Il fut redécouvert tardivement, alors qu'il a probablement inspiré Herbert G. Wells en évoquant des technologies proches de l'ordinateur, de l'intelligence artificielle et du cyborg.

Bruce Sterling et l'imaginaire

Bruce Sterling est un auteur de science-fiction américain co-fondateur du courant cyberpunk. A la fin des années 1970, il écrit les textes du cycle Mécas/Morphos, décrivant un système solaire colonisé par l'humanité et dans lequel deux races s'affrontent. Ce cycle regroupe le recueil *Cristal Express* et le roman *Schismatrice+*. Il s'agit d'un space opera dominant dans le courant cyberpunk, qui se déroule principalement sur la planète Terre habituellement. *Le Gamin Artificiel* (1980) décrit les combats d'un enfant dans la zone décriminalisée de Rêverie devant des milliers de fans qui suivent ses aventures grâce à de nombreuses caméras volantes flottant en permanence autour de lui. Dans ce roman, il existe une technologie qui permet d'effacer l'ancienne personnalité d'un corps pour y placer une nouvelle. De la sorte, la vie de la personne est allongée, même si elle ne se souvient plus de son ancienne existence. Les caméras sont omniprésentes et agissent comme des drones. Ce livre témoigne du développement des caméras vidéo qui se vendirent énormément dans les années 1980. La planète Rêverie est un monde à part dans lequel il est possible de vivre trois ou quatre cents ans, dans lequel les maladies ont disparu et où les blessures se réparent d'elles-mêmes grâce à l'intervention de petites larves qui reconstituent les tissus. Par ailleurs, les travaux pénibles et répétitifs sont exécutés par des gadgets divers. *Les Mailles du Réseau* se déroulent dans les années 2020, alors que le monde est couvert par un réseau. Le roman fut écrit en 1988, avant qu'Internet soit créé. Laura Webster, une employée de l'entreprise Rizome, travaille dans une multinationale jusqu'à ce qu'elle soit impliquée dans l'assassinat d'un dirigeant d'un Etat-Pirate. Les Etats-Pirates sont en guerre et menacent la stabilité de l'ordre international. Sterling est aussi très intéressé par le progrès de la médecine et des biotechnologies. Dans *Le Feu Sacré* (1996), il imagine une société dans laquelle les hommes peuvent vivre jusqu'à deux cents ans grâce au progrès technique. Le capital et le pouvoir politique sont aux mains de vieillards, qui ont construit une gérontocratie. Les jeunes de cette société désespèrent de l'avenir et se replient dans des mondes parallèles. Ce roman anticipe les problématiques sociétales des sociétés occidentales touchées par le Papy-boom et dans lesquelles il existe un déséquilibre démographique et économique important empêchant une transmission du patrimoine selon les modalités prévues par les structures économiques traditionnelles. Dans *Gros Temps*, l'auteur évoque l'effet de serre et le réchauffement de la planète qui ont rendu les tempêtes beaucoup plus puissantes, anticipant dès 1994 le thème du réchauffement climatique qui valut à Al Gore le prix Nobel de la paix, à une date où ce dernier commençait à décrire les autoroutes de l'information. Le titre de son recueil de nouvelles *Globalhead* corrobore l'approche selon laquelle la science-fiction participe à la création de l'idéologie des décideurs de l'ordre global, en associant des visions du futur paranoïaques et schizophréniques capables de transcender les intérêts de classes et de provoquer des mouvements sociaux et économiques considérables. Le recueil *Mozart en verres miroirs*, publié en 1987, est une anthologie très importante du courant cyberpunk qui regroupe la plupart des thèmes présentés dans plusieurs romans et qui propose une approche synthétique de ce type de science-fiction. Sterling a aussi participé à de nombreuses discussions sur la philosophie et l'organisation d'Internet dans de nombreux articles influents publiés dans la revue *Wired*, mais aussi dans un manifeste intitulé *The Hacker Crackdown : Law and Disorder on the Electronic Frontier* (1992). Il y présente les éléments de philosophie de l'underground numérique qui commençait à l'époque à se développer en même temps que la technoculture et appelait à une organisation libertaire des réseaux informatiques. Il a aussi publié *Tomorrow Now. Envisioning the next fifty year* (2002) dans lequel il développe une approche scientifique et vulgarisatrice de la futurologie. Sterling fait figure de prophète de la société de l'information et du Papy-boom. Il incarne la philosophie de cette génération, qui a développé une société très confortable, bardée de technologies, et qui souhaite la contrôler le plus longtemps possible. Sterling a introduit de nombreux néologismes très utiles au développement des réseaux informatiques et est souvent consulté par les experts en technologies de l'information en raison de son influence sur les chercheurs, ingénieurs et adeptes d'informatique disséminés sur toute la planète.

L'idée de démocratie virtuelle

Dans un article intitulé « L'idée de démocratie électronique : origines, visions, questions », Thierry Vedel[11] définit trois âges de la démocratie électronique. Le premier âge se situe dans les années 1950-60 et se définit par le règne de la machine à gouverner, dans la lignée de la cybernétique de Norbert Wiener et des théories de Karl Deutsch. Puis, l'ère de la télé-démocratie apparut, théorisée par Amitai Etzioni, Benjamin Barber ou Franck Arterton. Elle reposa sur la diffusion de réseaux câblés de télévision, puis télématiques. Puis, l'ère de l'Internet, ou cyber-démocratie, débuta avec le support de prophètes comme Howard Rheingold, Alvin Toffler, ou Esther Dyson. Leo Scheer est l'auteur d'ouvrages importants pour comprendre l'impact du virtuel sur la société. Il a publié *La démocratie virtuelle* en 1994, puis *Pour en finir avec la société de l'information* en 1998. La cyberdémocratie, aussi nommée E-democracy, fut inventée en 1981 par Ted Becker, qui a créé le terme de Teledemocracy, désignant l'utilisation des moyens modernes de communication dans le processus démocratique. L'enjeu est de rendre possible le vote électronique, mais aussi d'organiser de meilleurs échanges entre les citoyens dans des espaces virtuels devenus des réseaux sociaux. Les prophéties de ces auteurs sont devenues des réalités, surtout depuis l'apparition du web 2.0 qui interconnecte des millions d'individus quotidiennement, assurant la pérennité de liens sociaux qui auraient pu disparaitre et laisser la place à de gigantesques vides affectifs entre des êtres séparés par les aléas de l'existence. Pierre Levy développa aussi une prospective de la démocratie virtuelle dans plusieurs ouvrages devenus des classiques de la cyberculture et qui lui ont permis de devenir un philosophe de référence titulaire de la chaire d'intelligence collective à l'université d'Ottawa. Dans *L'intelligence collective. Pour une anthropologie du cyberespace*, il développe de nombreux éléments de philosophie

[11] Vedel (Thierry), « L'idée de démocratie électronique : origines, visions, questions », in *Le désenchantement démocratique*, Perrineau Pascal (dir.), La Tour D'aigues : Editions de l'Aube, 2003, p. 243-266.

contribuant à structurer la cyberculture, en s'inscrivant dans la continuité du père Teilhard de Chardin, inventeur du concept de noosphère. Il s'intéresse par la suite à la notion de virtuel dans *Qu'est-ce que le virtuel ?* Il dépasse la cybernétique de Norbert Wiener, tout en y faisant très souvent référence dans son œuvre, à partir de son premier ouvrage *La machine univers*. Par la suite, il rédigea un rapport pour le gouvernement français et publia *World Philosophie (le marché, le cyberespace, la conscience)*. Il prolongea son entreprise d'élaboration de son anthropologie de l'intelligence collective par un ouvrage sur la démocratie virtuelle intitulé *Cyberdémocratie. Essai de philosophie politique*, dans lequel il explique que l'intelligence collective est optimisée par les TIC, qui permettent son expression et sa libre circulation dans une forme plus développée de démocratie, mondialisée et reposant sur l'interconnexion quotidienne de millions, voire de milliards d'utilisateurs, dans un réseau informatique très complexe.

Le futur de l'informatique selon Murray Leinster

En 1946, Murray Leinster a publié une nouvelle intitulée « A logic named Joe » qui décrivait avec une précision remarquable le futur de l'informatique, alors que cette technologie n'en était qu'à ses balbutiements. L'ordinateur est nommé logique. Dans cette nouvelle, l'informatique personnelle est très bien diffusée dans la société, et les ordinateurs sont mis en réseau. Ils permettent une amélioration de la connaissance et révolutionnent l'organisation sociale, au point de provoquer des interrogations sur les conséquences de l'émergence de l'intelligence artificielle dans la conduite du pouvoir et pour la stabilité sociale et politique. Cette fiction est une des rares à anticiper l'émergence d'Internet et des moteurs de recherche[12].

[12] Leinster (Murray), « Un logique nommé Joe », in Duvic (Patrice), *Demain les puces*, Paris, Denoel, 1996

Leinster conçoit l'émergence de l'informatique personnelle et la mise en réseau des logiques comme une révolution pour la civilisation. Il est conscient de l'impact d'une telle technologie sur l'organisation sociale, et propose sous une forme romancée des exemples de dérives possibles liées à cette innovation. Les individus ont en effet la possibilité d'obtenir instantanément les réponses à toutes leurs questions, même les plus perverses. C'est ainsi que certaines personnes demandent comment s'enrichir ou tuer quelqu'un. Cela mène à une situation qui nécessite la remise en question de cette technologie. La diffusion des données personnelles est aussi évoquée, et rappelle les critiques récurrentes faites aux réseaux sociaux comme Facebook. Cette approche de l'informatique du futur n'aborde pourtant pas directement la réalité virtuelle. Les logiques sont proches de la télévision dans leur forme. Leinster imagine non seulement les usages multiples de l'informatique dans un futur proche mais aussi les limites de cette technologie, potentiellement dangereuse. L'informatique s'est en effet développée principalement après la Seconde Guerre mondiale mais était réservée aux centres de recherche ou aux universités jusque dans les années 1970. L'informatique personnelle n'apparut que dans les années 1980. Leinster est un des premiers auteurs de science-fiction à avoir prévu et anticipé cette innovation. Il est souvent rappelé que la science-fiction n'avait pas prévu l'avènement de l'informatique et d'Internet. Il est vrai que les récits écrits avant les années 1980 sont rares, mais il faut souligner que ce texte constitue une exception importante. Son impact sur les ingénieurs de l'époque n'a probablement pas été très important, même si cette nouvelle cristallise des considérations et des perspectives provenant des recherches scientifiques des savants de l'époque. La nouvelle fut publiée pour la première fois en France dans la revue *Fiction* en 1967. Les idées de Leinster ont donc été diffusées au niveau international, contribuant à propager une vision futuriste d'une technologie dont il fallait alors encore imaginer de nombreuses applications pour permettre son développement technique.

Expelled from Paradise

Ce film d'animation japonais diffusé en 2014 propose une réflexion sur la dimension paradisiaque d'un monde virtuel en l'an 2400. DEVA est le nom d'une simulation géante dans laquelle 98% de la population humaine a été numérisée à la suite d'un cataclysme rendant la surface terrestre difficilement habitable, le Nano-hasard. Les premières scènes montrent des individus numérisés passant leur temps sur une plage de sable fin qui n'est qu'une partie d'un monde virtuel offrant à l'Humanité l'impression de vivre une existence dénuée de souffrance. Le terme Deva, dans la religion hindouiste désigne les dieux. Cependant, des bugs apparaissent. Ils sont créés par un hacker, que les responsables de DEVA estiment dangereux. Ils décident d'envoyer un de leurs meilleurs agents sur Terre pour l'éliminer. Angela Balzac est avant tout un programme virtuel. Elle prend possession d'un corps terrestre pour mener à bien sa mission sur Terre et est aidée par un exosquelette. Elle se rend compte rapidement qu'elle ne maitrise pas les règles de la vie sur Terre et tombe malade. Aidée par Dingo, un humain qui ne souhaite pas quitter la Terre, elle finit par retrouver le hacker à l'origine des bugs, le Frontier setter. Il s'agit en fait d'un petit robot qui prépare depuis 150 ans un vaisseau spatial, l'arche de la Genèse, qu'il souhaite envoyer dans l'espace pour coloniser d'autres mondes et préserver l'Humanité de sa destruction. Pour cela, il a besoin d'humains et ses actions sur DEVA visaient à proposer à certains de ses membres de le suivre dans son projet d'exploration intersidérale. Les chefs de DEVA estiment qu'il est préférable d'éviter tout risque de destruction et exigent qu'Angela Balzac élimine le Frontier setter, ce qu'elle refuse car elle a sympathisé avec lui et souhaite soutenir son noble projet.

Dans cette œuvre, trois voies sont possibles pour les humains. Soit ils demeurent sur Terre, devenue aride, post-apocalyptique, au risque de souffrir de nombreux maux. Soit ils se font numériser sur DEVA, ce qui est l'issue la plus souvent choisie.

La troisième voie, proposée par l'Intelligence Artificielle, cherche à coloniser d'autres mondes dans l'espace.

DEVA est une représentation de l'utopie des mondes virtuels. Comme souvent, le virtuel est présenté comme une échappatoire face à une réalité dystopique. Fuir la réalité pour un monde meilleur est un réflexe humain très répandu que la science-fiction exploite régulièrement. DEVA est hébergé sur une station spatiale géante, et ses créateurs considèrent l'exploitation spatiale comme dangereuse et non nécessaire. L'utopie virtuelle est apparue avec les premiers ordinateurs en réseau. Les progrès de l'informatique permettent d'imaginer des formes de simulations pures et parfaites dans lesquelles de purs esprits humains évolueront. L'immortalité cognitive est fréquemment annoncée par des scientifiques convaincus que le futur de l'Humanité sera virtuel, ou ne sera pas. Les dirigeants de DEVA développent une paranoïa et n'hésitent pas à entrer en guerre contre le Frontier setter. Préserver l'utopie réalisée à tout prix est un de leurs leitmotivs. Angela Balzac choisit de fuir DEVA et de vivre sur Terre avec Dingo. Son pur esprit emprunte le chemin inverse de celui de ses congénères. Elle quitte le monde virtuel pour la réalité. Sa désobéissance à sa hiérarchie ne lui laisse pas d'autres choix que de quitter le paradis virtuel. Les références aux grandes religions, comme le bouddhisme ou le christianisme, sont fréquentes. La numérisation des esprits, thème fétiche du transhumanisme, a été popularisé par le roman de Greg Egan *La Cité des Permutants*. Dans ce roman, seule une élite peut accéder au cosmoplexe, une simulation dans laquelle il est possible de numériser son esprit et d'accéder à l'immortalité. Dans *Expelled from Paradise*, tout le monde peut se numériser. L'Humanité n'a plus besoin de la Terre ou d'une autre planète pour exister.

Ce film s'inspire de la réalité pour extrapoler le futur de l'Humanité dans quatre siècles. Le progrès technique a causé sa perte dans un premier temps. Le Nano-hasard rappelle le thème du grey goo théorisé par Drexler. Il a aussi permis la création d'un monde virtuel édénique. La quête du paradis perdu est un thème récurrent dans l'imaginaire technique, et dans la science-fiction. Le film est aussi une métaphore des débats scientifiques au début du vingt-et-unième siècle. Que faire de la réalité virtuelle à moyen et long terme ? Les mondes virtuels, les métavers et les réseaux sociaux virtuels ne sont-ils pas une première étape de la numérisation de l'espèce humaine ? Une grande partie de la population mondiale passe de plus en plus de temps sur Internet et dans des simulations, développant des identités numériques. Le réel est progressivement abandonné. Les mondes virtuels constituent-ils une reproduction informatique idéalisée du paradis perdu, ou finiront-ils par susciter un rejet et la fuite de leurs actuels adeptes ? La dimension prospective du film pose la question des conséquences politiques du progrès des technologies de numérisation dans un futur pas si lointain.

Le Big Market dans Valerian

Luc Besson propose une représentation du commerce en 2710 dans le film *Valerian*. Les héros doivent remplir une mission sur la planète K. A priori il s'agit d'une vaste zone désertique. Pourtant, les touristes qui se regroupent dans ce lieu sont équipés de casques ressemblant beaucoup aux casques de réalité virtuelle à la mode en 2017, date de sortie du film. De 2017 à 2710, le changement d'ordre des chiffres composant ces dates permet une distorsion, une métaphore de ce que pourrait devenir cette technologie dans un futur relativement proche. Dans l'avenir, les consommateurs équipés des casques accèdent à une réalité virtuelle et augmentée. Ils peuvent se promener dans plusieurs dimensions, tester tous les produits possibles et imaginables, et les acquérir. Il est même possible d'acheter une Tour Eiffel. Les scènes d'action du film se déroulent à la fois dans le virtuel et dans le réel. Il est possible de concevoir cette vision futuriste comme une métaphore du modèle économique qui supportera le développement et le succès de la réalité virtuelle et augmentée. Le commerce et la consommation pourraient être révolutionnés par cette technologie. Les utilisateurs pourront essayer les objets qu'ils souhaitent acheter et imprimer en 3D sur des sites virtuels. Il est indispensable de disposer de vastes espaces permettant aux clients potentiels de se déplacer dans la simulation physiquement. Besson imagine une réalité virtuelle moins immersive que d'autres œuvres célèbres de science-fiction. Si Ray Kurzweil prédit qu'en 2039 des nano-véhicules seront implantés dans le cerveau et permettront d'accéder à une réalité virtuelle à immersion totale qui ne demandera aucun équipement supplémentaire, de nombreux futuristes demeurent pragmatiques et fidèles à des objets déjà existants, éloignés de la neuroconnexion. Besson propose des décors hétéroclites, le Big Market ressemblant aux bazars des pays arabes. Il ne cherche pas à imaginer un futur dans lequel la simulation virtuelle reposera sur des technologies difficilement imaginables en fonction des objets existants en 2017. Il extrapole à partir d'une technologie émergente, qui promet de révolutionner la société et le commerce grâce à l'informatique. Les réalités virtuelles, augmentées et mixtes, ainsi que l'haptique sont porteurs d'espoirs et de visions idéalistes. Imaginer leurs usages est un enjeu considérable pour les entreprises qui souhaitent les commercialiser. La vision de Besson s'inspire de scénarii de prospective déjà existants et souvent produits par des artistes ou des innovateurs mais il les dépasse pour proposer un monde dans lequel le virtuel et le réel sont en interaction permanente. Le Big Market pourrait bien donner des idées aux concepteurs de technologies, l'entrée dans la simulation étant payante, et l'achat de nombreux objets permettant de financer l'infrastructure et le développement de ces mondes qui seraient l'extension des réseaux sociaux à l'ère de la réalité virtuelle. Si la virtualisation de la société est un phénomène inéluctable, il est en effet fort probable que faire ses achats dans le virtuel sera fréquent grâce à l'innovation dans ce secteur. Il est possible de voir dans cette vision futuriste la métaphore du commerce sur Internet. Des milliards d'humains y sont déjà connectés et effectuent des échanges en permanence. Mais il faut aussi retenir la vision futuriste de l'auteur, qui rejoint des écrivains comme Ernest Cline ou des entrepreneurs comme Mark Zuckerberg, concevant le déplacement des liens sociaux dans le virtuel immersif grâce au progrès des casques dans les prochaines années.

L'entreprise chinoise Alibaba a proposé en novembre 2016 à ses clients d'essayer les produits en réalité virtuelle grâce à la plateforme Buy+. Cette expérience immersive permettait une meilleure visualisation des produits à 360 degrés. Le programme Buy+ fut introduit en août 2016 et visait les millenials, une cible attirée par le commerce par le biais d'un casque de réalité virtuelle. Cette technologie permet d'avoir une vue plus réaliste et détaillée des biens de consommation que sur un écran d'ordinateur. Buy+ fut proposé après le lancement du premier magasin en réalité virtuelle par eBay, en partenariat avec l'australien Myer. Les clients achètent un casque VR qui peut être utilisé avec leur smartphone. Il est possible de payer avec un simple hochement de tête, sans retirer le casque. Cette technologie propose des produits de magasins qui n'ont pas de présence physique en Chine. La réalité virtuelle permet une expérience plus réelle de la consommation, ce qui devrait inciter plus facilement les visiteurs à acheter les produits.

Le mythe de la caverne d'Ali Baba sur lequel prospère l'entreprise chinoise du même nom est aussi actualisé par la séquence du Big Market de *Valerian*. L'expression « caverne d'Ali Baba » désigne un endroit où de nombreuses richesses sont entreposées. Le décor Moyen Oriental, désertique dans lequel se trouve le marché virtuel est un clin d'œil à cette histoire issue des *Mille et une nuits*. Cette relecture du mythe persan permet de réactiver un archétype imaginaire pour l'intégrer dans une nouvelle logique marchande de la prospective capitaliste. Même dans le futur, la consommation est très appréciée par les humains, mais aussi par de nombreuses races extraterrestres qui pénètrent dans le Big Market à la recherche de trésors, dont certains appartiennent à des voleurs. *Valerian* propose une vision fantastique et fantasmatique d'un système de consommation d'un nouveau type permis par la réalité virtuelle et augmentée. Ce film peut être conçu comme une anticipation à moyen terme, mais aussi comme une représentation de technologies déjà en phase d'expérimentation auprès des consommateurs potentiels.

Sword Art Online

Le titre de la série *Sword Art Online* (2012) est aussi le nom du VRMMORPG dans lequel évoluent des joueurs à partir de 2022. Il s'agit d'un jeu en ligne immersif dans lequel 10 000 joueurs sont enfermés contre leur gré. Le jour de sa sortie, il a connu un grand succès. Pourtant, lorsque les joueurs souhaitent se déconnecter, la fonction est hors service. Pensant dans un premier temps qu'il s'agit d'un bug qui sera résolu rapidement, les personnages sont téléportés dans la cour d'un bâtiment virtuel dans lequel le concepteur du jeu intervient et leur expose les véritables règles de ce jeu. Les joueurs utilisent le NerveGear, un procédé de neuroconnexion, dans la lignée de nombreux récits cyberpunks. Le maître du jeu précise qu'il n'est pas possible de sortir de la partie, sauf en atteignant le dernier niveau, en terminant le jeu. S'ils sont tués lors d'un combat, leur corps réel meurt aussi car le NerveGear envoie une décharge électrique fatale qui détruit le cerveau. Toute tentative de débrancher le NerveGear mène aussi au décès des joueurs. La série met en scène les aventures de plusieurs personnages dans ce monde virtuel présenté comme parfait mais qui se révèle être un piège très dangereux.

Cette série s'inscrit dans la continuité de nombreux récits présentant des aventures dans des mondes virtuels qui ont fini par dépasser la réalité, et à s'y substituer. Les utilisateurs de jeux en réseau font preuve d'enthousiasme vis-à-vis d'une technologie qui permet d'oublier la réalité au profit d'une expérience immersive pure et parfaite. On pourrait considérer *Sword Art Online* comme une métaphore des pratiques des adeptes des MMORPG, et des métavers, qui mobilisent des millions de participants. La série utilise les mêmes codes que dans ces jeux, et semble s'adresser à des joueurs. Pourtant, elle a connu un succès plus large, ce qui est peut-être lié à l'évocation d'une innovation technologique qui pourrait devenir une réalité dans un futur proche. Les VRMMORPG sont présentés comme la prochaine étape des jeux en réseau. En 2016, l'entreprise IBM annonçait sa volonté de mettre en ligne le premier VRMMORPG inspiré par l'univers de *Sword Art Online*. La neuroconnexion n'est pas d'actualité, mais l'objectif est de créer avec les technologies de réalité virtuelle existantes une impression d'immersion la plus crédible possible. Les VRMMORPG s'inscrivent dans la continuité de la réalité virtuelle sociale présentée par Mark Zuckerberg comme le futur des réseaux sociaux.

La série prolonge un thème déjà présent dans d'autres œuvres dans lesquelles les utilisateurs de mondes virtuels sont prisonniers, ne peuvent plus se déconnecter. Dans *Code Lyoko*, certains personnages ne peuvent plus en sortir dans les premiers épisodes, avant de mieux maîtriser la technologie. Dans e*XistenZ*, il n'est plus possible de distinguer le réel de la simulation. Ces récits reflètent la peur de ne plus pouvoir revenir à la réalité après une immersion trop réaliste. Il n'est pas surprenant que *Sword Art Online* ait connu un large succès au Japon, son pays d'origine. Les drogués du virtuel y sont déjà nombreux, et les progrès de la technologie pourraient accentuer ce phénomène. Ne plus pouvoir se déconnecter sans perdre ses repères est une pathologie que de nombreux psychologues ont étudiée. Le thème de l'impact potentiellement négatif du virtuel sur la psyché mobilise des avis souvent contradictoires. Il n'existe pas de consensus critique car cela pourrait mener à nier les aspects positifs des innovations dans ce secteur, notamment pour former ou soigner grâce à la réalité virtuelle. Le psychologue Michael Stora, spécialiste des pathologies liées à l'utilisation des jeux vidéo, distingue trois catégories d'utilisateurs, les occasionnels, les excessifs et les dépendants véritables, ou no-life. La crainte de ne pas pouvoir se déconnecter d'un jeu, au point d'en mourir à cause d'un abandon du corps, est le thème abordé par *Sword Art Online*, sous une forme métaphorique. Dans le premier mois passé prisonnier du monde virtuel, 2000 personnes décèdent, soit tuées par le jeu, soit parce que le corps réel n'a pas été pris en charge médicalement. Le NerveGear ne permet pas aux joueurs de ressentir le besoin de s'alimenter. A la fois métaphore de pratiques virtuelles à risques et projection vers un avenir proche révolutionné par le progrès dans le domaine de la connexion aux mondes virtuels, cette série met aussi en garde contre les risques d'innovations technologiques maîtrisées par des personnes peu recommandables. Malgré la perfection apparente du jeu, celui-ci est avant tout conçu pour satisfaire les désirs d'un concepteur criminel.

Accel World

Accel World est un light novel publié depuis 2009. Il fut par la suite adapté sous forme de mangas. En 2046, le Neuro-Linker est la dernière version du NerveGear, technologie révolutionnaire présentée dans *Sword Art Online*. Les deux fictions sont écrites par le même auteur, Reki Kawahara. Cet artiste s'intéresse à l'univers des jeux vidéo et propose des réflexions stimulantes sur leur devenir. Le Neuro-Linker a changé le quotidien des humains. Il s'agit d'un système de réalité augmentée commandé par les cinq sens. Cette technique est située autour du cou et permet d'accéder à Internet, à sa messagerie, à tous les services offerts par les télécommunications virtuelles, mais aussi au Full Drive, grâce auquel il est possible de créer des univers virtuels dans lesquels les personnages évoluent avec un avatar. Le héros est un jeune collégien maltraité par des élèves plus âgés. Victime dans la réalité, il s'isole dans le monde virtuel, où il excelle dans un jeu de squash présent dans le réseau local de son établissement. Une jeune fille très populaire, Noire Neige parvient à battre ses meilleurs scores et lui propose d'accéder au monde accéléré, dans un jeu nommé Brain Burst. L'avatar du héros est créé par l'ordinateur. Le programme Brain Burst a accédé à son psychisme profond pendant son sommeil. Il a disséqué tous ses désirs et ses peurs. C'est à partir de ces données qu'il a créé l'avatar de duel. Les identifiants dépassent la biométrie puisqu'ils reposent sur les ondes cérébrales.

Le Neuro-Linker remplace l'ordinateur dans cette fiction. Il influence les sens. Les fichiers informatiques se trouvent directement dans le champ visuel des utilisateurs, qui tapent dans le vide leurs textes. Le clavier et les écrans ont disparu. La réalité augmentée est devenue parfaitement opérationnelle. Dans le futur, les fils électriques auront disparu, de même que tous les appareils de télécommunication, remplacés par le Neuro-Linker. Ce dernier permet de se connecter aux mondes virtuels immersifs, mais aussi de se passer de supports matériels comme les cahiers, les portefeuilles, etc. Les modes de vie sont considérablement modifiés par cette innovation, qui repose sur une maîtrise de la connexion des mondes virtuels au système neurologique humain.

Next level

L'action de ce film sorti en 2017 se déroule à New York dans le futur. La réalité virtuelle a atteint un tel niveau de perfectionnement que les écrans et manettes ont disparu. L'entreprise Chief Tech Industries souhaite tester un nouveau jeu, une simulation de guerre, et fait appel à des joueurs aux origines très diverses mais dont le point commun est leur isolement social. Ils réalisent rapidement que s'ils décèdent, ils ne manqueront à personne.

Les individus s'équipent d'une combinaison de motion capture. Elle est nécessaire pour intégrer la mission virtuelle. Ils prennent place sur un scanner et déclinent leur identité de joueur. Ils prennent des équipements haptiques leur procurant une expérience très proche de la réalité. En abaissant la visière de leur casque, ils se retrouvent immergés dans une réalité virtuelle. Les immeubles de la réalité en parfait état deviennent des ruines dans une zone de guerre. Les membres de l'expérience sont équipés d'armes et doivent obéir à un militaire. Le maniement des armes est très réaliste. Le but de la simulation est d'éliminer des terroristes qui ont pris l'immeuble dans lequel ils doivent évoluer pour désamorcer une bombe. Le joueur qui remportera la mission virtuelle gagnera 100 000 dollars. Le jeu ressemble à un Laser Game en réalité virtuelle.

L'intérêt des simulations est d'expérimenter des situations périlleuses sans perdre la vie ou se blesser. Pourtant, certaines fictions envisagent qu'il soit possible de souffrir et même de mourir en cas de coup ou de chute dans le monde virtuel. Elles posent indirectement la question de l'impact des simulations, voire des fictions sur les équilibres entre le corps et l'esprit et leurs impacts sur la santé physique et psychologique des joueurs. Les participants réalisent qu'il ne s'agit pas d'un simple jeu. Un d'entre eux émet l'hypothèse qu'il s'agisse d'une téléréalité. Rapidement, ils se rendent compte qu'ils ne peuvent plus enlever leurs combinaisons. Un joueur s'est fait tirer dessus par un personnage du jeu. Il cherche de l'aide mais à la fin du premier niveau, il reçoit une impulsion électrique au niveau de son casque qui lui provoque une crise d'épilepsie mortelle. La crainte de mourir ou de subir de graves séquelles par le casque est fréquente dans la science-fiction. Ce thème se rapproche de la phobie de l'Intelligence Artificielle dont la rhétorique a souvent recours à des arguments ou des exemples issus de la science-fiction plus que de la science pure. Elle renvoie en fait à l'idée que les facultés intellectuelles des humains pourraient un jour être insuffisantes pour gérer des systèmes techniques de plus en plus complexes. Certains futurologues estiment même qu'en 2070 les individus dotés d'un QI inférieur à 150 seront inadaptés en raison de leur technopathie. L'intelligence artificielle pourrait certes générer des mondes virtuels édéniques, mais les humains devront peut-être se développer intellectuellement et physiquement s'ils veulent continuer à profiter du progrès technique. La scène de l'épilepsie renvoie à l'imaginaire négatif de jeux vidéo provoquant des problèmes nerveux chez certains utilisateurs.

Dans le film, la réalité virtuelle permet de pénétrer dans le jeu d'une manière très interactive, avec un sentiment de réalité parfaite, au point de ressentir la souffrance et la mort. Pire, même sans abaisser leur visière les joueurs sont harcelés et peuvent être pris pour cibles dans la réalité par des personnages du jeu. Sur la dizaine de participants à cette expérience visant à développer un jeu de réalité virtuelle révolutionnaire, seule une joueuse parvient à survivre et devra dénoncer les pratiques de l'entreprise pour venger la mort de ses partenaires.

Ce film fait appel à deux thèmes récurrents de l'imaginaire technique.

1) L'impossibilité de distinguer la réalité de la simulation.
2) L'entreprise criminelle à l'origine d'une technologie mortifère

Code Lyoko

Cette série télévisée d'animation française fut diffusée entre 2003 et 2007. Jérémy, un enfant passionné de science et de technologie, découvre un ordinateur quantique dans une usine désaffectée près de son collège. Une intelligence artificielle, Maya, présentée sous la forme d'un avatar, est prisonnière d'un monde virtuel nommé Lyoko. Des créatures hostiles habitent cette simulation et peuvent attaquer ceux qui s'y aventurent. Maya ne peut donc pas quitter sa tour et elle ignore sa fonction en raison d'une altération de sa mémoire. Le but des collégiens est de sauver l'IA, qui joue le rôle de la princesse prisonnière dans les contes de fées d'antan. Il faut la ramener sur Terre. Des scanners permettent de se virtualiser sur Lyoko. Le supercalculateur scanne et analyse la structure moléculaire de ceux qui y pénètrent. Une fois le scan terminé, il désassemble les atomes afin de les numériser avant de recréer un double, un avatar numérique dans le monde virtuel. L'ordinateur analyse l'imaginaire et se sert des rêves de l'utilisateur pour modéliser son avatar. Des tours du monde virtuels permettent de rejoindre la réalité. Lyoko est une bulle au milieu d'un réseau informatique mondial, nommé Le Réseau ou parfois Internet. Il est souvent comparé à une île virtuelle dans l'océan réticulaire.

Cette série française repose sur cinq archétypes technologiques principaux.

1) Un supercalculateur est capable de générer un monde et prend la place de l'imaginaire humain. Omniscient, il renvoie à l'archétype de l'**ubiquité**.
2) Le monde virtuel est présenté comme un lieu dangereux, loin de certaines représentations évoquant une utopie du virtuel. Il renvoie à l'archétype de l'enfer. Les archétypes de **l'enfer et du paradis** sont récurrents dans les représentations des mondes virtuels. L'ambivalence archétypale sert de matrice discursive à l'imaginaire technique, celui-ci pouvant aussi bien générer des simulations positives que négatives.
3) La connexion par téléportation virtuelle grâce à des scanographes est originale. Il s'agit d'une technologie utopique. Si la téléportation physique fut popularisée dans la série *Star Trek*, elle faisait référence à l'archétype du **passage vers un autre monde**, partiellement mystérieux. La technologie permet ce passage vers un univers parallèle où les personnages deviennent leurs propres avatars. Lyoko signifie d'ailleurs voyage en japonais.
4) Les héros doivent lutter contre une technologie néfaste pour faire triompher leur intelligence humaine contre l'intelligence artificielle. Le héros de référence dans l'imaginaire informatique est le hacker, qui renvoie à l'archétype de l'escroc. La pureté morale des intentions des héros de la série confère aux adolescents la fonction de **preux chevaliers** cherchant à libérer une princesse virtualisée et prisonnière de Lyoko.
5) L'archétype du **virus**. XANA est un virus qui cherche à créer des dégâts dans le monde réel en s'appropriant les capacités du supercalculateur. Le virus est un archétype

négatif, rappelant les démons dans de nombreuses mythologies. Ces derniers viennent d'un univers parallèle pour corrompre, voire détruire le monde. Il faut bien souvent le courage des héros pour les détruire et faire jaillir le bien après une lutte parfois épique. Dans la série, Aelita est une intelligence artificielle chargée de la sécurité de Lyoko. C'est une sorte d'antivirus, qui constitue aussi un archétype de l'imaginaire technologique. Virus et antivirus sont à l'origine d'une lutte entre le bien et le mal, dans la culture informatique.

L'originalité de cette série réside dans le mode de connexion à l'univers virtuel, par téléportation. Le supercalculateur quantique a été créé par un génie, Franz Hopper. Pour créer un tel monde, une révolution informatique sera nécessaire, mais la fonction de ce type de série, destinée aux jeunes, est aussi de créer des vocations et d'inciter de futurs ingénieurs à développer des technologies qui les avaient fait rêver dans leur enfance. Ce dessin animé à succès renvoie à l'imaginaire du jeu vidéo parfait, ultime, dans lequel la distinction entre le réel et le virtuel est effacée.

L'ère du satisfacteur

Dans ce roman, Frederick Pohl imagine dès 1969 l'impact des smartphones sur la société. Cette invention dépasse même les fonctions de ces appareils. Elle s'assure de la santé physique et psychologique de ses propriétaires en vaporisant des produits chimiques capables de neutraliser des pulsions. L'appareil est décrit comme suit :

« C'était un terminal d'ordinateur portatif relié à distance à une unité centrale opérant en time-sharing et qui comprenait également des unités annexes faisant office à l'occasion de flacon de poche, trousse de premiers soins, nécessaire de toilette, etc.[13] ».

Cette invention est même capable de simuler un baiser par une stimulation sensorielle permise par le réseau tactile. Elle correspond à l'archétype du génie capable d'exaucer tous les vœux de celui qui le possède. Forrester, le personnage central du roman, est sorti d'une longue période d'hibernation et se réveille au vingt-sixième siècle. Un guide de l'époque est donné aux personnes dans son cas. Il contient une description du satisfacteur :

« Le télétransmetteur-répondeur appelé satisfacteur est votre outil personnel le plus précieux dans votre nouvelle vie. Imaginez un appareil combinant à la fois téléphone, carte de crédit, réveille matin, bar portatif, bibliothèque de poche, secrétaire à plein temps, et vous aurez une idée de quelques unes des fonctions accomplies par votre satisfacteur ».

Il est intéressant de constater que le monde du vingt-sixième siècle imaginé en 1969 fut complètement réalisé et dépassé avec les smartphones au début du vingt-et-unième siècle. Le roman préfigure l'invention d'un réseau d'informations ressemblant à Internet, et son utilisation par des intelligences artificielles facilitant l'existence des individus, qui possèdent tous un satisfacteur utilisé à tous les âges de la vie. Les enfants ont aussi une manière spécifique de s'amuser grâce à une invention qui stupéfait Forrester :

« Leurs compagnons de jeu n'étaient pas véritablement « réels », mais ils l'étaient en tout cas davantage que, disons, de simples poupées. C'étaient des homologues d'êtres humains, des simulacres, que les enfants appelaient parfois « simulogues »[14] ».

Cette technologie contribue à l'imaginaire du virtuel. Les êtres artificiels mentionnés, pourraient devenir réels grâce aux

---

[13] Pohl (Frederick), *L'ère du satisfacteur*, Paris, Librairie des Champs-Elysées, 1976, p. 18
[14] *Ibid*, p. 107

progrès de l'holographie, de la réalité virtuelle et de l'intelligence artificielle. L'ère du simulacre annoncée par les auteurs de science-fiction pourrait bien devenir une réalité techno-sociologique plus rapidement que prévu. La petite fille utilise aussi un « mur vidéocapteur », qui obéit à ses ordres. Elle efface notamment une forêt pour la remplacer par une scène d'auditorium. Dans le futur, la réalité virtuelle est partout et semble magique à Forrester :

« Aussitôt, la chambre des enfants disparut, et ils furent entourés par une espèce de mur gris et orange, tourbillonnant et incandescent, et qui émettait de la chaleur. Il s'éclaira davantage (...) Et bientôt Forrester et les deux enfants se retrouvèrent assis dans la cabine d'un vaisseau spatial. Jouets et meubles de la chambre avaient été remplacés par des instruments métalliques étincelants et des appareils de contrôle qui clignotaient et sifflaient[15] ».

Frederick Pohl explique dans une note figurant après le roman que le projet MAC du Massachusetts Institute of Technology est « l'ancêtre jurassique »[16] du satisfacteur. Ce programme préfigurait les réseaux informatiques et est considéré comme une étape importante dans l'histoire de l'invention d'Internet. A l'époque, Pohl était conscient de la nécessité d'une microminiaturisation des ordinateurs, pour mettre au point sa technologie utopique et la rendre portative. Il ajouta à ce terminal une fonction médicale, estimant que la pharmacopée connaitrait dans les siècles à venir une révolution. La rencontre des TIC et des biotechnologies était envisagée par Pohl, qui ne se conçoit pourtant pas comme un prophète, présentant son approche de la science-fiction comme une activité proche des méthodes des météorologues, profession qu'il exerça avant l'invention des technologies permettant de faire de cette activité une science de plus en plus exacte.

---

[15] *Ibid*, p. 127-128
[16] *Ibid*, p. 248

La pièce virtuelle rappelle la nouvelle de Ray Bradbury *La brousse*, qui a servi de modèle à de nombreux programmes de recherche.

La brousse, de Ray Bradbury

Cette nouvelle est souvent considérée comme la représentation la plus ancienne de la réalité virtuelle. Elle fut rédigée en 1950. La pièce de jeu des enfants est conçue pour générer un environnement spécifique, en l'occurrence la brousse africaine. Ce dispositif permet de s'octroyer des excursions sur des terres inconnues sans bouger de son domicile. Le père de famille estime que tout le monde devrait en être équipé, et il anticipe une révolution technologique et culturelle alors que la télévision couleur n'existait pas encore. Les utilisateurs peuvent sentir le souffle des lions, l'odeur des animaux et de la végétation, le vent et finissent par ne plus pouvoir distinguer la réalité de la simulation. La nursery est même connectée à l'imaginaire des enfants : « la nursery captait les émanations télépathiques des enfants et créait de la vie pour satisfaire le moindre désir de leur esprit. Les enfants pensaient à des lions, et il y avait des lions ». Cette pièce a été conçue pour libérer les enfants de leurs névroses. L'utilisation de la réalité virtuelle pour traiter les problèmes psychiques est apparue dans les années 1990 et semble promise à la prospérité avec la commercialisation des casques de réalité virtuelle. Cependant, la chambre est devenue « un véhicule de pensées destructives, au lieu de les libérer ». Un bug fait passer cette invention du statut de technologie utopique à celui de technologie dystopique. L'archétype de la panne est à l'origine de nombreuses histoires de science-fiction et mobilise une part importante de l'imaginaire technique. Le bug est une sous-catégorie archétypale spécifique à l'imaginaire informatique. Si les scientifiques et techniciens développent les innovations en imaginant leur évolution positive, ils sont aussi guidés par des archétypes négatifs, tout aussi utiles pour imaginer le futur ambivalent de technologies comme la réalité virtuelle.

Inner City

Ce roman publié en 1996 est considéré comme une des meilleures œuvres de science-fiction cyberpunk française. Elle se déroule dans un futur proche, dans un Paris devenu fantomatique en raison de l'addiction de la population à la réalité virtuelle. La ville est coupée de la banlieue, où la révolte gronde contre une élite de nantis déconnectés de la réalité et fascinés par les réseaux de simulation. Le réseau est parfois nommé « cyberspace », en hommage au roman de William Gibson qui a grandement influencé l'auteur français. Le mode de connexion est le suivant :

> « Elle se rapproche, soulève les deux branches des cyglasses – taches rouges et grumeleuses aux tempes, où s'appliquent les sondeurs proprioceptifs qui transmettent au système nerveux l'illusion de mouvement, de force, de texture, etc.[17] ».

Dans le roman, cette technologie est présentée comme très addictive, au point que certains individus en abusent et finissent pas perdre tout contact avec la réalité. Les hôpitaux accueillent ainsi régulièrement des personnes qualifiées de légumes, victimes d'une société de plus en plus régie par un système simulationniste. Une barrière a été érigée pour éviter aux nantis (les inners) d'être importunés par des hordes de barbares venues de la banlieue. Les simulations sont tellement fascinantes qu'un service a été mis en place pour ramener des personnes qui se perdent dans le virtuel, dans des cybergames.

Ligny propose une réflexion sur les risques de comportements excessifs vis-à-vis de la réalité virtuelle. Cette technologie est

---

[17] Ligny (Jean-Marc), *Inner City*, Paris, Editions Actu SF, 2016, p. 19

présentée comme un piège qui pourrait mener à la perte de la civilisation, les individus courant le risque de sombrer dans la folie s'ils persistaient à délaisser la réalité. Les mondes virtuels sont par ailleurs dangereux pour ceux qui cherchent à atteindre la Réalité Profonde, lieu où « l'inconscient se virtualise [18]». Les inners courent aussi le risque d'être victimes de hackers, de bugs, ou d'être prisonniers de la simulation, « bloqués dans leur compulsion cybermentale[19] ». La connexion à la Haute Réalité, aux mondes virtuels immersifs est la conséquence de grands progrès dans le domaine de la psychologie et de la neurologie. Un personnage estime d'ailleurs que la prochaine étape des technologies du virtuel sera « l'implant à capter les rêves et les souvenirs (...) c'est le prochain défi psychotronique[20] ». Les inners qui se connectent trop longtemps peuvent être victimes de troubles psychiques, comme des suicides actifs ou passifs, des schizes graves, des crises psychotiques aigües, ou des tendances paranoïaques[21]. Des cas de viols sont même évoqués. Les inners ne sont plus habitués à ce que leurs avances soient repoussées, ce qui mène parfois dans la réalité à des comportements déviants. Les agents de Mens Sana sont chargés de protéger les utilisateurs de MAYA, en secourant notamment les utilisateurs qui s'égarent et développent des psychopathologies liées à l'immersion virtuelle. Ligny thématise le rôle des psychologues et des psychiatres dans un futur proche dans lequel le virtuel génère des déviances psychiques et comportementales. La lutte contre un hacker qui menace la santé mentale de millions d'inners s'inscrit dans une réflexion prospective concernant l'hypothèse d'une immersion virtuelle très éprouvante psychologiquement. Si l'on considère la science-fiction comme une métaphore, il s'agit d'un roman mettant en scène des hackers, qui ne représentent dans la réalité pas un danger pour le psychisme humain mais surtout pour le cyberespace et les réseaux informatiques. Il n'en reste pas moins que la science-fiction est aussi un genre prospectif.

[18] *Ibid*, p. 84
[19] *Ibid*, p. 86
[20] *Ibid*, p. 100
[21] *Ibid*, p. 121-123

Prendre Ligny au pied de la lettre, c'est considérer que les progrès de la virtualisation pourraient fragiliser les individus psychologiquement et les exposer à de nouveaux types de hacking, comme le mind hacking. *Ghost in the shell* aborde aussi ce sujet, de nombreux épisodes de la série étant consacrés à la lutte de la section 9 contre des hackers de cyber-cerveaux. Le thème du contrôle mental par la technologie est récurrent dans la science-fiction, et le texte de Ligny envisage les conséquences de la diffusion massive de technologies issues d'Internet mais l'ayant considérablement dépassé. La question des vertus et dangers de la neuroconnexion est posée indirectement. Ligny utilise l'expression célèbre de William Gibson « hallucination consensuelle » pour désigner la forme de cyberespace qu'il s'agit de protéger des hackers.

Virtual Revolution

Ce film de 2017 se déroule à Neo Paris en 2047. Une révolution technologique a eu lieu, et la ville ressemble aux territoires urbains de *Blade Runner*. 75% de la population passe son temps connectée aux mondes virtuels. Si la robotique, les voitures volantes et la colonisation de l'espace ont bien eu lieu, c'est la virtualisation qui a constitué la révolution principale en un peu plus d'un demi-siècle. Le progrès n'a pas seulement permis une meilleure maîtrise de la réalité, mais aussi une fuite de celle-ci. Au début du processus d'innovation, des jeux étaient proposés. Puis, les mondes virtuels, appelés Verses, permettaient de jouer avec des avatars dans différents settings, dans des univers médiévaux, de science-fiction ou de western. Puis, les Verses sont devenus de plus en plus réalistes, effaçant la distinction entre le réel et le virtuel. Rester dans le réel n'était plus satisfaisant, ce qui expliqua la fuite d'une grande partie de la population dans des simulations. Les Connectés passent leur temps online, abandonnant la gestion de la réalité à une minorité. Pourtant, l'entreprise Synternis doit lutter contre un groupe terroriste qui a trouvé le moyen de tuer des dizaines d'utilisateurs connectés à des Verses. Elle emploie Nash Trenton, un ancien policier reconverti en tueur à gage. Il devra trouver le groupe des Nécromanciens qui a tué 148 personnes. Les terroristes cultivent un idéal, un but révolutionnaire consistant à libérer la population de son addiction aux mondes virtuels, qui semblent servir une caste de puissants. Lors d'une scène se déroulant dans la simulation, le chef des Nécromanciens regrette que les assassinats ne soient pas relayés par les médias, car l'objectif est de terroriser la population pour la forcer à se déconnecter. La peur de la mort cybertronique n'a pas été diffusée suffisamment, et fait figure de légende urbaine auprès du grand public. Le Nécromancien estime que l'esprit critique était un des problèmes pour les dirigeants. Les mondes virtuels permettent de le juguler, puisque l'addiction aux jeux virtuels permet un contrôle optimal de la population. Garder les joueurs dans un état végétatif assure la stabilité du pouvoir, ce qui explique la faible implication d'Interpol dans l'enquête. Pourtant, le terme Hybride désigne un individu qui limite son temps de connexion aux Verses. Ces personnes peuvent sembler suspectes. Elles se distinguent des Connectés, qui sont soit obèses soit squelettiques en raison de leur mode de vie. Le système économique dans cette société future repose sur l'octroi d'un revenu universel aux individus, qui leur permet de payer l'utilisation des Verses. L'Etat y voit aussi un avantage car il n'est pas nécessaire de payer des pensions et des retraites pendant de longues années car l'espérance de vie est de quarante ans. L'objectif des Nécromanciens est de libérer la population de la tyrannie du virtuel. Cependant, les Connectés veulent-ils vraiment être libres, alors qu'ils ont choisi une vie idyllique dans les mondes virtuels ? La révolution technologique qui assure la plénitude à des millions d'humains sera-t-elle menacée par une contre-révolution, néo-luddite, cherchant à détruire le réseau pour forcer les humains à se réapproprier le réel ? Quelle sera la réaction des Connectés devant l'initiative de détruire les Verses ?

Ce film s'inscrit dans la continuité de *Matrix*, tout en étant plus réaliste. Les machines sont remplacées par des humains, une caste hypothétique nourrissant les fantasmes des terroristes. La question de la servitude volontaire est posée dans ce film. L'addiction au virtuel est partagée par des millions d'utilisateurs, qui participent à ce que William Gibson désignait comme une « hallucination consensuelle ». Les Verses sont les meilleurs des mondes possibles, des utopies réalisées dans lesquelles il est possible de vivre sans subir la douleur, qui est considérablement atténuée. Dans ce film, la connexion s'effectue avec un procédé ressemblant à de la neuroconnexion, sans pour autant qu'une prise soit nécessaire pour connecter une console au système nerveux de l'utilisateur, ressemblant aux systèmes très discrets présentés notamment dans certains épisodes de la série *Black Mirror*, étudiés dans ce livre. L'utopie du virtuel est la plus forte dans ce film. Il faut dire que le réel n'est pas aussi chaotique que dans certaines fictions cyberpunks, dans lesquelles la quête du virtuel s'effectue au détriment d'une réalité soumise au désordre, à la pollution et à la violence. Les multinationales, l'Etat (Interpol), et les terroristes cultivent une vision de l'ordre social idéal, en fonction des intérêts et des valeurs qu'ils défendent. Le contrôle des mondes virtuels est un enjeu économique et politique important. Ce thème est particulièrement présent dans la science-fiction des années 2010, qui a dépassé les spéculations technicistes pour développer des réflexions reflétant les problématiques concrètes des utilisateurs de mondes virtuels dans des sociétés avides d'innovations émancipatrices.

Rewind

Le film franco-italien *Rewind* (1998) s'intéresse à l'exploration de la mémoire par la réalité virtuelle. L'antihéros, Paul Mansart, a été condamné à une lourde peine de prison en raison de sa participation à un attentat contre un diplomate, qu'il a assassiné avant d'être capturé. Sa femme est aussi abattue pendant l'opération, sans que les conditions de sa mort soient clairement établies. Dix ans plus tard, le terrorisme n'est toujours pas éradiqué. Des exactions sont perpétrées dans de nombreuses villes européennes, comme Paris, Marseille ou Berlin. Il faut rouvrir l'enquête afin de trouver le terroriste probablement coupable du meurtre d'Alice, la femme de Mansart, et à l'origine de cette nouvelle vague d'attentats. Pour résoudre l'enquête, les services secrets proposent à Mansart une réduction de peine contre sa participation à un programme top secret permettant d'explorer le passé grâce à la réalité virtuelle.

L'expérience consiste à intégrer des données psychologiques à la réalité. Cette technologie permet aux patients des psychologues qui ont créé le prototype de cette machine de revivre leur passé. L'équipement est constitué de senseurs qui transmettent à l'ordinateur les informations stockées dans le cerveau. Les souvenirs apparaissent sous forme électronique. L'objectif est que Paul Mansart revive l'attentat de Berlin. En acceptant cet échange, Mansart permettrait à la technologie d'être testée et d'être optimisée. Il pourrait aussi découvrir le meurtrier d'Alice. Le psychologue avertit Mansart que les senseurs situés à l'intérieur du casque lui permettront de ressentir de vraies sensations tactiles, auditives et visuelles. Il lui est possible de pénétrer à l'intérieur de photographies affichées sur les murs d'une pièce virtuelle reproduisant un environnement familier. L'expérience doit permettre aux psychologues et aux enquêteurs de découvrir ce que Mansart a toujours refusé de dire.

Les spécialistes utilisent la réalité virtuelle comme un révélateur de vérité, permettant d'accéder à des zones de la psyché inaccessibles sans cette technologie. La mémoire est une fonction encore méconnue, et il est possible d'imaginer des découvertes futures permettant d'accéder à des archives cryptées dans la psyché. Si Freud et Jung ont évoqué un inconscient, rien n'empêche de formuler l'hypothèse d'une mémoire stockée à l'intérieur de celui-ci.

De nombreuses œuvres de science-fiction ont mis en scène des technologies filmant et enregistrant en permanence les actions d'individus, dont le système visuel est constitué d'une caméra enregistrant tous leurs faits et gestes. La série *Black Mirror* a consacré plusieurs épisodes de la saison 4 à cette technologie utopique, en l'occurrence plutôt dystopique car pouvant mener à des situations liberticides et à un contrôle social et individuel pervers. Un épisode de cette série montre par exemple une enfant équipée d'une puce qui permet de la géolocaliser en permanence, mais aussi d'avoir accès à ce qu'elle voit. De plus, sa vision du monde est enregistrée et archivée. Si cela ne pose pas de problèmes dans la jeunesse de cette personne, cela devient plus gênant à partir de l'adolescence, quand la fille se rend compte que sa mère continue à la surveiller et peut suivre sur sa tablette en permanence ses moindres faits et gestes, et sa vie sentimentale.

Découvrir le stockage de la mémoire humaine dans un système naturel, accessible par exemple par l'ADN, permettrait d'avoir accès aux données de nos ancêtres, et de réaliser des découvertes historiques considérables. Cette technologie est encore utopique, mais serait un moyen de réaliser une forme de voyage dans le temps aux conséquences potentiellement considérables. Dans le film *Rewind*, la réalité virtuelle permet de reconfigurer des souvenirs d'êtres humains vivants. Cette technologie est très utile pour des enquêtes policières. Elle est présentée comme expérimentale, et stratégiquement importante, abondamment financée par l'Etat. L'équipe de psychologues qui la développe est présentée d'une manière positive. La technologie n'est pas diabolisée. Elle est source de vérité et doit être protégée de criminels qui cherchent à l'empêcher de dévoiler les coupables d'actes terroristes. Dans la réalité, en 1998, date de réalisation du film, la réalité virtuelle est encore expérimentale, et de nombreux fantasmes l'assimilent à une technologie potentiellement révolutionnaire permettant d'accéder à des fonctions de la psyché encore inconnues. Cette recherche de fonctions cachées du cerveau humain fut popularisée dans les années 1960-80 par le psychologue psychédélique Timothy Leary, qui cherchait notamment à libérer l'esprit avec du LSD. Les psychologues progressistes de ce film contrastent avec les représentations des savants fous présents dans la science-fiction des années 1960-70. La réalité virtuelle est présentée comme une technologie potentiellement révolutionnaire encore à l'état de prototype. C'est une métaphore parfaite de l'état de développement d'un système où seuls les prisonniers peuvent être acceptés pour effectuer des expériences. Mansart est d'ailleurs pris de violentes crises d'épilepsie la nuit suivant une expérience, ce qui le mène à l'infirmerie de la prison où il est incarcéré. Cette scène renvoie à un imaginaire négatif particulièrement diffusé à cette époque dans les médias, qui alertent l'opinion publique des dangers de certains jeux vidéo, qui provoquent des crises d'épilepsie. La crainte de la maladie neurologique réapparait régulièrement dans l'imaginaire de la réalité virtuelle. La peur de la cinétose réactualisait ce thème dans les années 2010, à l'heure de la commercialisation des casques de réalité virtuelle.

Tron et Tron, l'héritage

Le film *Tron* est sorti en 1982. Il s'agit d'une production Walt Disney Pictures. Kevin Flynn est un programmeur de génie qui a mis au point des jeux vidéo alors qu'il travaillait pour la société ENCOM. Ces jeux lui furent dérobés par un de ses collègues, Ed Dillinger, qui le fait licencier et devient PDG de l'entreprise. Flynn devient gérant d'une salle de jeux vidéo et tente pendant son temps libre de pénétrer le réseau d'ENCOM pour trouver des fichiers prouvant la spoliation dont il a été victime. Cependant, Dillinger est secondé par un programme nommé « Maître Contrôle Principal » (MCP), qui devient de plus en plus puissant et autonome, au point de constituer une menace pour la sécurité des Etats. Cette intelligence artificielle considère Flynn comme un problème et souhaite l'éliminer. Un soir, Flynn parvient à convaincre Lora et Alan, deux de ses anciens collègues, de l'aider à pénétrer dans l'entreprise. Il tente de se connecter au système informatique, mais le MCP parvient à actionner un laser expérimental qui le dématérialise et le téléporte à l'intérieur du système virtuel. Dans le film, les programmes sont représentés sous forme humaine. Ils ont le visage de leurs créateurs humains. Tron est le nom du programme d'Alan. Le but du MCP est d'éliminer Flynn en le faisant perdre à un jeu vidéo qu'il pourra cette fois-ci utiliser en grandeur nature. La téléportation, ou dématérialisation, est un mode de connexion aux mondes virtuels original, probablement inspiré par la série *Star Trek* qui a utilisé cette technologie dans les années 1960. L'idée de téléportation virtuelle est en revanche une invention du film *Tron* qui inspira le courant cyberpunk dans les années qui suivirent.

Dans la suite de ce film, *Tron l'héritage* (2011), Flynn est devenu le PDG d'ENCOM et a rencontré le succès avec la commercialisation des jeux Tron et Space Paranoïds. Son objectif était de « Créer un monde numérique pour restructurer la condition de l'homme sur cette planète ». Il disparait cependant mystérieusement. 20 ans plus tard, son fils pénètre dans son ancienne salle de jeu et découvre un ordinateur. Après quelques secondes de manipulation, il est téléporté à l'intérieur de ce que son père nommait « la grille », un univers informatique dans lequel les programmes, représentés sous la forme d'humains, forment une civilisation complexe. Sam Flynn découvre que son père est prisonnier de ce monde depuis 20 ans. Comme son père 20 ans plus tôt, il doit survivre dans le jeu que son père a conçu. Les combats de disques et les courses de LightCycles sont des sports pratiqués à l'intérieur du monde virtuel. Le film préfigure les jeux vidéo du futur, qui pourraient bien faire partie des épreuves des Jeux Olympiques dans les prochaines éditions. Kevin explique à son fils qu'il travaillait à numériser l'anatomie humaine et à créer une société utopique dans le monde virtuel. Un jour, une nouvelle forme de vie est apparue, les algorithmes isomorphes : «le bionumérique était né spontanément », explique Kevin, qui estime que cet évènement allait nécessiter de repenser la science, la philosophie et la religion. L'informaticien pensait créer un monde parfait, jusqu'à une insurrection menée par le programme CLU, qui cherche à tuer Flynn son créateur et les isos, qu'il considérait comme des imperfections à détruire. Flynn explique que le monde virtuel s'est refermé sur lui, comme un coffre fort qu'il n'est possible d'ouvrir que de l'extérieur. CLU crée une armée, dérobe l'anneau de Kevin Flynn et promet à son peuple de programmes de sortir de la Grille pour envahir le monde réel. La perspective est renversée. Si Flynn a voulu créer un monde parfait dans le virtuel, les programmes virtuels pensent que leur destinée, leur salut, passe par leur fuite dans le réel.

L'évolution de la Grille entre 1982 et 2011 révèle les mutations de l'informatique en presque trente ans. Dans la version de 1982, le jeu vidéo est bien moins élaboré. Dans le film de 2011, une véritable ville virtuelle a vu le jour. Sam doit traverser « l'océan de la simulation ». Une vie politique s'est développée dans ce monde, et les héros doivent lutter pour le purifier de programmes malveillants et tenter de rejoindre le portail qui leur permettra de rejoindre le monde réel. Si *Tron* annonçait l'avènement des réseaux informatiques et d'Internet, *Tron L'héritage* passe au stade supérieur de l'imaginaire. Il évoque les isos, ces formes de vies artificielles qui pourraient émerger de l'innovation dans les secteurs de l'intelligence artificielle, des mondes virtuels et de l'informatique. Le mythe des êtres artificiels autonomes est exploré dans ces films. L'archétype du concepteur de génie à l'origine d'innovations révolutionnaires, qui est une sous-catégorie de l'archétype du hacker, est ici réactivé. Il cristallise les fantasmes et passions relatifs aux activités des innovateurs à succès du secteur des TIC, et notamment de la Silicon Valley.

L'imaginaire des mondes virtuels immersifs témoigne aussi de la condition humaine à l'ère de l'informatique omniprésente dans la vie quotidienne, au point que l'imaginaire est colonisé et porté vers une réflexion à la fois fantasmagorique, critique et spéculative, entre l'utopie et la dystopie.

Mind Games

Dans ce roman destiné à la jeunesse, l'Humanité passe un temps considérable dans les mondes virtuels, au point de perdre parfois la notion de réalité. Seuls les refusants s'excluent de ce système social, ce qui les oriente vers des destins médiocres. Luna est la fille d'une célèbre hackeuse et possède la capacité de rester consciente tout en étant connectée. Le Vide est un tissu infini de possibilités virtuelles créé par la CoPra (Compagnie parasensorielle de réalité artificielle). Luna est malade lorsqu'elle s'y connecte, ce qui la pousse à être refusante jusqu'à ce qu'elle finisse par accepter de se connecter, espérant élever son niveau social en intégrant une grande université. Dans le monde de *Mind Games*, l'éducation s'effectue quasiment exclusivement dans des mondes virtuels. Seuls les individus exclus pour mauvaise conduite ou les refusants reçoivent une éducation réelle, bien moins élaborée que celle proposée dans le virtuel. Pourtant, la NONU (Nouvelle Organisation des Nations Unies) a inscrit dans la Déclaration internationale des droits de l'enfant, que l'implant nécessaire à la connexion dans les mondes virtuels n'était pas obligatoire. Le père et le frère de Luna passent une grande partie de leur temps connectés à des jeux virtuels. Elle vérifie les données de survie de son père qui est étendu sur sa base de connexion depuis plusieurs semaines et renonce à le déconnecter pour éviter de le rendre de mauvaise humeur[22].

La CoPra nomme « Temps Réel » le portail d'accès aux mondes virtuels. Les dépendants aux mondes virtuels deviennent parfois de véritables épaves, ce qui conforte Luna dans son rejet des implants. Elle critique un système addictif dangereux pour les individus les plus fragiles psychologiquement. Elle estime que le virtuel « fascine parce qu'il gomme les difficultés. Il permet d'améliorer son apparence et d'éviter les problèmes réels[23] ». Il est possible de

---

[22] Terry (Teri), *Mind Games*, Paris, Ed. de la Martinière Jeunesse, 2017, p. 29

[23] *Ibid*, p. 60

prendre des apparences rêvées, en devenant plus mince ou plus bronzé ou en possédant une garde-robe de grand couturier. Les relations sociales sont considérablement modifiées :

> « Dans mon lycée, garçons et filles ne se donnent plus rendez-vous qu'en connexion. Et si on n'a pas envie de rencontrer une personne réelle, les filles, dès l'âge de seize ans, peuvent piocher dans toute une gamme de petits amis fantasmés. Autre avantage, et non des moindres : on ne peut y attraper aucune maladie sexuellement transmissible ni tomber enceinte. Que demander de plus ?[24] ».

La CoPra est présentée comme une entreprise qui crée des systèmes informatiques et des jeux. Elle laisse se développer les hackers qui testent ses innovations et propose aux meilleurs des emplois de rêve pour créer ou animer des jeux. Ils deviennent par la suite les maîtres de leurs propres univers virtuels. En plus de sa double conscience, Luna est refusante car elle est victime de nausées quand elle se connecte au virtuel. Un de ses amis lui suggère de prendre des cachets anti-nausées (CAN), qui doivent lui permettre de vivre virtuellement normalement avec un implant, condition d'une vie sociale normale. Selon la publicité de la CoPra, la dimension du Temps Réel « est encore plus réelle que la réalité que vous avez toujours connue ! Avec la CoPra, vous pouvez être la personne que vous voulez, aller où vous voulez[25] ».

La découverte des mondes virtuels par Luna la fascine rapidement. Elle peut réaliser des choses extraordinaires sans risquer de se blesser physiquement, et participer à des fêtes virtuelles. Les loisirs sont révolutionnés par cette technologie, qui propose des possibilités ludiques quasi-infinies. Face à la puissance de la CoPra, accusée de contrôler le gouvernement, un groupe de hackers résistants s'est constitué. Ils se nomment les lombrics et dénoncent le rôle de cette entreprise dans la multiplication des cas de mort subite des adolescents. Ce problème n'est pas une maladie mais est lié à un manque de

---

[24] *Ibid*, p. 60
[25] *Ibid*, p. 129

sommeil, les jeunes étant connectés nuit et jour, dans leur établissement scolaire le jour et dans les jeux en ligne la nuit. De plus, le taux de natalité est en chute libre et la réalité est progressivement abandonnée. Un personnage explique que la CoPra « maîtrise le fonctionnement de notre société. Le monde entier se sert de son programme de traduction et de communication. De nos jours, pratiquement toutes les interactions sociales sont virtuelles[26] ». Tempo souligne aussi la multiplication des cas de paranoïa et d'hallucinations psychotiques : « Une partie non négligeable de la population perd la raison en s'adonnant au virtuel de façon prolongée[27] ». Il estime que « la CoPra a une possibilité illimitée d'abuser de son pouvoir. Cela arrange les gouvernants du monde : les gens se tiennent tranquilles, avec l'illusion d'avoir une vie facile[28] ».

Les jeunes héros sélectionnés par la CoPra pour des raisons inconnues visitent les mondes virtuels, aussi nommés MoVis. Certaines simulations sont tellement réalistes que les visiteurs ressentent la douleur d'une manière très impressionnante, imaginent qu'ils sont effectivement blessés dans la simulation, mais aussi dans la réalité. Luna finit par découvrir les terribles desseins de la CoPra et le sort des stagiaires à qui on avait fait miroiter une destinée exceptionnelle : « Une fois qu'ils sont formés pour manipuler des mondes, on les sépare de leurs corps avant de les piéger dans un monde de jeu virtuel, tant que leur cerveau fonctionne[29] ». La CoPra dissimule des centaines de longs réservoirs. Luna est entourée de corps sans cerveau. Il leur manque le bas du crâne. Le hackeur Hex explique qu'il est très satisfait de son sort : « C'est la meilleure chose qui me soit arrivée. Réfléchis Luna. On contrôle complètement le monde qu'on a créé. Si on est digne de confiance, comme moi, on peut faire ce qu'on veut. Pour toujours (...) La vie est éternelle dans le virtuel. Que peut-on reprocher à un tel système ?[30] ».

---

[26] *Ibid*, p. 197
[27] *Ibid*, p. 198
[28] *Ibid*, p. 198
[29] *Ibid*, p. 391
[30] *Ibid*, p. 395

Ce roman propose plusieurs réflexions sur le futur des mondes virtuels.

- Les héros s'opposent à une multinationale toute puissante qui exploite cette technologie à des fins de domination politique de la population. On retrouve ce thème dans de nombreux romans, notamment cyberpunks. Plus récemment, la lutte pour le contrôle de la simulation globale est au centre du roman *Player One*.
- La figure du hacker est utilisée pour désigner des êtres supérieurement intelligents, potentiellement nuisibles à la CoPra si elle ne parvient pas à les utiliser pour optimiser ses systèmes virtuels.
- Les conséquences néfastes d'une immersion addictive au virtuel sont rappelées.
- Il s'agit aussi d'une nouvelle version de l'expérience de pensée d'Hilary Putnam du Cerveau dans une cuve (Brain in a vat), présentée en 1981. Cette expérience de pensée ressemble à un scénario de science-fiction et inspira de nombreuses œuvres étudiées dans ce livre et dont la plus connue est le film *Matrix*. Elle s'inscrit dans la continuité de l'allégorie de la Caverne de Platon et de l'hypothèse du malin génie de Descartes.

L'holodeck

L'holodeck est apparu pour la première fois dans l'épisode *The Practical Joker*, de la série *Star Trek*, diffusé en 1974. Il s'agit d'une pièce permettant le divertissement et l'entrainement de l'équipage à travers des simulations de versions alternatives de la réalité. Cette technologie fut par la suite représentée dans les séries *The Next Generation* et dans le film *First Contact* (1996). Le terme holodeck désigne une telle technologie située dans un vaisseau alors que le mot holosuite est plus adapté pour un tel procédé installé sur une station spatiale ou une planète. Par ailleurs, les Personal holodecks ne peuvent accepter qu'un seul utilisateur. La simulation fonctionne avec des projecteurs holographiques qui génèrent des mondes très réalistes. Une technologie de réplication crée de la matière qui accentue l'impression de réalité au toucher. Le programme se déplace mais l'utilisateur, bien qu'immobile, a le sentiment de bouger dans la simulation. Il est aussi possible de mourir dans l'holodeck, car quand le système de sécurité est désactivé, une arme holographique peut s'avérer mortelle.

L'holodeck est rapidement devenu une technologie utopique qui a nourri des générations de téléspectateurs en fantasmes d'innovations révolutionnaires. Le concept de chambre virtuelle fut développé dans la nouvelle de Bradbury *La brousse* étudiée précédemment. Il se retrouve dans de nombreuses fictions, et notamment dans *Blade Runner 2049*, où une jeune femme vit dans une pièce coupée du monde réel depuis son enfance en raison de problèmes de santé. Cette très grande pièce génère des simulations qui lui donnent l'occasion d'assouvir sa curiosité, de nourrir son imaginaire et d'avoir l'impression de connaître la réalité.

Reproduire la réalité terrestre est une nécessité pour les passagers des vaisseaux de *Star Trek*. Avoir l'impression pendant quelques heures de vivre sur Terre a des vertus psychologiques indéniables pour des humains évoluant aux confins du cosmos. Cette technologie semble inaccessible, mais pourrait bien devenir nécessaire pour les astronautes du futur. Les managers des missions spatiales devront en effet gérer les crises psychologiques traversées par les membres des missions éloignés pendant de longs mois de leurs familles et de leurs habitudes terrestres. Mettre un holodeck à disposition des astronautes pourrait être une solution à de nombreux problèmes relatifs aux longs voyages spatiaux.

Mais l'holodeck n'est pas qu'une technologie du vingt-quatrième siècle. Des entreprises spécialisées dans la réalité virtuelle annonçaient déjà en 2017 avoir développé une technologie ressemblant aux célèbres pièces de *Star Trek*. Des entreprises de divertissement promettent dans certains pays comme l'Allemagne de faire l'expérience de l'holodeck. Dans de grands espaces couverts, comme des hangars, des clients peuvent s'équiper de casques de réalité virtuelle et de combinaisons haptiques leur permettant de jouer physiquement à des jeux vidéo comme le célèbre *Pong*. Le terme holodeck est vendeur, touchant l'imaginaire technique primitif des consommateurs potentiels. En 2017, l'entreprise Nvidia, spécialiste de la réalité virtuelle, a dévoilé son projet Holodeck, censé bouleverser les communications du futur. Ce projet doit permettre à des personnes éloignées d'avoir l'impression de se rencontrer dans un même espace virtuel. Cette innovation ressemble à Spaces de Facebook. Nvidia utilise l'imaginaire de l'holodeck dans un but marketing. Son innovation est encore très éloignée de cette technologie utopique, mais s'inscrit dans une vision à long terme mobilisatrice pour les investisseurs et les consommateurs. Déjà en 2011, Microsoft présentait l'holodesk, un bureau holographique. Ce projet était développé dans le laboratoire Microsoft Research Cambridge. L'utilisateur pouvait manipuler des objets virtuels avec ses mains.

La série *Star Trek* a la réputation d'avoir introduit de nombreuses technologies utopiques qui ont par la suite inspiré les innovateurs de toutes origines. L'holodeck n'échappe pas à cette règle. L'imaginaire de la réalité virtuelle dérive de l'imaginaire de l'informatique du futur. Avant la mise en réseau des ordinateurs, l'idée était de générer des simulations les plus réalistes possible, dans le but de stimuler la fonction hallucinatoire de l'esprit humain. L'holodeck est une technologie de simulation, qui elle-même renvoie à l'archétype du simulacre et de l'hallucination. Les humains imaginent des technologies qui sont désormais capables de stimuler leur imaginaire au point de leur faire oublier le réel, au moins momentanément, ce qui suscite des inquiétudes chez quelques acteurs soucieux de la santé mentale des utilisateurs. Grâce à la réalité virtuelle, une hallucination contrôlée et non pathologique est générée chez l'utilisateur. *Le technotype du simulacre hallucinatoire*, probablement présent dans la psyché humaine depuis de nombreux siècles, s'est manifesté par exemple chez les chamanes consommateurs de drogues, selon Timothy Leary, mais aussi plus récemment chez les individus avides d'explorer les dimensions méconnues de l'esprit par l'art et la technologie.

Pixel Noir

L'action de ce livre de Jeanne-A Debats (2014), destiné aux adolescents, se déroule en 2119. Pixel est un adolescent intrépide féru d'informatique. Il est victime d'une grave chute, qui le mène à l'hôpital dans un état critique. Les médecins décident de le plonger dans un Virtuel de Repos, c'est-à-dire un monde virtuel dans lequel il peut cohabiter avec d'autres malades trop gravement atteints pour rester conscients le temps que les médecins parviennent à les guérir, par exemple de multiples fractures. Dans cette société, la connexion au monde virtuel est devenue banale. Les fauteuils d'interface virtuelle sont nommés les cocons, comme dans *Le Successeur de pierre*. Le mode de connexion s'inscrit dans la lignée des technologies décrites dans les romans cyberpunks : « Les électrodes dissimulées dans le siège se connectèrent sur leurs équivalents implantés directement sous le cuir chevelu de l'adolescent. Ses yeux se rouvrirent mais ils ne voyaient plus la chambre autour[31]». Pixel est équipé d'un bracelet com, impossible à enlever car greffé sur son avant bras. Il lui sert de pièce d'identité, de carte de sécurité sociale, et lui permet de se connecter à Internet n'importe où. Après une chute, il se réveille face à une intelligence artificielle médicale qui lui explique sa situation :

« Vous êtes dans un VMT, un Virtuel Médical de Transition. Votre corps physique est plongé dans un coma artificiel à l'intérieur d'un cocon de narcose, un peu comme vos cocons de jeu, et on a transféré votre esprit ici, dans ce VMT (…) C'est une sorte de campus universitaire. Il y a dix ans qu'on y travaille (…) C'est exactement comme un jeu longue

[31] Debats (Jeanne-A), *Pixel Noir*, Paris, Syros Jeunesse, 2014

durée, très longue durée dans votre cas. Vous serez en immersion totale, dans un cocon médicalisé[32] ».

Le Virtuel de Repos est à l'origine une simulation créée par l'armée pour former les soldats. Il a été revendu à l'hôpital qui l'a modifié pour l'adapter aux patients, mais Pixel réalise rapidement que ce monde dysfonctionne. Ce roman propose une technologie du virtuel utopique dans la mesure où elle soulage les patients de leur souffrance en stimulant leur cerveau pendant leur immobilisation. D'un autre côté, il traite d'un problème de cette technologie. Le monde virtuel menace de s'effondrer et les multiples bugs rendent la vie difficile pour les jeunes patients. La météo est détraquée, les enseignants ont disparu, les bâtiments sont partiellement détruits. D'une utopie confortable et bienfaitrice, on passe à un univers dystopique, sans que les patients aient l'opportunité de prévenir le monde réel de la situation. Dans de nombreuses œuvres, les dysfonctionnements sont liés à des sabotages effectués par des hackers. Dans ce livre, le problème technique n'est pas lié à un acte malfaisant. Le héros se trouve malgré lui prisonnier d'un monde chaotique duquel il ne peut pas s'échapper. Ce sentiment d'emprisonnement dans le virtuel contribue à susciter un sentiment ambivalent vis-à-vis de cette innovation. Le Virtuel de Repos est un prototype, qui doit être perfectionné pour permettre l'épanouissement de ses habitants. Cette technologie médicale appartient à un futur lointain, Elle peut cependant susciter des réflexions sur l'incursion du virtuel dans les thérapies, et sur la possibilité de stimuler les patients avec des programmes virtuels moins réalistes. Les fictions du virtuel génèrent un imaginaire de la simulation globale. La neuroconnexion et les technologies du cocon issues des fictions des années 1980-90 servent de point de mire aux chercheurs. Elles sont aussi la métaphore de l'utilisation de technologies numériques ou de stimulation par la simulation dans certains secteurs médicaux. Ce roman renvoie à l'imaginaire d'un cocon technologique. L'archétype du cocon est ici réactualisé. Ce thème est aussi développé dans la science-fiction par de nombreuses œuvres traitant des utérus artificiels

---

[32] *Ibid*, p. 26-28

permettant une gestation et une procréation sous assistance technique. L'archétype du cocon est particulièrement actif dans les récits sur les technologies du virtuel. Il inspire le technotype du cocon artificiel, générateur d'un simulacre hallucinatoire, qui se trouve dans de nombreuses œuvres comme *Matrix*.

Otherlife

Ce film met en scène une chef d'entreprise et son associé, dont les aspirations et les stratégies de développement divergent. Leur innovation est un biologiciel permettant de programmer de nouveaux souvenirs aux utilisateurs. Ils refusent de considérer cette technologie comme une drogue. Il n'est pas possible de distinguer ces expériences virtuelles de la réalité. La scientifique qui développe ces simulations estime que « pour le cerveau, l'imaginaire et la réalité sont identiques d'un point de vue chimique ». L'individu est équipé d'un casque discret et une goutte d'une substance noire lui est versée dans l'œil. Cette technologie pourrait connaitre de multiples applications, dans les loisirs, l'entrainement, la réhabilitation ou certaines thérapies. Il est ainsi possible de vivre une simulation d'une journée en seulement quelques secondes. Les consommateurs peuvent par exemple passer une journée à la plage avant d'aller travailler, puis faire quelques heures de snowboard à la pause de midi avant de se plonger dans d'autres réalités virtuelles en soirée. Les effets secondaires potentiels peuvent aller de l'arythmie, à des convulsions, voire à la mort cérébrale. Ren Amari, la chef d'entreprise, répond aux questions sur les risques de cette technologie que tout abus de substances comporte des risques. Le programme puise dans les fragments du subconscient et demeure comme un souvenir dans la mémoire des individus. Les utilisateurs peuvent se trouver piégés par le fantasme et se détacher de la réalité. D'un autre côté, cette technologie pourrait aider à guérir d'Alzheimer, ou de la démence. En théorie, « on devrait pouvoir corriger un cerveau comme on corrige un logiciel ». Au niveau éthique, cette innovation est contestable car elle consiste à « mettre des idées dans la tête des gens ». Une application est envisagée par l'associé de Ren. Il est en relation avec le Ministère de la Justice dans le but de mettre au point un programme permettant aux condamnés d'effectuer une peine de plusieurs années en seulement quelques minutes. Ren refuse cette fonction de son innovation. Suite à un bug lors d'une simulation d'un de ses amis, elle risque 15 ans de prison. Il lui est proposé de tester la simulation de détention pendant une année virtuelle, soit quelques instants réellement, dans le but d'optimiser ce programme. Le ministre envisage même de condamner des criminels à plusieurs centaines d'années de détention virtuelle si l'expérience est concluante.

Cette technologie ressemble aux implants mémoriels utilisés dans *Total Recall* pour créer des souvenirs artificiels. L'immersion est totale, plus vraie que nature. Il n'est pas nécessaire d'avoir recours à un appareillage comme la création de prises permettant de connecter le système nerveux des individus à la simulation. Ce film utilise une substance qui ressemble à un simple collyre. Cette technologie est potentiellement révolutionnaire car elle permettrait de développer une vie virtuelle parallèle, les cerveaux des individus connectés vivant ou revivant des expériences dépassant ce qu'ils seraient capables de réaliser dans la vie quotidienne normale. Le slogan d'Otherlife est le suivant : « Avec Otherlife, que ferez vous de votre autre vie ? ». Pour l'heure, l'expérience virtuelle parfaite n'existe pas. Il faut passer par des technologies encombrantes qui ne permettent qu'une approche partielle de l'immersion. Le film propose une réflexion éthique sur le devenir des technologies du virtuel. Cette interrogation est légitime car l'innovation proposée par l'entreprise pourrait être dangereuse, notamment si elle était utilisée à des fins de contrôle social ou de répression. Initialement, le biologiciel devait intéresser les personnes à la recherche de sensations fortes et d'évasion. Le commerce des rêves artificiels constitue une forme de réalité virtuelle. La référence à la nouvelle de Dick « Souvenirs à vendre », adaptée sous le nom de *Total Recall* en 1990 est évidente. Elle met aussi en garde les spectateurs contre d'éventuelles dérives liées à une approche mercantile poussant les inventeurs les plus géniaux à se détourner d'un idéal positif socialement pour accroitre leur profit. La relation entre les deux associés montre que les nouvelles technologies, notamment du virtuel, peuvent mener la société à de grandes difficultés si elles ne sont pas contrôlées par un filtre éthique.

Black Mirror, épisode Playtest

Dans cet épisode de la célèbre série *Black Mirror*, un globe trotter en manque d'argent accepte de tester un jeu vidéo de réalité augmentée. L'entreprise qui le produit le considère comme révolutionnaire. Lors de la visite médicale, un capteur lui est intégré dans le cou. Il permet au joueur de capter mentalement les éléments virtuels qui s'ajoutent à la réalité. Un jeu de réalité augmentée élémentaire permet à Cooper de tester ce programme. Il est le seul capable de voir les éléments de réalité augmentée. La personne qui l'accompagne dans la pièce ne perçoit pas ce qu'il voit. Cette technologie génère une forme d'hallucination assistée par la technologie, qui peut être assimilée à une drogue potentiellement néfaste pour le système cognitif de l'utilisateur. Après ce premier test, le cobaye est cependant conquis et accepte de tester un jeu bien plus évolué. Il est conduit dans un manoir pour tester un jeu d'horreur. Le système est capable de lire dans son esprit les choses qui le terrifient le plus afin de produire des éléments susceptibles de stimuler son imaginaire. Cooper, qui prenait le jeu un peu à la légère au début, est littéralement effrayé par les hallucinations qui se présentent à son esprit. Son pire ennemi d'enfance pénètre dans la pièce, une araignée géante l'attaque. Il est même poignardé par sa petite amie. Il prend alors peur car il n'était pas censé ressentir de la douleur, selon les concepteurs du jeu. C'est alors qu'il se met à paniquer, demandant la fin de la partie en hurlant au point de devenir fou. Pensant être sorti du jeu, il rentre chez lui et découvre que sa mère a développé pendant son absence de plusieurs mois les symptômes de la maladie d'Alzheimer. Dans un ultime hurlement, il revient à la réalité, dans le laboratoire de l'entreprise de jeux vidéo SaituGemu. Il décède. Les concepteurs estiment que la version du jeu qui lui a été proposée était trop puissante. Le réalisme de l'hallucination a trompé son esprit au point de le rendre fou dans un premier temps, puis de provoquer sa mort.

Black Mirror est une série réputée pour sa faculté à montrer les dérives possibles des technologies de communication les plus évoluées. Le thème de la réalité virtuelle et des jeux immersifs pose des questions éthiques sur le pouvoir de ces technologies et sur leur impact sur la santé des utilisateurs. Les relations entre santé et réalité virtuelle sont encore à étudier précisément, notamment au niveau médical. La création d'hallucinations technologiquement stimulées doit-elle être encadrée afin d'éviter des cas de maladies psychiques, par exemple ? Le niveau de réalisme de la simulation peut tromper le cerveau au point de générer des dérèglements du métabolisme menant parfois à des décès et à des suicides. Dans l'épisode, l'hallucination dure seulement une seconde. Pourtant, l'utilisateur a l'impression de vivre pendant plusieurs jours. Le rapport au temps est modifié lors de l'utilisation de cette technologie.

Cette fiction va à l'encontre des grandes tendances en ce qui concerne les rapports entre santé mentale et réalité virtuelle. Les initiatives consistant à utiliser cette technologie pour soigner des problèmes psychiques se multiplient. De nombreux psychiatres sont enthousiastes à l'idée de traiter certaines pathologies comme les phobies. En montrant une mort par hallucination artificiellement générée, cet épisode rappelle les débats sur les rapports entre santé mentale et jeux vidéo particulièrement actifs dans les années 1990-2000. Certains esprits critiques s'attardent sur la violence et la dimension addictive de ces jeux. La réalité virtuelle est annoncée, entre de nombreuses autres applications, comme le futur des jeux vidéo. Elle doit être sécurisée afin d'éviter des drames chez les utilisateurs. Des commissions se créent d'ailleurs pour envisager d'éventuelles dérives liées à ces innovations, afin de réguler les pratiques et d'éviter des problèmes liés notamment à la recherche du profit. L'Agence Nationale de Sécurité Sanitaire de l'Alimentation, de l'Environnement et du Travail a ainsi constitué un groupe de travail concernant les « Effets sanitaires potentiels liés à une exposition aux technologies de réalité virtuelle et de réalité augmentée ». Des incohérences sensori-motrices sont par exemple liées à l'utilisation des visiocasques. Des nausées ou des vertiges peuvent être liés à cette technologie, mais aussi des maux de tête, ou de la fatigue visuelle. Les symptômes peuvent apparaitre pendant l'utilisation, mais aussi plusieurs jours après. Le but de cette commission est aussi d'étudier les atteintes neurocognitives et l'impact psychosocial et comportemental sur les utilisateurs.

La science-fiction propose un miroir noir, critique, de la réalité des innovations, générant des fantasmes et craintes qui finissent par structurer en partie l'opinion, qui ne distingue bien souvent plus les fictions originelles de l'opinion des données scientifiques établies par des experts, médicaux notamment. La crainte d'une forme de folie, d'une impossibilité à distinguer la simulation de la réalité, est récurrente dans la science-fiction. L'épisode Playtest montre aussi le cynisme des innovateurs, qui utilisent des cobayes pour tester leurs logiciels sur la psyché humaine.

Black Mirror, San Junipero, et la notion de Paradis Virtuel

Cet épisode est intéressant car il s'intéresse à la possibilité de transférer son esprit dans un monde virtuel en cas d'hospitalisation, voire même après la mort. Dans la simulation, les deux héroïnes passent du bon temps dans différents lieux festifs à différentes époques, comme les années 50, les années 80-90 ou en 2002. Elles se rencontrent dans un monde virtuel très réaliste auquel il n'est possible de se connecter que quelques heures par semaine. Les deux femmes vivent une jeunesse épanouie dans le virtuel, alors qu'elles sont très âgées ou très malades, sur leur lit d'hôpital ou dans une maison de retraite. L'actrice qui décède en premier voit son esprit transféré dans la simulation, comme c'est le cas pour des millions d'autres humains. Cette technologie est une réalisation du Paradis par l'Humanité grâce à l'innovation technologique. Le transfert spirituel dans les mondes virtuels est une hypothèse bien connue, notamment grâce à Greg Egan.

L'Enfer et le Paradis sont deux lieux imaginaires qui font fantasmer l'Humanité depuis des siècles. Certains auteurs ont pu montrer que la réalité virtuelle pouvait les simuler. L'Enfer virtuel a été envisagé par Iain Banks. De nombreuses simulations imaginaires sont par ailleurs présentées comme des paradis en contraste avec une réalité écologique, politique, ou économique difficile. La création d'un Paradis Virtuel permettrait l'immortalité cognitive. La notion de transfert de l'esprit a été envisagée dans de nombreuses fictions, et jugée polémique par les garants de l'ordre moral. Dans la série *Transfert*, qui traite de ce thème, une molécule permettant de dissocier l'esprit et le corps a été découverte. Les transférés sont cependant des parias de la société regroupés dans des camps.

La création d'un Paradis Virtuel représente une technologie utopique ultime, un autre monde, parallèle, dans lequel il est possible d'évoluer dans la plénitude et l'harmonie. Ce thème se retrouve dans de multiples fictions. Les peintres de la Renaissance ont proposé de nombreuses représentations de l'Enfer et du Paradis. Ces lieux imaginaires sont désormais plus que des technologies utopiques. Ils actualisent des archétypes fondamentaux. Penser un monde meilleur ou pire, parfait ou horrible, est au fondement de l'esprit humain. La technologie et l'innovation doivent permettre de rendre la vie meilleure, notamment sur Terre. La religion catholique distingue d'ailleurs le Paradis terrestre du Paradis céleste. Ce dernier est la demeure des âmes des justes après leur mort. Les scientifiques les plus ambitieux ont pour vocation de prendre la place de Dieu, en plaçant l'Humanité à son niveau, capable notamment d'assurer l'immortalité à ses membres. Les archétypes de l'Enfer et du Paradis sont réactivés dans l'imaginaire industriel, qui promet depuis plusieurs décennies le Paradis sur Terre grâce à l'innovation technologique. L'idée de création d'un paradis artificiel est plus récente, liée à l'informatique et aux découvertes dans les secteurs des jeux vidéo et de la réalité virtuelle immersive.

USS Callister, de la série Black Mirror

Dans cet épisode, Robert Daly est un génie du codage dans une entreprise qui développe un jeu vidéo nommé *Infinity*. Lorsqu'il rentre chez lui, il passe son temps connecté à une version hors ligne de ce jeu, à l'intérieur duquel il a introduit des clones virtuels de ses collègues. Il est le maître absolu de cet univers, et se plait à martyriser les clones. Il les crée en récupérant de l'ADN de ses employés au bureau. L'ADN est introduit dans une machine qui en quelques heures reproduit la personnalité des individus qui l'intéressent. Robert Daly ressemble à l'archétype du fan absolu de la série *Star Trek*. Le jeu rappelle d'ailleurs l'univers de cette série culte. Robert joue le rôle d'un dérivé du colonel Picard et ses acolytes l'aident dans ses quêtes quotidiennes. Les clones virtuels ne peuvent pas se rebeller et doivent obéir aux moindres fantasmes de leur maître. Sinon, ils sont victimes de brimades. Certains sont transformés en créatures monstrueuses et abandonnés sur des planètes désertiques. D'autres sont condamnés à asphyxier pendant la période souhaitée par leur créateur. Il faut l'arrivée de Nanette, une nouvelle recrue de l'entreprise pour changer les règles du jeu. Elle ne peut pas accepter son triste sort et met ses talents de programmatrice au service d'un stratagème lui permettant de se débarrasser de la personnalité tyrannique du créateur du jeu qu'elle considérait pourtant comme le programmateur de l'algorithme le plus génial qu'elle connaisse. Lors de ses parties, Robert vit des aventures dans lesquelles il évolue avec ses fidèles associés. Il triomphe de monstres, combat des ennemis virtuels, et gagne à chaque fois. Il expérimente une personnalité démiurgique, dans un jeu vidéo extrêmement réaliste puisqu'il a mis au point une technologie de clonage numérique qui nous intéresse ici au plus haut point pour sa dimension prospective. Lorsqu'il doit quitter le jeu pour aller chercher une pizza par exemple, il lui suffit de demander à la partie de s'interrompre. Il retrouve alors sa conscience, qui sinon est connectée au virtuel par une petite cellule posée sur une de ses tempes. Il ne court a priori aucun risque jusqu'à ce que des failles du jeu soient détectées par le clone de Nanette, qui cherchera à débrancher le tyran pour retrouver une forme de liberté dans le jeu, pour elle et ses camarades d'infortune, pourquoi pas en s'échappant du jeu privé et en retrouvant le cloud dans lequel de nombreux utilisateurs jouent en réseau.

La question des clones virtuels, et du transfert d'identités dans les mondes virtuels, a été abordée dans de nombreuses œuvres depuis *La Cité des Permutants* de Greg Egan. Expérimenter une simulation aussi totale dans un jeu vidéo pose de nombreuses questions aux créateurs des futurs programmes. Comme dans d'autres œuvres, les joueurs sont connectés totalement au monde virtuel. Les yeux de l'utilisateur sont inexpressifs quand il est connecté. La conscience du joueur est orientée vers une stimulation onirique artificielle. Les clones virtuels sont des reproductions des personnalités réelles. Dans *La Cité des Permutants*, les copies numériques sont le transfert d'un esprit désincarné dans la simulation. Dans cet épisode de *Black Mirror*, le clone numérique est une copie d'une personnalité qui continue à évoluer dans le réel, sans savoir que sa copie subit les sévices de Robert dans sa simulation privée. La machine utilisée dans cet épisode est inédite. Il s'agit d'une technologie ambivalente. Dans cette fiction, elle est au service d'un dangereux geek psychopathe. Devenue réalité, elle pourrait permettre de rendre beaucoup plus réalistes les avatars et les personnalités des créatures virtuelles. La machine évoquée pourrait générer des identités virtuelles aussi complexes que les personnalités humaines. L'épisode suggère d'envisager des droits pour ces êtres, de la même manière qu'il existe des droits pour les humains, les animaux, voire certaines créatures artificielles comme des robots ou des machines pensantes.

Les clones virtuels semblent pour l'heure inaccessibles, voire non souhaitables, tant une utilisation perverse pourrait générer des souffrances intolérables dans le futur pour ces créatures. Pourtant, les progrès dans le secteur de l'intelligence artificielle sont accompagnés d'un imaginaire florissant. La fusion de plusieurs sciences et techniques, en l'occurrence de la biologie, de la génomique et de l'informatique quantique pourraient permettre de créer une forme de bioinformatique dont le produit pourrait être des créatures d'un nouveau type, conscientes comme des êtres vivants, biologiques, et pourtant de simples simulations d'un point de vue technique et pratique. Les êtres chimériques, mi-humains mi-virtuels peupleront probablement les mondes simulés dans les prochaines décennies. Les avatars actuels ne sont sans doute que les prototypes très imparfaits de créatures bien plus complexes qui évolueront dans des mondes virtuels de plus en plus réalistes, voire même plus réels que les mondes physiques.

Clones

L'Humanité est-elle faite pour vivre par l'intermédiaire d'une machine ? Cette question éthique est posée au début du film *Clones* (2009). Une technologie révolutionnaire a vu le jour et a rencontré un très grand succès, au point de rendre les interactions physiques entre humains inutiles, rares, et dangereuses. 14 ans avant les évènements développés dans le film, des expériences avaient permis à des singes de guider un bras articulé uniquement par la pensée. Cette innovation fut par la suite orientée vers les humains, et notamment les personnes en situation de handicap. Les plus touchées pouvaient piloter des corps synthétiques de substitution. Quelques années plus tard, et grâce à l'intérêt de l'armée et de l'industrie, les corps de substitution sont devenus accessibles à toutes les bourses. Une grande partie de la population a considéré cette technologie comme une aubaine permettant de ne plus tomber malade en sortant dans la rue, et d'avoir un physique parfait sans avoir recours au sport ou à la chirurgie esthétique. Les autorités ont même considéré les clones comme des entités faisant partie de la vie courante. La société VSI a mis au point ces technologies et considère que 98% de la population a recours aux clones pour tous les domaines de la vie quotidienne. Grâce à eux, le taux de criminalité a considérablement diminué, ainsi que les actes de discrimination. Cependant, une petite partie de la population s'oppose au clonage de substitution. Des enclaves sans clones se sont constituées dans les principales villes des Etats-Unis. Leur prophète considère les clones comme illusoires.

La technologie des clones permet aux individus de rester des heures sur leur fauteuil de simulation avec un équipement posé sur leurs yeux qui leur permet de diriger leur double synthétique, qui peut effectuer toutes les tâches professionnelles et de la vie quotidienne de leur propriétaire. Le héros, par exemple, ne sort presque plus de chez lui, tout en guidant son clone, policier. L'armée a trouvé un intérêt à cette technologie. Les soldats synthétiques, plus performants que des humains physiquement, sont envoyés sur les champs de bataille tout en étant guidés par des soldats couchés sur un fauteuil de simulation. Cette technique ressemble à celle utilisée dans *Avatar* pour piloter des êtres dans des environnements hostiles pour l'humain. Une arme a cependant été inventée pour tuer les utilisateurs de clones. Le fils de l'inventeur des clones est ainsi retrouvé mort sur son fauteuil alors que son clone a été attaqué dans la rue. L'arme est utilisée contre des hommes du FBI. Bruce Willis découvre que l'inventeur des clones a prévu de tuer tous les utilisateurs connectés, soit environ un milliard d'humains grâce à cette arme, après qu'il a été exclu de l'entreprise qu'il avait contribué à créer. Bruce Willis parvient à sauver l'Humanité en empêchant la diffusion de l'impulsion mortelle pour le cerveau humain, et en provoquant en revanche la panne de tous les clones connectés à un réseau de régulation.

Ce film montre l'absurdité d'une vie ultra-connectée, dont ne veut plus l'agent Greer, qui aspire à des contacts réels, notamment avec sa femme. L'industrie des clones assure dans le futur la synthèse de la robotique et des technologies de téléprésence, et de réalité virtuelle. Une fois les clones neutralisés, la réalité doit être reconquise par les humains, qui se sont adaptés à cette innovation en ne sortant presque plus de chez eux. L'addiction à la simulation est un trait psychologique parfois pathologique, même si cette notion est relative. Certaines sociétés sont plus tolérantes que d'autres vis-à-vis du temps passé sur les technologies immersives, qui induisent des comportements spécifiques. L'otakulture au Japon est un exemple de dérive comportementale de joueurs excessifs qui ne sortent presque plus de leur chambre. La tendance à oublier le réel pour privilégier la simulation se trouve dans de nombreuses œuvres déjà présentées. Les clones permettent d'accéder à des plaisirs et à une perfection sociale impossible à atteindre avec le corps humain naturel. Ce film est important et original car il pose des questions éthiques sur le sort réservé aux corps humains dans une société dans laquelle le synthétique, l'artificiel et la simulation sont érigés en valeurs supérieures.

Souvenirs artificiels et structure illusoire du réel dans Total Recall

Philip K. Dick est reconnu pour ses récits de science-fiction traitant des limites entre l'illusion et la réalité. Ses écrits ont inspiré les réflexions sur la réalité virtuelle dès les années 1960. Plusieurs de ses romans ont été adaptés au cinéma. Il fait figure de précurseur dans la réflexion sur les simulacres et la simulation, ses fictions interrogeant souvent le lecteur sur la dimension illusoire de la réalité. Intéressons nous à la nouvelle *Souvenirs à vendre* (1966), adaptée par la suite au cinéma dans le film culte *Total Recall* (1990), puis en 2012 sous le titre *Total Recall, mémoire programmée*.

Le rêve de Douglas Quail est d'aller un jour sur Mars. Cependant, il n'a que très peu de chances d'y parvenir en raison de sa condition sociale modeste. Seuls les individus les plus riches et influents sont autorisés à visiter Mars. Quail décide alors de faire appel à Mémoire S.A, une entreprise qui vend des souvenirs, pour assouvir son fantasme. On lui assure qu'il sera « convaincu d'y être allé. Dans votre mémoire, ce sera un vrai voyage[33] ». Mc Clane, qui s'occupe de Quail dans Mémoire S.A. lui explique, en réponse à sa demande de renseignements sur le souvenir extra-factuel, que :

> « Plus vrai qu'un vrai. Si vous étiez vraiment allé sur Mars comme agent d'Interplan, à l'heure actuelle vous auriez oublié la quasi-totalité de votre mission (...) Dans le contrat global que nous offrons, les souvenirs sont si profondément implantés que rien n'est oublié. Le matériau qu'on vous injecte pendant votre coma artificiel a été créé par des experts remarquablement formés qui ont passé des années sur Mars[34] ».

L'opération rencontre des difficultés, ravivant des souvenirs enfouis chez Quail, qui serait déjà allé sur Mars en tant qu'agent secret. Il aurait été réimplanté socialement après que sa hiérarchie lui a effacé la mémoire pour protéger des informations qu'il fallait éviter de divulguer. Quail, menacé par la police d'Interplan, devient confus. Il ne sait plus ce qui est réel, du registre du rêve, du souvenir ou de l'illusion. Il sombre progressivement dans une forme de folie douce, thème récurrent chez Dick. Interplan est même une police de la pensée, indiquant « Tout ce que vous pensez peut être retenu contre vous ». Un émetteur télépathique a été implanté dans le cerveau de Quail, une « application d'un plasma vivant découvert sur Luna ».

---

[33] Dick (Philip K)., *Total Recall et autres récits*, Paris, Gallimard, 2002, p.223
[34] *Ibid*, p.224-225

De la fiction à l'imaginaire collectif

Ce type de fiction est à l'origine de nombreux cas de délires dans la société, certains individus croyant que leurs pensées sont connues par certains membres de leur entourage ou par le gouvernement. Il est possible que des délires inventés par les auteurs de science-fiction influencent la psyché de certains individus, qui développent une psychopathologie similaire à celle de la fiction. Ainsi, la fiction paranoïde générerait des comportements paranoïaques dans la société. L'auteur de science-fiction s'inspire de cas de son entourage, voire de sa propre folie, cristallisée sous la forme de récits dont certains, comme ceux de Dick, se répandirent sur toute la planète. Le cas des implants cérébraux n'est pas unique. La soucoupe volante et le mythe des extraterrestres sont aussi des délires de science-fiction initialement, qui se sont propagés mondialement au point de provoquer des milliers de témoignages similaires formatés par des fictions elles-mêmes issues de l'imaginaire d'écrivains ou d'artistes. Le livre de Jung *Un mythe moderne* apporte un éclairage pertinent sur cette hypothèse aussi utilisée dans certaines études sociologiques. La science-fiction développe des représentations qui alimentent un imaginaire technique utile à l'innovation. Ces récits peuvent générer de l'irrationalité, mais un effort d'interprétation, de filtrage, permet de les rendre positifs et utiles à l'innovation. Les comités d'éthique peuvent notamment utiliser la science-fiction pour envisager les conséquences de la diffusion de la réalité virtuelle sur la santé des consommateurs et des utilisateurs. L'imaginaire technique, s'il révèle les fantasmes et les phobies collectives, est utilisable comme un lanceur d'alertes.

L'implant cérébral et la réalité virtuelle

Revenons aux propos d'Interplan :

> « Vous vous rappelez de votre voyage sur Mars, dit le policier. Nous savons ce que vous avez fait aujourd'hui, ce que vous avez pensé… en particulier les pensées très importantes qui vous sont venues pendant le trajet de chez Mémoire S.A. à chez vous (…) Nous vous avons implanté un télétransmetteur dans le crâne ; il nous renseigne en permanence[35]».

La technologie utopique des implants cérébraux se retrouva par la suite dans de nombreux récits, notamment cyberpunks, vingt ans après. Certaines fictions en ont fait le procédé permettant de se connecter à des systèmes informationnels et de réalité virtuelle. La pensée de Dick sur l'implantation de souvenirs est aussi à l'origine de la réflexion sur la nature de la réalité, elle aussi très fréquente chez les cyberpunks. Dick est un penseur très influent dans la subculture des scientifiques et des ingénieurs en informatique dans la Silicon Valley. Les deux adaptations cinématographiques de cette nouvelle approfondissent le thème des souvenirs artificiels. La science-fiction est à l'origine d'une réflexion sur la structure du réel stimulée par les découvertes en informatique et dont le point d'horizon est la création de mondes simulés, de la réalité virtuelle. Les films tirés de cette fiction posent la question de la dimension illusoire de la réalité vécue par le héros. Le monde dans lequel il évolue est-il généré par les souvenirs artificiels, ou agit il vraiment dans la réalité ? Le film *Matrix* (1999) pose aussi d'une manière radicale l'hypothèse d'une structure artificielle de la réalité, les humains étant réduits à des corps connectés à une simulation tellement réaliste qu'il est théoriquement impossible de douter de sa nature véritable.

La science-fiction a produit de nombreux récits sur ce thème. Dick fut un précurseur qui inspira des innovateurs qui ont

[35] *Ibid*, p.238

compris au contact de ses thématiques l'intérêt de ces histoires pour développer des technologies du virtuel de plus en plus difficiles à distinguer du réel, Internet n'étant que le point de départ d'un processus d'innovation qui pourrait mener à une simulation globale dont les caractéristiques stimulent l'imaginaire et la créativité d'une multitude d'acteurs de la Recherche et Développement.

Ghost Machine

Ce film britannique sorti en 2009 met en scène une équipe de soldats et de techniciens de l'armée adeptes de jeux vidéo et des simulations informatiques d'entrainement. La réalité virtuelle a atteint un niveau de développement permettant aux soldats d'expérimenter des situations dangereuses et de se former aux techniques de combat efficacement. Un concepteur de la simulation décide de sortir son matériel de la base militaire, afin de tester une nouvelle version dans une prison abandonnée dans laquelle des terroristes ont été interrogés après le 11 septembre 2001. Un fantôme sévit dans les locaux, et finit par pénétrer dans le monde virtuel, et par attaquer les soldats.

Le concepteur du jeu prévient les soldats de la nature de leur expérience : « Vous allez être plongés dans un rêve éveillé. Les rêves deviennent réalité ». Il ne se doutait pas que la plupart d'entre eux allaient être assassinés par la créature. Les joueurs sont équipés d'un casque de réalité virtuelle et sont censés voyager dans plusieurs réalités. Le cerveau a besoin d'un temps d'adaptation. Le but de la simulation est de combattre en territoire ennemi. Des données sur la santé, notamment cérébrale, des joueurs, sont transmises à des techniciens qui peuvent évaluer la dangerosité de certaines situations. Il n'est cependant pas possible de débrancher un utilisateur rapidement car cela pourrait le transformer en légume. Pourtant, certaines blessures dans la simulation peuvent provoquer la mort physique des joueurs.

Cette caractéristique des mondes virtuels se retrouve dans de nombreuses fictions, bien que les technologies actuelles n'aient pour pires conséquences que la cinétose. Personne n'est encore décédé d'une expérience dans le virtuel. Ce risque, pourtant commun dans la science-fiction, pourrait dans le futur être lié à un réalisme accru de la simulation. La fusion homme-machine pourrait profiter d'une connaissance approfondie du fonctionnement du cerveau. Tromper les sens afin de proposer un monde virtuel ultra-réaliste est une étape prochaine du processus de virtualisation. Le jour où un individu mourra de blessures ressenties dans une simulation, cette technologie aura atteint une nouvelle étape qui provoquera sans doute des discussions éthiques chez les scientifiques. Peut-on tromper les sens artificiellement au point qu'un décès virtuel ait pour conséquence la mort réelle ? Ces simulations ne devront-elles pas être interdites, ou réservées à des populations restreintes et conscientes des risques ?

Dans le film, le concepteur de la simulation se satisfait d'avoir capturé le fantôme. Il souhaite le domestiquer pour en faire une arme redoutable. En effet, il pense que la guerre du futur se déroulera essentiellement dans le cyberespace. Il n'y aura plus de pertes humaines. Une partie de cette fiction montre aussi une scène dans laquelle un soldat expérimente le cybersexe. Entre Eros et Thanatos, cette technologie propose des applications variées. La guerre et le sexe génèrent des fantasmes depuis la nuit des temps. Le développement d'une technologie n'échappe pas à ce phénomène. L'innovation permettra-t-elle d'être plus puissant militairement ? Assurera-t-elle une meilleure libido et la satisfaction de fantasmes inassouvis dans la réalité ?

Le Successeur de pierre

Dans ce roman rédigé par l'auteur français Jean-Michel Truong (1999), l'Humanité, en 2032, a opté pour la politique du zéro contact, en raison d'une épidémie de Peste, qui a contaminé un nombre important d'individus sur la planète. Le Grand Enfermement est la conséquence de ce phénomène. Il est rendu possible par le développement de technologies de communications révolutionnaires, facilitant l'isolement et sans lesquelles les individus pourraient difficilement supporter le manque de contacts humains. On apprend que l'Occident n'avait pas attendu l'épidémie pour s'encoconner :

« Zéro Contact parachevait un mouvement amorcé dans la seconde moitié du vingtième siècle, à l'avènement des moyens de communication de masse. Ce siècle paradoxal avait présidé à l'extrême interconnexion des individus en même temps qu'à leur extrême isolement. (...) Les gosses hallucinés des années 1990, soudés six heures par jour à leurs consoles vidéo, accueillirent les cocons, vingt ans après, comme une évolution naturelle[36] ».

Pour se reproduire, les individus formulent une demande à la Cigogne, une institution chargée du planning familial. A l'âge de six ans, l'enfant est séparé de sa mère et transféré dans son cocon personnel. Les familles ne se réunissent plus alors que sur le Web, par avatars interposés.

« Chaque cocon disposait d'un sas automatique par lequel s'effectuaient tous les échanges matériels. Les robots de manutention y déposaient, sous emballage stérile, les provisions. Elles y subissaient le contrôle bactériologique final, si nécessaire un traitement de décontamination, après quoi la porte intérieure se déverrouillait, livrant son contenu[37] ».

---

[36] Truong (Jean-Michel), *Le Successeur de pierre*, Paris, Editions Denoel, 1999, p. 46-47
[37] *Ibid*, p. 48-49

Le pelochon est une technologie centrale dans l'organisation sociale à l'ère du Grand Enfermement. Il relie les cocons entre eux et assure une vie paisible aux humains :

« Les « simulateurs d'interactions par avatars 3D » - selon leur appellation officielle – permettaient de matérialiser chez soi des fac-similés en trois dimensions d'interlocuteurs vivant à des milliers de kilomètres[38] ».

Les fonctions de cette innovation sont multiples. Il est même possible d'effectuer des interventions de petite chirurgie grâce à MediWeb. D'autre part, un cas de crime virtuel, perpétré par un télékiller, est signalé. Le home trainer est aussi une technologie qui permet aux individus de se déplacer virtuellement, d'avoir l'impression de vivre à l'air libre et de dépenser de l'énergie :

« Il suffisait de télécharger un programme et de sauter sur le tapis roulant. Le choix était immense, comme si la planète avait été numérisée en vue de ces parcours virtuels[39] ».

Les technologies décrites par Truong sont des extrapolations sur le futur du Web, qu'il pressentait en 1999 comme une innovation qui pourrait avoir un impact radical sur l'organisation de la société. L'organisation en cocons serait la conséquence d'un hyperindividualisme, redouté par les commentateurs de l'époque. L'immersion virtuelle était considérée par les plus critiques comme un risque de fuir le réel pour une existence insatisfaisante. L'idée d'un Grand Enfermement fait penser à un régime politique totalitaire, bien que pensé pour optimiser les conditions de vie. Il est probable que Truong ait été inspiré par les Monades Urbaines imaginées par Robert Silverberg pour concevoir des structures massives desquelles il est très difficile de s'échapper et présentées comme le seul salut pour l'Humanité à la suite d'une épidémie.

---

[38] *Ibid*, p. 56-57
[39] *Ibid*, p. 68

Virtual Kickboxing

Ce film canadien de 1995 se déroule dans un centre de formation aux arts martiaux utilisant une technologie innovante et révolutionnaire, la réalité virtuelle. Grâce à cette méthode, il est possible d'acquérir un programme de formation de vingt ans en seulement deux ans. Les étudiants peuvent choisir parmi un nombre quasi-illimité de scénarios. Toute une série d'expériences sont possibles dans le virtuel, comme l'agonie, le vol, la plongée en apnée, la marche sur la Lune, ou le sexe. Les combattants pénètrent dans une pièce où ils sont seuls, équipés d'un casque de réalité virtuelle. Ils se trouvent confrontés à des adversaires numériques, contre lesquels ils peuvent tester et perfectionner leurs techniques de combat. Cette expérience ressemble à un jeu vidéo de combat, mais dans lequel toutes les parties du corps sont impliquées. De même, s'il est possible d'acquérir des éléments de tactique avec un jeu vidéo classique, le programme de la Virtual Arts Academy dépasse les jeux les plus réalistes de la fin des années 1990. Cette simulation de combat est évolutive. Il y a une gradation du niveau de difficulté et de réalisme de l'expérience. Au niveau 1, le combattant ne ressent pas la douleur. Au niveau 2, la moitié du contact réel est ressentie. Au niveau 3, la douleur est semblable au réel. Les niveaux 4 et 5 simulent une douleur 1,5 à 2 fois supérieure à la réalité. Les kickboxeurs ressentent la douleur sans toutefois être blessés. Pris au piège par le créateur de l'Académie, Warbeck, les deux héros sont toutefois soumis à une expérience qui pourrait les tuer. Ils sont équipés de casques et doivent affronter virtuellement de nombreux adversaires jusqu'à leur épuisement menant à leur mort.

Ce film s'inscrit dans la continuité de fictions montrant les vertus de la réalité virtuelle pour l'éducation. Il en expose aussi quelques dérives, surtout quand cette technologie tombe entre de mauvaises mains et contribue à former des combattants sans scrupules motivés par la criminalité. Les élèves de Warbeck doivent en effet devenir des tueurs utilisant leur art martial pour répondre à des contrats et tuer des gens. Warbeck est considéré comme le premier cybercriminel de l'histoire. La simulation y est décrite comme une forme de réalité infernale. La destruction de celle-ci apparait souhaitable et juste, car elle ne sert pas à défendre de nobles causes. Ce film ne propose pas une vision particulièrement innovante de la réalité virtuelle. Il s'inscrit cependant dans la continuité des techniques imaginées par Jaron Lanier quelques années avant, au moins extérieurement. 4 ans plus tard, le film *Matrix* a repris le thème de la simulation d'arts martiaux, puisque Néo apprend la plupart des sports de combats devant lui permettre de lutter contre l'agent Smith grâce à une simulation assimilée en un temps record.

S'il est possible de progresser dans une discipline grâce à la réalité virtuelle, le marché de l'e-sport pourrait aussi constituer une pratique particulièrement porteuse à mesure que les technologies se développeront et se démocratiseront. La croissance du nombre de spectateurs de jeux virtuels est exponentielle à la fin des années 2010. Certains évoquent même l'apparition de ces nouvelles disciplines aux Jeux Olympiques de Paris en 2024. Si pour l'heure les jeux en compétition ne sont que très rarement virtuels, il n'est pas impossible que dans les prochaines décennies les athlètes doivent pratiquer leur discipline face à des créatures virtuelles, ou s'affronter dans des simulations. La réalité virtuelle est aussi utilisée de plus en plus souvent pour permettre aux joueurs blessés de continuer à s'entraîner dans des conditions réalistes. Plusieurs joueurs de football américain ont ainsi pu revenir à un top niveau très rapidement grâce à des séances de simulation. Certaines applications de réalité virtuelle permettent de pratiquer le sport à domicile, se substituant aux salles de fitness classiques. Ces dernières développent aussi de nouvelles pratiques pour inciter les sportifs à s'inscrire dans les clubs. Une émulation innovante se développe à la convergence du sport et de la réalité virtuelle. Cela devrait permettre de générer des investissements en R&D dans le but de commercialiser les équipements du futur simulant les déplacements dans les environnements virtuels, ainsi que l'haptique, comme le prédisent certaines fictions comme *Player One* ou *Le Successeur de pierre*.

L'imaginaire de la réalité virtuelle fait appel à de nombreux archétypes qui contribuent à inscrire cette technologie dans des systèmes de représentations utiles pour comprendre et anticiper les trajectoires de cette innovation. Si nous avons présenté les œuvres les plus emblématiques de la science-fiction virtualiste dans le livre *Télécommunications et science-fiction* (2008), les récits présentés dans cette partie témoignent notamment de la diversité des modes de connexion. La peur de l'enfermement dans les mondes virtuels est aussi récurrente, de même que la crainte de mourir ou d'être blessé réellement après une mésaventure virtuelle. Les casques immersifs sont une technologie utopique dans les œuvres les plus anciennes. A l'ère de la commercialisation de cette technologie, les discours évoluent. Bien que toujours un peu magique, incroyable, la réalité virtuelle est présentée comme un objet de la vie quotidienne dans plusieurs fictions. Les œuvres des années 1980 font de la pratique du virtuel une spécificité de quelques initiés. Nous verrons dans la partie qui suit que les hackers et les cyborgs sont deux archétypes opposés et très influents dans les fictions du virtuel. Dans l'imaginaire de la piraterie informatique, et dans celui de la police du virtuel, la technologie sort progressivement de son statut de prototype testé dans des laboratoires par quelques génies solitaires ou par des savants illuminés. L'imaginaire témoigne de la sortie progressive de l'anonymat de la réalité virtuelle pour devenir une innovation démocratisée. La science-fiction finit par imaginer les applications les plus perverses d'une technologie aux promesses innombrables qui peuvent susciter autant l'envie et la curiosité que la peur et le rejet. La science-fiction virtualiste accompagne le processus d'innovation en reflétant les débats internes à la communauté scientifique et capitaliste chargée de développer cette innovation. La question du contrôle du virtuel est aussi un enjeu politique qui trouve un écho dans la science-fiction, particulièrement influente dans la jeunesse qui sera par la suite chargée de mettre au point les technologies observées dans ses divertissements favoris.

Chapitre II

La normalisation de l'imaginaire du virtuel pour innover

Les pirates informatiques dans l'imaginaire

L'imaginaire de la piraterie s'est particulièrement réactivé avec l'informatisation de la société et l'émergence des TIC. Les pirates informatiques, souvent nommés hackers, occupent une place spécifique et ambivalente dans l'imaginaire technique contemporain. La science-fiction a proposé des représentations intéressantes des hackers, particulièrement dans le courant cyberpunk, qui se développa à partir du début des années 1980. Le roman de William Gibson *Neuromancien* (1983) décrivait les aventures de Case, un hacker surdoué dont les actions rappelaient certaines pratiques pirates. Cette œuvre est suivie de deux autres romans qui constituent la trilogie de la Conurb, *Comte Zéro* (1986) et *Mona Lisa s'éclate* (1988). Hakim Bey développa aussi dans son livre sur les zones autonomes temporaires en quoi les utopies pirates pouvaient inspirer la cyberculture. L'archétype du pirate est souvent utilisé pour illustrer une nouvelle philosophie politique anarchisante partagée par les pionniers d'Internet. Cette philosophie sera abordée à travers la présentation de quelques exemples tirés des romans de William Gibson, mais aussi de John Brunner, qui inspira les cyberpunks dans les années 1970. L'étude de la philosophie politique des cyberpunks passe aussi par l'évocation des théories développées par Pekka Himanen dans *L'éthique hacker et l'esprit de l'ère de l'information*. Le piratage est devenu un problème pour les autorités chargées d'assurer la sécurité informatique. L'imaginaire et l'idéologie politique qui s'inspirent de la piraterie ont un temps contribué à ce qu'Hervé Fischer nomme le romantisme numérique. Il est pourtant légitime de s'interroger sur le potentiel subversif de ce courant et sur l'impact de ces récits sur les utilisateurs d'Internet. Une relecture de l'imaginaire des pirates informatiques dans la science-fiction permet de mieux comprendre l'évolution des sociétés postmodernes dans lesquelles l'innovation provient souvent des marges et de comportements à la limite de la légalité, et souvent transgressifs.

John Brunner, à l'origine de cette thématique

John Brunner a publié le roman *Sur l'onde de choc* en 1975. Cet auteur a la réputation d'être un prophète de la science-fiction. Il s'est intéressé à de nombreux domaines, et notamment à l'informatisation de la société. Il décrit dans ce livre les vers et virus informatiques, avec quelques années d'avance sur les ingénieurs informatiques, qui réalisèrent ces programmes dans les années 1980. Il est souvent affirmé que certaines technologies présentées dans ce roman préfigurent Internet. Le personnage Nick est doué pour l'informatique, à tel point qu'il acquiert le pouvoir de détruire le réseau. Il s'oppose à cette technologie d'une manière quasiment philosophique, luttant notamment contre le partage des informations, qui nuisent aux libertés individuelles. Ses *couleuvres* sont aussi capables de s'opposer aux secrets des multinationales. Ce hacker préfigure les personnages du courant cyberpunk. Il existe de nombreuses similitudes entre les thèmes de la trilogie neuromantique de William Gibson, et les questions soulevées par Brunner. *Sur l'onde de choc* est un roman intéressant car il situe son action en 2010. 40 ans après sa sortie, les hackers sont devenus des acteurs politiques qui s'illustrent de temps à autres en montrant les limites d'Internet et de l'informatique. Les thèmes abordés dans ce roman se sont prolongés dans les histoires de virus et de pirates informatiques très présentes dans la science-fiction depuis les années 1980.

Sur l'onde de choc

John Brunner souligne que sa représentation du futur a été très inspirée par le livre d'Alvin Toeffler *Le choc du futur*. L'idée de créer un réseau d'ordinateurs était déjà expérimentée par la DARPA avec le projet ARPANET lancé en 1969 et dont la première démonstration officielle date d'octobre 1972. Brunner évoluait dans un contexte propice à établir une vision prospective de l'informatique qui suscitait dans les années 1970 l'intérêt de plus en plus d'acteurs. En France, le rapport Nora-Minc sur l'informatisation de la société fut remis au président de la République Valéry Giscard d'Estaing en 1977.
Brunner décrit un réseau informatique reliant 300 millions d'habitants de l'Amérique du Nord. Les machines utilisées sont nommées *viphones* dans la traduction française du roman. Les vers, nommés *couleuvres* sont utilisés pour neutraliser des systèmes informatiques ou pour libérer des informations confidentielles. Le terme « worms » fut conservé par les informaticiens, assurant la célébrité et la réputation de ce roman. Brunner a soulevé des questions cruciales sur la protection ou la divulgation des données privées dans ce système technique. Le héros est un des premiers hackers décrits dans la science-fiction. Il s'oppose au mode de vie des sociétés informatisées. Sa philosophie est complexe et dépasse l'éthique hacker élaborée à la fin des années 1990. Il ne souhaite pas la libération de l'information, il la craint, car elle peut générer des psychopathologies :

> « Malgré tout ce qu'on raconte sur le pouvoir libérateur du réseau informatique, la vérité est qu'il afflige la plupart d'entre nous d'une nouvelle raison de se précipiter dans la paranoïa[40] ».

Nick est très fier de son don pour l'informatique. Il se compare à un artiste ou un écrivain. Il admire par exemple d'autres

---

[40] Brunner (John), *Sur l'onde de choc*, Paris, Editions Robert Laffont, 1977, p. 206

hackers et souhaite générer le maximum de destructions dans le réseau. Il conçoit son action comme une forme d'art politique, visant à libérer l'Humanité de contraintes techniques potentiellement aliénantes, nuisibles à son autonomie, pour reprendre le vocabulaire d'Hakim Bey dans ses textes sur les zones autonomes temporaires. Nick décrit le fonctionnement de sa couleuvre devant un amphithéâtre rempli d'étudiants à la fin du roman :

« Cette couleuvre est la mère et le père de toutes les couleuvres. Elle est en effet d'un modèle que nous appelons parthénogénétique. Ceux qui suivent un peu l'évolution du jargon de l'informatique auront remarqué qu'il fait de plus en plus d'emprunts à une terminologie issue des animaux vivants. Et pour cause. Si nous appelons une couleuvre ainsi, c'est parce qu'elle est capable de se reproduire. La plupart des couleuvres électroniques ont besoin pour ce faire d'être fertilisées, c'est-à-dire d'être activées de l'extérieur. (…) Par contre, mon nouveau modèle – mon chef d'œuvre – se reproduit tout seul[41] ».

La couleuvre permet de diffuser des informations confidentielles révélant des pratiques illégales comme des pots-de-vin ou des dessous de table et jusqu'alors tenues secrètes par les hypercorporations, qui se permettent d'évoluer au dessus des lois. Nick se rebelle contre ces pratiques, alors que sa formation élitiste lui aurait permis de devenir un des maîtres de la société. Il est motivé par un idéal de transparence, de fin du secret et de libération de l'information. Il estime que sa couleuvre n'est pas une atteinte à la vie privée : « Le genre de vie privée à laquelle ma couleuvre doit porter atteinte est précisément celle qui sert de paravent à la justice pour qu'elle soit invisible[42] ». Il est compréhensible que la science-fiction soit souvent perçue comme un genre subversif, un « mauvais genre ». Ce roman envisage la destruction d'un réseau informatique très complexe pour des raisons anarchisantes. Nick a construit un ver capable

[41] *Ibid*, p. 310
[42] *Ibid*, p. 311

de provoquer le chaos dans une société dont l'organisation repose en grande partie sur le partage des informations. Bien que Brunner n'ait pas mentionné l'informatique personnelle, que peu de futurologues et auteurs de science-fiction avaient anticipée, son roman pose des questions sur la philosophie politique qui doit motiver les informaticiens. Le rôle social de ces acteurs s'annonce central dans les années 1970. Brunner percevait en effet que l'ordinateur et les réseaux informatiques allaient devenir des technologies très influentes dans les prochaines années. Les informaticiens doivent-ils créer des technologies au service des puissants, de la classe dominante, par exemple d'un Etat technocratique, ou bien mettre au point une technologie libératrice, au service de la connaissance, de la liberté d'expression et de la démocratie ? Le dilemme qui apparaissait à cette époque renvoyait aux débats qui agitaient la jeunesse américaine et occidentale. Les hippies, par exemple, contestaient parfois la domination de la technique, conçue comme une nouvelle forme d'aliénation. D'autres acteurs percevaient l'informatique comme un outil potentiellement décisif pour la domination du monde, et incitaient à innover toujours plus afin d'assurer l'influence de l'Amérique dans les prochaines décennies. Les progrès ultérieurs de l'informatique provenant des Etats-Unis depuis les années 1980 ont par ailleurs montré que les hackers avaient réussi à contrôler la critique sociale des hippies, en imposant des technologies au service de la liberté, assurant une synthèse philosophique comme le fait souvent la société américaine, une des plus démocratiques du monde, pour proposer une technologie révolutionnaire à toute la planète. Les hackers ont longtemps fondé leur idéologie sur le désir de lutter contre des pouvoirs potentiellement aliénants ou fascisants liés à l'exploitation de la technologie. Le roman de Brunner présente un hacker qui pourrait dans les années 2010 être assimilé à une forme de terroriste. D'ailleurs, la piraterie est une forme de terrorisme à l'origine. Il faut cependant distinguer deux formes de terrorismes. Le terrorisme anarchiste, des hackers et du dix-neuvième siècle n'a rien à voir avec le terrorisme totalitaire, des islamistes du vingt-et-unième siècle. Les hackers s'opposent d'ailleurs ponctuellement aux islamistes, en s'attaquant à leurs sites Internet. Les revendications politiques de Nick s'opposent à l'appareil répressif d'Etat que représente le réseau informatique. Il s'attaque aux puissances étatiques dans un but que certains considéreront comme romantique alors que d'autres le condamneront comme une forme de terrorisme anarchiste. Les héros de William Gibson, huit ans après, n'auront pas les mêmes motivations.

Les pirates dans la trilogie Neuromantique de William Gibson

Le roman *Neuromancien*[43] propose un portrait de personnages doués pour l'informatique, mais aussi marginaux. Ils sont soit issus d'un underground dans lequel ils sont malades, drogués ou délinquants, soit dotés de compétences spécifiques leur permettant de se mêler à la recherche d'innovations technologiques potentiellement révolutionnaires. La fusion des intelligences artificielles pour générer une superconscience dans *Neuromancien*, ou la mise au point de biopuces dans *Comte Zéro* ou *Mona Lisa s'éclate*, sont des sources de motivation pour des pirates informatiques qui jouent parfois leur vie dans des quêtes qui les dépassent. Les pirates se connectent au cyberespace avec des consoles. Leur esprit est relié à la matrice grâce à des trodes. Gibson s'interroge sur la gestion des données dans un futur proche, alors qu'Internet n'existait pas encore. Il percevait que l'informatique allait générer une mutation de l'économie dans laquelle les données allaient devenir des valeurs centrales. Il imaginait différents scénarii autour du stockage des données par les multinationales censées dominer le monde. Le cyberespace et les biopuces sont des inventions qui suscitent la convoitise car elles sont contrôlées par des multinationales très puissantes. Les pirates informatiques sont capables de faire vaciller leur pouvoir. Si Case est initialement un pirate qui survivait de menus larcins, il fut

[43] Voir l'analyse du roman dans Michaud (Thomas), *Télécommunications et science-fiction*, Paris, Editions Memoriae, 2008, p. 228-257

sanctionné par une entreprise russe et déconnecté du réseau. *Johnny Mnemonic* est une nouvelle publiée en 1986 et adaptée au cinéma en 1995. Gibson s'intéressait déjà à la sécurité des réseaux informatiques et posait la question du transport des données secrètes ou stratégiquement importantes. L'action se déroule dans la deuxième décennie du vingt-et-unième siècle. Un court texte introductif situe plus précisément le contexte de ce film :

> « Les multinationales règnent. (...) Face à elles, se dressent les souteks, un mouvement de résistance né dans les rues. Pirates de réseaux, guérilleros des combats informatiques. Les multinationales se défendent. Elles engagent le Yakuza. Le plus puissant des syndicats du crime. Elles enferment leurs données dans la glace noire, virus mortels qui brûlent le cerveau des intrus. Mais les souteks se terrent dans leurs places fortes, au cœur des vieilles villes, comme des rats à l'intérieur des murs du monde. Les informations les plus précieuses doivent être confiées à des messagers mnémoniques, des agents d'élite qui acheminent les données grâce à des implants bio-mémoriels ».

Le roman *Comte Zéro* se déroule huit ans après les évènements décrits dans le premier ouvrage de la trilogie de la Conurb, *Neuromancien.* Il fut publié en 1986. Le cyberespace est à nouveau évoqué. Des dieux Vaudous y apparaissent notamment et communiquent avec les hackers qui s'aventurent dans la matrice. Ils sont la conséquence de la fusion des intelligences artificielles Neuromancien et Muetdhiver à la fin du roman *Neuromancien*, dans lequel la famille Tessier-Ashpools représente le monde des mégacorporations qui disposent d'un pouvoir considérable en raison de leur maîtrise de technologies potentiellement révolutionnaires. Ces dieux auraient transmis à Mitchell, un savant, les informations lui permettant de mettre au point la biopuce, qui mobilise l'attention de multiples acteurs, qui souhaitent la contrôler. Les multinationales jouent dans ce roman un rôle majeur, et sont parfois assimilées à des Zaibatsus, les références à la culture japonaise étant récurrentes dans l'œuvre de Gibson, passionné par la culture de ce pays. Maas et Hosaka rivalisent pour contrôler les biopuces. Trois personnages principaux sont engagés dans des récits parallèles lors desquels ils découvrent peu à peu l'enjeu de pouvoir technopolitique qui les dépasse. Turner est un mercenaire qui doit exfiltrer Mitchell, l'inventeur des biopuces. Le but est de transférer ce bio-hacker de l'entreprise Maas vers Hosaka, une corporation rivale. L'enlèvement échoue et Turner s'empare de la fille de Mitchell, Angie. Il s'avère que cette dernière s'est fait implanter dans le cerveau les secrets de construction de la biopuce par son père. Mitchell a altéré le système nerveux de sa fille dans le but de lui permettre de se connecter directement au cyberespace. Bobby Newmark est un hacker qui est gravement blessé après avoir testé un logiciel qu'il s'était procuré au marché noir. Son surnom est Comte Zéro. Le mode de connexion aux logiciels est typique des romans cyberpunks :

« Dans la douzaine de microgiciels variés que lui avait donnés le Hollandais, s'en trouvait un qui lui permettait une maîtrise relative de l'espagnol mais à Vallarta il avait tâtonné derrière son oreille gauche pour y insérer un cache prise à la place, masquant ainsi le connecteur et la broche sous un carré de couleur chair[44] ».

Gibson, précurseur de la nouvelle économie symbolisée par le silicium, anticipe déjà son dépassement. Les biopuces sont appelées à dépasser ce système technique qui n'en était qu'à ses balbutiements dans les années 1980. Bobby rêvait de devenir un grand hacker. Il piratait des logiciels et s'était construit une représentation du cyberespace depuis son enfance. Les biopuces constituent un progrès technique considérable de connexion au cyberespace :

« (Il sentit soudain qu'on effleurait du bout des doigts la peau autour de sa prise crânienne.) Ceci, comparé à des

---

[44] Gibson (William), *Comte Zéro*, Paris, La Découverte, 1986, p. 7

implants de biopuces, est comme une jambe de bois à côté d'une prothèse myoélectrique[45] ».

Les pirates les plus expérimentés sont conscients des risques de certains logiciels, qui peuvent être mortels. Ils les font essayer à des pirates débutants, qui risquent leur vie sans le savoir. Les pirates informatiques se connectent au cyberespace, équivalent de l'océan pour les pirates des mers. Les bases de données des entreprises qu'ils cherchent à obtenir sont les butins des navires visités. Nous avons déjà vu à travers le passage sur *Neuromancien* que William Gibson alterne les métaphores pour désigner les hackers. Il parle souvent de cowboys du cyberespace, ou de la matrice, et de pirates informatiques. Quelles sont les ressemblances entre ces deux personnages de l'imaginaire collectif ?

Des cowboys aux pirates informatiques : les pirates sont-ils des terroristes ?

Les cowboys et les pirates ont plusieurs points communs. Tout d'abord, ils sont avides de grands espaces, et de liberté. Les cowboys ont conquis l'Ouest américain, alors que les pirates s'implantèrent dans les îles des Caraïbes, au début de la colonisation de l'Amérique. Ils ne reconnaissent pas l'autorité d'un Etat. Les cowboys sont les initiateurs d'un antifédéralisme qui continue aujourd'hui à influencer une partie de la population américaine, qui cherche à limiter l'influence de l'Etat fédéral au profit d'une forme d'anarchisme, ou de libertarisme, dont des penseurs comme Thoreau sont les références. Les pirates aussi rejettent l'autorité des monarchies européennes qui les avaient pourtant créés.

Les pirates informatiques profitent du pouvoir décentralisé pour l'instant d'Internet pour s'en approprier certaines zones, et influer sur la législation censée réguler son fonctionnement et

[45] *Ibid*, p. 102

son organisation. Si Hakim Bey s'est intéressé aux utopies pirates pour élaborer sa théorie des TAZ, il a appliqué leur philosophie à la création d'Internet. Il appelle à la création de zones anarchiques, et à l'élaboration d'un contre-Net garant de la liberté sur Internet. Ses propos, datant de 1990, semblent déjà quelque peu datés, ne correspondant plus aux impératifs de sécurité imposés notamment dans la lutte contre le terrorisme. L'objectif d'un nombre accru de personnes est de sécuriser Internet, afin d'éviter sa destruction, par des terroristes ou des pirates informatiques, quelle que soit leur obédience. Les hackers sont en effet devenus de graves dangers potentiels pour des sociétés de plus en plus dépendantes des TIC.

L'imaginaire évolue en fonction de l'actualité. Les archétypes se chargent de connotations et de valeurs morales qui évoluent dans les différentes sociétés qui les utilisent. Les cowboys et les pirates sont ainsi des personnages qui peuplent l'imaginaire enfantin. Les enfants adorent se déguiser et jouer à les imiter. Par la suite, au fur et à mesure des différentes situations historiques, les adultes construisent des représentations ambivalentes, associant ces personnages à des codes moraux. Le pirate informatique n'était ainsi pas conçu comme une menace très dangereuse dans la réalité des années 1970-80. Apparurent cependant des représentations un peu paranoïaques, comme dans le film *Wargames*, mais tellement exagérées qu'elles ne paraissaient pas crédibles pour les décideurs. Pour rappel, dans ce film de 1983, un jeune passionné d'informatique passe près de provoquer une guerre thermonucléaire globale après avoir piraté le système informatique de l'armée. Dans les romans de Gibson, les hackers, bien que souvent marginaux, passent pour des génies capables de communiquer avec des intelligences artificielles qui dépassent l'entendement de la plupart des humains, au point de poser la question d'une éventuelle origine extraterrestre, voire divine, de la technologie, et en particulier du cyberespace.

L'imaginaire du pirate informatique est à la fois diurne et nocturne, pour reprendre la terminologie de Gilbert Durand dans son livre *Les structures anthropologiques de l'imaginaire*. Cet imaginaire est loin d'être neutre dans les sociétés occidentales. Il fascine souvent les personnes qui cherchent à se détacher des conventions sociales ou morales. Il évoque une liberté totale et la rupture avec la société civilisée et ses mœurs codifiées. Le pirate a choisi l'alternative à la société, risquant sa vie contre le système répressif qui cherche à tout prix à l'éliminer pour assurer la sécurité du système, et notamment du capitalisme. Dans le futur décrit par Gibson, le pirate évolue contre les puissants d'un capitalisme technologique qui métaphorise l'ultralibéralisme qui régnait à l'époque de rédaction de ses romans, et particulièrement dans les pays anglo-saxons, et au Japon. L'imaginaire permet selon certains théoriciens de lutter contre le stress généré par le système productif. Le capitalisme produit ainsi un grand nombre de récits dans lesquels les héros parviennent à lutter et à détruire des systèmes politiques ou économiques qui les aliènent ou ne leur permettent pas d'assouvir leurs désirs ou leur destinée. La science-fiction produit ainsi un grand nombre d'histoires permettant d'effectuer la catharsis et la mimesis dans le capitalisme technologique. Les pirates informatiques qui parviennent à échapper à des forces obscures sont assez fréquents dans les films hollywoodiens et les romans de science-fiction, notamment cyberpunks. Ils proposent aux individus de s'évader en envisageant des solutions héroïques à des situations initialement très problématiques, à la hauteur du stress provoqué par les innovations ou le changement techno-social. L'informatisation de la société et la diffusion d'Internet sont génératrices d'un stress et d'une anxiété chez de nombreuses personnes, qui peuvent gérer partiellement leurs angoisses en se plongeant ponctuellement dans des récits imaginaires. Plonger dans un futur pendant quelque temps est une solution ponctuelle à des angoisses existentielles provoquées par le système productif.

L'archétype du pirate, bien qu'à priori négatif, est aussi positif car il permet aux individus de s'imaginer un moment à sa place, luttant contre l'ordre établi. Dès lors, il relativise l'importance des évènements générateurs de stress produits par le capitalisme. L'imaginaire du futur, ainsi que l'archétype du pirate se rencontrent dans les récits de science-fiction pour proposer des histoires très efficaces, au point qu'elles apparaissent comme prophétiques en raison des technologies utopiques qui y sont associées. Les technologies de connexion au cyberespace, comme les trodes ou la neuroconnexion, sont des éléments imaginaires qui permettent d'actualiser l'archétype du pirate, et de développer l'imaginaire du futur. Ce dernier, spécifique au capitalisme technologique, permet aux individus de montrer l'avenir possible de la société sous l'influence du progrès technique, en l'exagérant à tel point qu'il ne s'agit plus d'œuvres de prospective, mais de récits à la fois exutoires et exorcistes d'éventuelles difficultés rencontrées pendant la mise en place de macro-systèmes techniques tels qu'Internet.

A l'époque de rédaction des trois premiers romans de Gibson, Internet n'en était qu'au stade de l'expérimentation. Pourtant, le thème du hacking était déjà présent dans la littérature et bien connu des informaticiens. La métaphore du pirate informatique est utilisée régulièrement pour nommer les pratiques de passionnés d'ordinateurs. Le terme cowboy est aussi récurrent dans ces romans. La métaphore de la piraterie est intéressante car elle renvoie à une réalité historique et suggère un parallélisme entre les pratiques du XVIIème siècle et la création du cyberespace à la fin du vingtième siècle et au vingt-et-unième. Le cyberespace est parfois défini comme un océan de données dans lequel naviguent notamment les hackers. Ces derniers, aux débuts de cette technologie, se comportent comme des pirates. Leur navire est leur console, ou leurs ordinateurs. Leurs butins sont les données dérobées sur des réseaux d'ordinateurs. Les pirates maritimes sont des dissidents qui se sont opposés à l'autorité des souverains européens. Ils attaquaient les bateaux remplis de biens rares comme de l'or ou des métaux précieux provenant de l'Amérique. Souvent protestants, ils s'en prenaient prioritairement aux navires catholiques. Ils entravaient le bon fonctionnement d'un commerce avec le Nouveau Monde de plus en plus important. Ils furent presque tous éliminés au début du dix-huitième siècle mais demeurèrent ancrés dans la mémoire collective comme des individus sans foi ni loi qui mirent un temps en péril les débuts d'un capitalisme atlantique. Les pirates informatiques se sont principalement développés au début d'Internet. Comme les pirates maritimes, ils s'attaquèrent à des systèmes informatiques remplis de données potentiellement commercialisables. Ils continuent à terroriser les institutions en dérobant régulièrement des fichiers normalement confidentiels. Certains hackers repentis sont recrutés par l'armée ou les grandes entreprises pour perfectionner leurs installations. Les pirates maritimes étaient le plus souvent exécutés. Dans les livres de Gibson, les pirates prennent de grands risques pour leur santé physique et mentale en se connectant au cyberespace. Dans *Neuromancien*, Case est au début du roman victime d'une neurotoxine qui lui a été administrée en raison d'un « flagrant délit de vol du profit ». La médecine biotechnologique vient à bout de ce mal et redonne la santé à ce hacker surdoué, qui finira par créer une intelligence artificielle dépassant l'entendement humain. Si les pirates maritimes sont de grands consommateurs d'alcools forts, les pirates informatiques prennent souvent des drogues dans les récits cyberpunks.

Les pirates apparaissent dans l'état primordial d'un capitalisme sauvage. La découverte de l'Amérique et l'invention d'Internet furent dans les premières années soumises à une forme d'anarchisme, avant que les Etats s'en mêlent et développent leur appareil répressif pour faire valoir des intérêts stratégiques, commerciaux, économiques et militaires. Gibson décrit cette phase dans laquelle les multinationales contrôlent le cyberespace et inventent des technologies potentiellement révolutionnaires, comme les intelligences artificielles ou les biopuces. A la fin du roman *Mona Lisa s'éclate*, on apprend que la matrice devient consciente et entre en contact avec une autre matrice, située dans la constellation du Centaure. Cette idée est déjà présente dans *Neuromancien*. Les hackers sont des intercesseurs entre les dieux de la matrice et les humains, dont l'ensemble des données constituent le cyberespace. Les hackers ne sont pas seulement des criminels, comme le laissent entendre les fréquents procès cités dans l'actualité.

A l'époque de la conquête de l'Amérique, la piraterie a duré plusieurs siècles, jusqu'à ce que les routes maritimes soient pacifiées par le système militaire. Les cowboys prirent le relais des pirates dans l'imaginaire collectif. Pirates et cowboys partagent le même idéal de liberté, notamment en contestant l'autorité de l'Etat. Les cowboys sont pourtant des personnages plus positifs, assimilés à la conquête de l'Ouest et à la création des Etats-Unis. Ils sont cependant souvent les défenseurs de l'antifédéralisme, revendiquant au maximum la liberté individuelle contre l'autorité d'un Etat fédéral potentiellement liberticide.

A l'époque d'Internet, les pirates informatiques furent des précurseurs. Les hackers inventèrent le cyberespace en challengeant régulièrement les systèmes élaborés par les informaticiens « légitimes ». Ils sont les garants d'un idéal libertarien défendu par les pères fondateurs d'Internet, qui ont souvent anticipé et craint une récupération étatique et potentiellement liberticide, voire totalitaire, de cette innovation, par exemple par ce que Deleuze nommait les sociétés de contrôle. Les pirates à l'ère d'Internet ne sont pas encore totalement éliminés, loin de là. Ils prolifèrent, animés par l'appât du gain et d'une gloire dans une communauté dans laquelle les exploits des plus doués sont médiatisés. Ces hors-la-loi profitent d'un relatif désordre dans la mesure où le cyberespace n'en est probablement encore qu'à un état embryonnaire de sa forme mature. Le personnage Gentry s'interroge d'ailleurs sur la forme du cyberespace dans *Mona Lisa s'éclate*[46]. Les pirates informatiques profitent de vides juridiques et de la faiblesse de certaines technologies pour pratiquer leurs méfaits. Le cyberespace peut aussi bien être comparé à un océan de données qu'à un continent à conquérir et

---

[46] *Ibid*, p. 91-92

à domestiquer, comme le furent l'Océan Atlantique et l'Amérique de 1492 au dix-huitième siècle. Si l'Etat fédéral américain à mis plusieurs siècles avant d'être institué, il est probable que la régulation d'Internet mette aussi plusieurs décennies avant d'atteindre une forme à la hauteur des rêves qui ont accompagné son invention.

Il est aussi déjà possible d'imaginer l'émergence d'une piraterie quand le capitalisme interplanétaire de développera. Pour l'instant, les technologies de transport spatial ne sont pas au point. Mais il est probable que dans les prochaines décennies des innovations permettront de voyager dans l'espace avec de plus en plus de facilité. La piraterie maritime et le piratage informatique auront probablement été éradiqués. Le secteur privé pourrait bien être un moteur important de la colonisation du système solaire. La Lune, Mars et la ceinture d'astéroïdes pourraient constituer des objectifs intéressants pour les explorateurs, marchands et militaires d'une nouvelle ère d'expansion de l'espèce humaine. Une nouvelle forme de piraterie verra certainement le jour, comme le suggèrent de nombreux récits de science-fiction dont les plus célèbres sont *Star Wars* et *Albator*.

Les pirates sont des éléments récurrents dans le capitalisme. Ils profitent des imperfections du système pour survivre sans se plier aux normes en vigueur. Ils sont souvent traqués et sanctionnés sévèrement afin de décourager les individus tentés par ce qui est présenté parfois comme un idéal de liberté. Dans *L'organisation pirate*[47], les auteurs Durand et Vergne établissent un parallèle entre les pirates maritimes et les hackers. Ils rappellent que les deux gardent secrets leurs bases et le lieu de leur butin. Ils se donnent des pseudonymes qui contribuent à créer leur légende ou leur réputation. Ils parlent tous les deux un dialecte. Durand et Vergne ajoutent que « la piraterie doit s'effectuer dans des zones qui ne sont pas encore

---

[47] Durand (Rodolphe) et Vergne (Jean-Philippe), *L'organisation pirate. Essai sur l'évolution du capitalisme*, Lormont, Le bord de l'eau, 2010, p. 141-142

sous l'emprise souveraine de l'Etat, des lieux exceptionnels apparentés à des zones grises qui n'obéissent pas aux juridictions ordinaires[48] ». La trilogie Neuromantique de Gibson constitue un imaginaire de la piraterie informatique qui précédait de quelques années l'apparition d'Internet. Il s'inscrit dans la continuité d'œuvres de science-fiction qui préparaient les informaticiens à un dilemme, entre ceux qui œuvreraient pour le développement et l'innovation, et les autres, motivés par le piratage et l'illégalité.

William Gibson propose une réflexion sur la forme, la structure de la matrice et sur une éventuelle divinité cybernétique connectée à une hypothétique intelligence extraterrestre. La question de la forme du cyberespace fut posée rapidement après les débuts d'Internet. Il s'agissait de s'interroger sur les représentations de ce nouveau territoire[49]. Les romans et nouvelles de William Gibson proposent des descriptions des technologies de connexion à cet univers informationnel auquel sont reliés des milliards d'humains. L'auteur imagine même que des divinités le peuplent, ou que la matrice soit elle-même Dieu. La quête de l'aleph est le but ultime dans *Mona Lisa s'éclate*. Cette technologie fut initialement décrite par Jorge Luis Borges et est considérée comme « un point de l'espace contenant tous les autres points ». Les pirates du cyberespace recherchent cette technologie, qui les dépasse cependant et finit par supplanter l'Humanité. La trilogie de Gibson est originale car elle apporte une nouvelle réflexion sur les risques et périls liés au développement d'intelligences artificielles. Le thème n'est pas nouveau dans la science-fiction et fut popularisé dans le film de Stanley Kubrick *2001, l'odyssée de l'espace* en 1968. Les histoires de machines dépassant leurs créateurs sont des classiques dans la mythologie et la littérature. Le mythe du Golem est une référence fréquente dans la cyberculture depuis l'essai de Norbert Wiener *God and Golem* (1964). La cybernétique n'est pas qu'un ensemble de

---

[48] *Ibid*, p. 82

[49] *Quaderni, Cyberesp@ce & territoires*, n°66, Printemps 2008

théories scientifiques devenues une idéologie dont le transhumanisme est une ramification récente. Elle s'appuie sur une mythologie mobilisant de nombreuses références à la science-fiction, qui elle-même emprunte beaucoup de ses thèmes à des systèmes de croyances ou à des mythes provenant de toutes les parties de la planète. Gibson a la réputation de puiser dans toutes les mythologies pour alimenter ses récits. Les pirates ne sont pas vraiment des êtres mythologiques. Pourtant, ils alimentent un imaginaire de la transgression autant que de la liberté. La figure du pirate est ambivalente. Elle se trouve dans de nombreuses cultures, principalement des territoires insulaires ou bénéficiant d'une côte. Les pirates du dix-septième et du dix-huitième siècle pillaient les navires marchands remplis d'or et de marchandises telles que le tabac, la soie ou les épices. Ils pratiquaient leurs méfaits loin de la civilisation, comme dans les Caraïbes ou à Madagascar. Les pirates cybernétiques pillent les données confidentielles des multinationales et de l'Etat. Dans la société cybernétique, l'information est la valeur suprême. Elle s'échange souvent très cher, notamment pour cibler les consommateurs ou anticiper des stratégies d'éventuelles structures concurrentes.

Il ne faut cependant pas confondre hacker et pirate informatique, même si les deux termes sont souvent associés. Les hackers furent des précurseurs et ont contribué à construire l'infrastructure d'Internet, alors que les pirates tentent de s'enrichir en utilisant leurs dons pour la navigation dans le cyberespace. Si les pirates informatiques sont souvent des hackers, l'inverse n'est pas toujours vrai. Les hackers ne sont pas tous des pirates. Ils ont développé une idéologie puissante dérivant de la cybernétique et proposant de codifier le comportement des utilisateurs et des créateurs d'Internet. Le but est d'éviter que cette technologie soit détournée de ses idéaux de communication pure et parfaite permettant d'accéder à une forme de démocratie virtuelle idéale.

Les hackers ne cherchent pas seulement la gratuité des biens culturels sur Internet. Ils prônent plutôt le partage de la connaissance. Le parti pirate international est d'ailleurs l'émanation de l'esprit informationnaliste au niveau politique. L'imaginaire de la science-fiction contribue à relayer, voire à créer des thèmes que certains développent à un niveau idéologique. Le parti pirate ne souhaite pas promouvoir l'illégalité, mais défendre des idéaux de liberté qui étaient très présents dans les communautés d'informaticiens aux débuts d'Internet. Les pirates ne sont pas seulement des mercenaires et des pilleurs. Ils cultivent un idéal philosophique et revendiquent la pureté des valeurs originelles du cyberespace, et plus largement des TIC. Le terme pirate est d'ailleurs souvent utilisé pour définir un internaute téléchargeant des œuvres sans payer de droits d'auteur. Il rappelle la philosophie anarchiste des hackers, et perd depuis quelques années sa connotation négative de hors la loi pour devenir un personnage presque positif, romantique.

Les pirates informatiques sont souvent représentés au cinéma, dans des intrigues qui révèlent le potentiel destructeur des ordinateurs en réseau. Depuis *Wargames*, ils apparaissent comme des génies capables de prendre le contrôle d'ordinateurs pourtant jugés inviolables. Dans *Intraçable* (2008), un pirate, personnage principal, prend le contrôle d'une voiture après avoir infiltré l'ordinateur de bord. Cette situation, à l'époque de la pure science-fiction est devenue une réalité. Les ingénieurs chargés de mettre au point les voitures du futur, et notamment les voitures autonomes, se méfient des pirates, qui pourraient causer des accidents ou contrôler le trafic à distance. *Dans Die Hard 4*, les systèmes Scada (Système de contrôle et d'acquisition de données) sont piratés. Les malfaiteurs contrôlent la gestion portuaire et les feux de signalisation, causant le chaos aux Etats-Unis. Dans *Firewall* (2006), Harrison Ford joue le rôle d'un RSSI (Responsable de la sécurité des systèmes d'information) qui pirate le système informatique d'une banque pour sauver sa famille prise en otage par un criminel. Le film *Opération Espadon* (2001) met aussi en scène un hacker qui doit venir à bout d'un mot de passe dans le but de s'emparer de sommes d'argent placées sur les comptes de l'Etat. Les hackers sont souvent motivés par l'appât du gain, même si certains s'attaquent à des symboles pour devenir des légendes dans le monde du piratage informatique. Dans *Hackers* (1995), ceux qui sont perçus comme des dangers publics en raison de leur maniement expert de l'informatique, sont aussi ceux qui pourraient aider à lutter contre des catastrophes. Le film *cybertraque* (2000) est inspiré de la véritable histoire de Kevin Mitnick avant qu'il soit arrêté.

L'exemple de la franchise *Ghost in the shell*

Ghost in the shell est une franchise japonaise reconnue mondialement. Ce manga traite de la lutte contre la cybercriminalité par la Section 9. Dans un futur proche, les hackers sont considérés comme des terroristes, les ennemis les plus redoutables pour des sociétés dans lesquelles les individus sont équipés de cyber-cerveaux leur permettant de se connecter à des mondes virtuels. L'étude de cet imaginaire technique permet de mieux comprendre de quelle manière les fictions sur les mondes virtuels sont générées et influencent les scientifiques. Une phase de normalisation de l'imaginaire est nécessaire pour optimiser l'insertion d'une technologie sur les marchés. Le recours à des auteurs comme Jung, Bachelard ou Durand permet de concevoir les archétypes comme des éléments d'une matrice imaginaire à l'origine de la pensée innovatrice. Si l'imaginaire doit dans un premier temps être normalisé, rationnalisé, pour le rendre plus efficace, il contribue par la suite à la normalisation des innovations, qui peuvent dans un premier temps être rejetées par les utilisateurs si l'imaginaire ne joue pas son rôle fantasmagorique.

L'imaginaire du virtuel s'est particulièrement élaboré depuis les années 1980 et le courant cyberpunk, qui devint progressivement un imaginaire global contribuant à penser le futur des réseaux informatiques[50]. Les innovateurs transforment cet imaginaire, le normalisent, pour l'intégrer dans des discours stratégiques qui doivent séduire et mobiliser un grand nombre d'acteurs, et notamment le public, les consommateurs de technologies, et les investisseurs[51].

Cette partie étudie l'univers du manga *Ghost in the shell*, dans le but d'évaluer dans quelle mesure cette franchise, constituée entre autres de trois longs-métrages et d'une série de deux saisons, dévoile des usages émergents et les rêves d'une génération d'innovateurs, notamment japonais, dans le domaine de la réalité virtuelle. Ces fictions normalisent-elles des imaginaires non structurés mais à l'avant-garde de l'innovation, et de quelle manière sont-elles par la suite utilisées par les ingénieurs et scientifiques pour concevoir de nouveaux produits, obtenir des financements, et séduire les consommateurs ?

L'imaginaire du virtuel du courant cyberpunk

Le courant cyberpunk est apparu dans les années 1980 sous l'impulsion d'auteurs américains comme Gibson qui était très influencé par la culture japonaise. Il a même expliqué dans certaines interviews que le Japon était le territoire dans lequel la science-fiction était déjà la réalité. *Ghost in the shell* et *Avalon* sont des œuvres incontournables de la science-fiction cyberpunk qui a connu un succès important au Japon. Une œuvre cyberpunk se situe dans un futur proche, dans lequel les TIC, les nanotechnologies, les biotechnologies et les sciences cognitives ont considérablement modifié les modes de vies. La connexion aux réseaux informatiques et à des mondes virtuels

---

[50] Flichy (Patrice), *L'imaginaire d'Internet*, Paris, La Découverte, 2001

[51] Michaud (Thomas), *La stratégie comme discours, l'utilisation de la science-fiction dans les centres de Recherche et Développement*, Paris, L'Harmattan, 2011

immersifs est une donnée récurrente. Chaque œuvre propose des représentations de ces innovations et la somme de ces récits génère une vision du futur des réseaux informatiques très influente chez les innovateurs dans la plupart des pays développés. Si le courant cyberpunk présente des héros marginaux confrontés à des puissances qui les dépassent, ces derniers sont souvent des surdoués en piratage informatique. Cette pratique est très fréquemment le sujet de la science-fiction cyberpunk, qui témoigne des craintes et des espoirs dans l'innovation, l'informatique, le cyborgisme et la virtualisation[52].

Ghost in the shell est une œuvre majeure car elle pose la question d'une éventuelle âme cybernétique[53]. Elle témoigne de préoccupations spécifiquement japonaises, relatives par exemple à la diffusion massive de robots et de cyborgs dans la société dans les prochaines décennies[54]. Cette œuvre s'inscrit dans la continuité d'efforts importants au Japon dans la R&D, notamment pour le futur d'Internet. Les cyborgs ne sont pas seulement des machines et pas encore des humains. Ils représentent le futur des humains connectés aux réseaux informationnels. Le cyborg est une métaphore d'une humanité modifiée par la technologie. Les mangas et la science-fiction cyberpunk ont ainsi préparé l'avènement de l'idéologie transhumaniste, en stimulant l'imaginaire de millions d'individus connectés.

Le film d'Oshii pose la question du futur de l'intelligence artificielle et d'Internet. En 1995, Internet existait depuis moins de dix ans et une vague de spéculations anima les communautés scientifiques et les investisseurs dans le secteur des TIC. Le ghost évoqué dans le film peut être considéré comme l'âme des cyborgs. Ces derniers sont omniprésents dans la société et sont

---

[52] Chan (Melanie), *Virtual Reality : Representations in contemporary Media*, Bloomsbury Publishing USA, 2014

[53] Koestler (Arthur), *Le cheval dans la locomotive : le paradoxe humain*, Paris, Les Belles Lettres, 2013

[54] Sone (Yuji), *Japanese robot culture : Performance, imagination, and modernity*, Springer, 2016

connectés aux réseaux informatiques grâce à des connecteurs crâniens. Cette technologie est centrale dans les œuvres cyberpunks. Dans *Neuromancien* et dans *Matrix*, la neuro-connexion permet aux personnages de se connecter aux mondes virtuels pour faire l'expérience d'une simulation pure et parfaite. Les humains deviennent des cyborgs grâce aux technologies d'immersion virtuelle. Dans *Ghost in the shell*, la problématique est inversée. Les cyborgs cherchent à acquérir une âme. Le pirate traqué par les policiers, nommé Puppet Master, explique qu'il a pris conscience de son existence en voyageant dans les réseaux. Il s'agit d'une forme très évoluée d'intelligence artificielle qui pose de nombreuses questions métaphysiques et ontologiques qui inspirent autant qu'elles reflètent les interrogations des ingénieurs, notamment en robotique. La société japonaise est une des plus performantes dans le secteur des TIC et de la robotique. Le concept de cyborg y est très populaire et la possibilité de faire vivre des êtres artificiels est un horizon très stimulant. Si la science-fiction japonaise fut très influencée par la science-fiction occidentale, cette dernière a aussi puisé dans un imaginaire asiatique des références conférant à ses récits, dont certains sont devenus de véritables mythes, une dimension universelle.

Les innovations technologiques liées à la révolution des télécommunications et d'Internet furent largement anticipées par les œuvres cyberpunks, au point que ce genre soit régulièrement considéré comme prophétique. Pourtant, ces histoires sont souvent dystopiques, décrivant des futurs dans lesquels la réalité des hackers et autres personnages est difficile, ces derniers évoluant dans des univers dans lesquels une forme de capitalisme technologique a permis la prise du pouvoir par des multinationales surpuissantes. Ces dernières contrôlent bien souvent ces technologies permettant notamment d'évoluer dans des univers virtuels paradisiaques, donnant à l'Humanité l'illusion d'une utopie réalisée[55].

[55]Lavoie (Laurent), *Utopia : de quelques utopies actuelles à l'aube du 3e millénaire*, Presses Université Laval, 2001

La fin du cyberpunk est fréquemment annoncée. Certains estiment que ce courant a disparu au début des années 1990, et qu'il fut supplanté par le courant post-cyberpunk, dont le roman de Neal Stephenson *Le Samouraï Virtuel* constitue l'œuvre fondatrice. Ce roman, comme *Neuromancien*, n'a pas encore été adapté au cinéma. *Matrix*, dont le premier film de la trilogie est sorti en 1999, est probablement l'apothéose du courant[56]. Mais certains romans sont parfois qualifiés de cyberpunks. *Player One*, d'Ernest Cline, fait figure de roman de science-fiction inspiré par le cyberpunk et qui propose une vision du futur d'Internet et de la réalité virtuelle très stimulante. Le courant biopunk est aussi une ramification du cyberpunk. Il s'agit d'évaluer l'impact des innovations dans le secteur des sciences de la vie et des biotechnologies sur l'Humanité. Dans le roman du japonais Project Itoh, *Harmonie*, une société pure et parfaite a fini par vaincre les maladies grâce à une technologie en réseau assurant la surveillance de la santé de tous. La rencontre des imaginaires cyberpunks et biopunks réactive les thèmes de la cybernétique et a contribué à alimenter le discours transhumaniste[57].

---

[56] Gillis (Stacy), *The Matrix trilogy : Cyberpunk Reloaded*, Wallflower Press, 2005

[57] Le futurologue John Smart pense avoir résolu le Paradoxe de Fermi, qui s'interroge sur les raisons pour lesquelles l'Humanité n'a pas la connaissance de civilisations extraterrestres. Il développe la « transcension hypothesis », selon laquelle les civilisations plus avancées ne cherchent pas à se développer dans l'espace intersidéral. Elles préfèrent explorer les espaces intérieurs quand elles accèdent à la capacité de développer des réalités virtuelles. Le développement des civilisations extraterrestres dans leurs mondes virtuels expliquerait qu'aucune ne se soit révélée à l'Humanité. Selon une approche évolutionniste, il estime que toutes les civilisations passent par des stades similaires, et que l'Humanité pourrait suivre la même voie. Ainsi, l'immersion virtuelle serait le stade supérieur de la singularité.

Accéder au virtuel grâce à des cybercerveaux

La présentation de la série *Ghost in the shell, Stand alone complex* suggère que dans le futur, la connexion aux réseaux informatiques se fera par un équipement du cerveau humain. La cyborgisation, ou cybernétisation, est une tendance très influente dans les représentations du futur de la science-fiction et de la cyberculture :

« Le début du 21ème siècle a vu une véritable explosion de la technologie de l'information. De gigantesques réseaux parcourent la Terre entière accélérant la propagation des données. Afin de pouvoir profiter pleinement de ce flux d'informations, l'homme a dû s'adapter à ce nouvel environnement et a commencé à développer des instruments lui permettant de se connecter directement aux réseaux. Ainsi ont vu le jour des petits terminaux portables qui ont été peu à peu remplacés par des implants connectés au cerveau, éliminant ainsi totalement le besoin de recourir à un terminal (...) donnant naissance à de véritables cerveaux électroniques, ou « cyber-cerveaux » (...) Le « ghost hacking », c'est-à-dire le piratage du « ghost », qui assure au pirate un total contrôle de sa victime, reste d'ailleurs le cyber-crime le plus grave et le plus sévèrement puni[58] ».

Dans l'épisode 2 de la série, intitulé *Testation,* un char ultra-perfectionné s'échappe de sa base. Il devient incontrôlable et menace d'attaquer une ville. Les raisons de ce phénomène demeurent floues jusqu'à ce qu'un de ses concepteurs admette avoir connecté le cerveau d'un autre savant récemment décédé sur les systèmes de contrôle du char. Cet épisode soulève l'hypothèse d'une prise de contrôle d'appareils militaires par des hackers. Cette thématique revient régulièrement dans la

[58] Cette contextualisation de la série *Ghost in the shell* se trouve dans les DVD de la version française.

science-fiction, et dans *Ghost in the shell*. Les cyborgs de la section 9 sont les héros qui doivent lutter contre des hackers présentés comme des terroristes, loin de l'image héroïque de nombreux récits cyberpunks. *Ghost in the shell* renverse le rapport de forces du courant cyberpunk en présentant comme personnages positifs les membres de la police, plutôt que des hackers, héros sans foi ni loi qui dans la science-fiction américaine sont garants de la libre circulation des informations et de la pureté ontologique du cyberespace. L'accès aux mondes virtuels est sécurisé par une cyber-police qui doit essentiellement lutter contre le piratage des cyber-cerveaux, le hacking étant présenté comme le mal absolu.

Les hackers sont à l'origine de nombreux actes malveillants qui nuisent au bon fonctionnement de sociétés virtualisées. Protéger les informations est un enjeu stratégique crucial. Dans l'épisode *Android and I*, les androïdes produits par une entreprise, les Jeris, se mettent à se suicider. Ce comportement est intrigant car il pose la question des caractéristiques psychologiques d'êtres artificiels de plus en plus autonomes et dotés d'une conscience. Les membres de la section 9 sont partagés quand il s'agit d'évoquer le ghost, c'est-à-dire l'âme des entités cybernétiques. Un des personnages préfère parler d'autodestruction plutôt que de suicide pour les androïdes. Il s'avère que ces machines ont été victimes d'un virus diffusé par le fils d'un diplomate canadien qui souhaitait que sa Jeri soit l'unique modèle encore en fonctionnement. Il ne s'agit pas d'une prise de conscience des robots mais de leur contamination par un virus informatique.

Dans l'épisode *Intercepter*, la technologie des intercepteurs est présentée. Des nanomachines peuvent être insérées dans le corps d'un individu et permettent de le surveiller. Implantés dans l'œil, les intercepteurs fonctionnent comme de petites caméras et permettent de suivre l'évolution des personnes surveillées. Ces capteurs peuvent aussi mesurer de nombreuses constantes à distance. D'un côté, cette technique peut être considérée comme liberticide si elle n'est pas administrée avec le consentement des acteurs. D'un autre côté, elle permet de mieux connaître les individus, qui y trouvent par exemple un moyen de contrôle de leur santé, et un système de communication très perfectionné, si les images de la vie des individus sont mises en réseau, par exemple sur Internet ou des réseaux privés, médicaux, policiers ou militaires. Cette technologie utopique pose de nombreuses questions éthiques alors que sa mise au point n'est qu'une question de temps. Les nanotechnologies, associées aux réseaux informatiques, permettent une nouvelle forme de communication, en partie virtuelle, dont les conséquences évoquent en certains points une organisation sociétale spécifique, permettant une surveillance généralisée digne du Panoptique de Bentham. Les TIC révolutionnent certes la communication humaine et la liberté d'expression, mais certains récits, aussi bien imaginaires que politiques les considèrent aussi comme le fondement d'une société disciplinaire reposant sur le contrôle social cybernétique, pour reprendre la terminologie de Michel Foucault.

L'épisode intitulé *Chat ! Chat ! Chat !*, représente le futur des forums de discussions sur Internet. Les individus sont connectés grâce à leur cyber-cerveau à un forum virtuel où ils sont représentés sous leur apparence réelle, ou sous la forme d'un avatar. Dans cet épisode, le sujet de discussion concerne le Rieur, un hacker célèbre. Une dizaine de participants sont assis autour d'une table ronde, et avancent leurs arguments et leurs idées. Un modérateur introduit aussi des images enregistrées pour orienter le débat. Des spectateurs assistent à cette rencontre. Les internautes peuvent commenter les échanges. Des textes s'affichent devant les personnages. Il s'agit de commentaires générés librement, souvent vulgaires. Cette pratique s'inspire de la façon dont les Japonais s'exprimaient sur un site à succès, www.2ch.net. Il est intéressant de constater que l'immersion virtuelle présentée dans cet épisode est proche de la perfection. L'héroïne est connectée au monde virtuel, où elle peut prolonger son enquête sur l'identité du hacker devenu une star. La représentation de cette communauté virtuelle immersive futuriste est rattrapée environ quinze ans après sa publication en 2003 par les films présentant les réseaux sociaux immersifs du futur diffusés sur Internet par des entreprises comme Facebook. Ces derniers permettent cependant de ressentir un sentiment immersif grâce à l'utilisation d'un casque, alors que dans *Ghost in the shell*, l'immersion virtuelle totale est assurée par une neuroconnexion encore inaccessible et Graal des adeptes du courant cyberpunk.

Le film *Ghost in the shell 2* revisite le mythe de l'Eve Future. Plusieurs gynoïdes tuent leurs maîtres. Après cela, elles s'autodétruisent et leurs cerveaux se reformatent. Le modèle de gynoïde est un prototype testé chez des consommateurs gratuitement. Le Dr Harraway explique que les robots peuvent se suicider à la suite de contaminations par des virus ou en raison de leur abandon par leurs propriétaires, qui ont tendance à s'en débarrasser par lassitude lorsqu'ils les considèrent obsolètes. Elle s'interroge sur la tendance des humains à vouloir toujours se recréer, ce qui a mené à inventer les androïdes et les gynoïdes. Les hackers parviennent à pirater les cyborgs, dont certains membres de la section 9, en accédant à leurs cyber-cerveaux grâce auxquels ils sont connectés aux réseaux d'information qu'ils consultent notamment en réalité augmentée et en réalité mixte. Lors de leur enquête, les inspecteurs sont amenés à s'interroger sur la structure de la réalité et son éventuelle virtualité. En effet, leurs familles ne sont elles pas que des hallucinations produites par un programme informatique ? Le criminel recherché a créé une réalité virtuelle et l'a implantée dans les cyber-cerveaux des inspecteurs pour les induire en erreur. La réalité ne serait qu'une « matrice universelle ».

Les technologies inventées dans *Ghost in the shell* depuis les années 1990 s'inscrivent dans le prolongement du courant cyberpunk, tout en optant pour une vision inverse des récits américains dans la posture des héros. Si les américains sont souvent des hackers opposés à un système technocratique qui les oppresse, la série japonaise aborde le thème de la cyborgisation à travers des héros appartenant aux forces de l'ordre, censés lutter contre la cybercriminalité, déjà perçue comme un fléau propre aux sociétés informationnelles. Protéger les réseaux numériques et virtuels est devenu une nécessité stratégique à mesure que les sociétés deviennent dépendantes de ces technologies. La lutte contre les hackers est le point de départ de la plupart des récits de la franchise *Ghost in the shell*. Il s'agit de protéger la société d'acteurs malintentionnés qui pourraient causer des dégâts considérables s'ils n'étaient pas neutralisés par la Section 9.

Dans la société japonaise futuriste de ce manga, les cyborgs, robots et créatures artificielles sont largement répandus. Les équipements de réalité virtuelle et les cyber-cerveaux sont aussi des technologies incontournables. Les questions du solipsisme et de la différence entre l'homme et la machine sont souvent abordées, avec des références à Descartes et à d'autres philosophes qui ont contribué à définir la place de l'Homme et son rapport à la technique. La mémoire, dans les cyber-cerveaux, est conçue comme un système virtuel qu'il est possible d'enregistrer, de stocker, et de consulter, même en cas de décès d'un individu. Le cyborg est devenu la norme comportementale. Le contrôle de l'information et la maîtrise des êtres artificiels sont devenus des enjeux de pouvoir au centre des réflexions politiques et organisationnelles. Pour se connecter aux mondes virtuels, la plupart des acteurs sont équipés d'une prise située à l'arrière du crâne. Il suffit d'effectuer un branchement pour accéder aux mondes virtuels. Les individus discutent aussi par télépathie grâce à leurs cyber-cerveaux, ce qui facilite considérablement leur efficacité lors de leurs missions anti-terroristes. Dans cet univers, le terrorisme désigne principalement les attaques contre la technostructure cybernétique. Le hacking des cyber-cerveaux pose de nombreux problèmes de sécurité, et même les membres de la section 9 en sont victimes.

Que nous apprennent ces histoires de science-fiction sur la réalité de la société japonaise et sur son rapport à la technologie et plus particulièrement à la réalité virtuelle ?

La normalisation de l'imaginaire, cause ou conséquence de l'innovation ?

Depuis la fin de la Seconde Guerre mondiale, le Japon s'est concentré sur l'économie, et depuis les années 1980, ce pays est un des plus innovants. Les représentations de l'informatique, de la robotique, et des technologies du virtuel sont particulièrement avant-gardistes et la question de la dimension prophétique de ce récit est posée, comme souvent quand un récit se déroule dans un futur plus ou moins proche. S'agit-il d'une posture futuriste permettant de développer une métaphore de la réalité présente, ou une tentative de décrire le futur pour mieux préparer la société à des évolutions technologiques en grande partie pré-conceptualisées dans les laboratoires de R&D[59] ?

Si Internet et les mondes virtuels ont connu un développement considérable en une trentaine d'années, la technologie du cyber-cerveau n'est pas développée et peu de recherches sérieuses se sont penchées sur ce type d'innovation. La neuroconnexion n'est pas non plus devenue un mode de branchement aux mondes virtuels technologiquement viable. Les exosquelettes et les cyborgs ne sont pas non plus répandus ni au Japon ni ailleurs dans le monde. Les technologies utopiques de cette fiction n'en demeurent pas moins attractives pour des millions d'individus qui trouvent dans cette société une hypothèse attractive et réaliste. Les casques de réalité virtuelle, en revanche, appartiennent désormais à une réalité commerciale et technologique. Dans la société de *Ghost in the shell*, de nombreuses scènes montrent les héros, mais aussi des hackers

[59] Réaliser le cyber-cerveau intéresse certains innovateurs. Elon Musk considère le monde comme une réalité virtuelle. Il a créé l'entreprise Neuralink en 2016, dans le but de développer des cordons cérébraux (neural laces) dans le but d'augmenter les capacités des cerveaux humains et d'optimiser la connexion cerveau-ordinateur, et donc l'immersion dans des mondes virtuels pour l'heure seulement imaginés par la science-fiction.

ou des personnages secondaires utiliser cette technologie pour se plonger dans les mondes virtuels. Depuis 2016, les casques de réalité virtuelle sont disponibles à des prix raisonnables et de nombreuses études estiment que cette technologie sera au centre de l'économie dans les prochaines décennies. Si ce type d'interface homme machine est évoqué depuis les années 1980 dans la science-fiction, et depuis 1995 dans *Ghost in the shell*, il apparait opportun de s'interroger sur la fonction des représentations science-fictionnelles de cette technologie dans le succès ou l'échec de sa commercialisation.

La diffusion des casques de réalité virtuelle connait un succès modéré. Cette technologie est encore à la recherche d'un business model viable, qui fait penser aux premières heures d'Internet. La pornographie et les jeux vidéo sont les deux premières industries qui pourraient trouver une rentabilité en commercialisant des contenus dont la qualité s'améliore de jour en jour. La science-fiction a généré de nombreux fantasmes diffusés massivement auprès de consommateurs potentiels. La franchise *Ghost in the shell* a inspiré et influencé principalement des acteurs chargés du développement de ces innovations. Chaque génération dispose de récits sur le futur de la réalité virtuelle depuis les années 1980, et de l'avenir de l'informatique depuis les années 1950. Si ces représentations sont souvent dépassées et ringardisées par la réalité, de nombreuses technologies utopiques se réalisent et génèrent une croyance de plus en plus répandue dans la fonction prophétique de la science-fiction. En fait, la science-fiction ne prophétise pas[60]. Elle propose des représentations qui influencent et participent aux processus d'innovation[61]. Cet imaginaire performatif est souvent délirant et ne suscite dans un premier temps l'intérêt que de certains individus et groupes sociaux, souvent à l'avant-garde dans les domaines artistiques et technoscientifiques. La

---

[60] Michaud (Thomas), *Prospective et science-fiction*, Paris, L'Harmattan, 2011

[61] Flichy (Patrice), *L'innovation technique: Récents développements en sciences sociales. Vers une nouvelle théorie de l'innovation*, Paris, La Découverte, 2017

version japonaise de cette sous-culture est parfois nommée l'« otakulture »[62]. C'est alors qu'intervient la normalisation de l'imaginaire. Les représentations les plus marquantes et stimulantes sont reprises dans d'autres fictions et par les acteurs chargés d'établir la stratégie et les programmes de R&D dans les laboratoires privés et publics. La science-fiction est une culture de l'innovation globale. Elle contribue à générer un imaginaire qui assure une communication planétaire autour de représentations partagées par des scientifiques de tous pays et de toutes cultures.

1) La science-fiction cristallise des pistes de recherches et des imaginaires technoscientifiques latents dans quelques laboratoires pour pimenter ses récits et leur conférer une dimension futuriste. Cette technique narrative est d'ailleurs révélatrice de la centralité de la science dans les sociétés développées, dont les inventions et innovations sont au coeur des évolutions systémiques et structurelles.
2) Cet imaginaire est partagé et les technologies utopiques deviennent récurrentes, poussant les innovateurs à s'interroger sur leur potentiel réaliste. Les questions relatives à la concrétisation de cet imaginaire sous la forme d'innovations sont posées. Soit la technologie est jugée irréalisable en l'état des connaissances scientifiques, ou en raison de limites morales ou éthiques, soit elle est adoptée comme un challenge intéressant, aussi bien au niveau technique qu'au niveau commercial. Elle fait alors l'objet d'une réflexion plus poussée, qui mène parfois à des approches métaphysiques comme dans *Matrix* qui renvoie à la question du solipsisme. Ce film et *Ghost in the shell* se sont mutuellement inspirés, et appartiennent à la même génération d'imaginaire du virtuel.
3) Progressivement, les casques de réalité virtuelle sont devenus des technologies intégrées dans de plus en plus

---

[62] Ito (Mizuko), Okabe (Daisuke), Tsuji (Izumi), *Fandom Unbound : Otaku culture in a connected world*, Yale University Press, 2012

de fictions, pour des usages de plus en plus variés. La normalisation de l'imaginaire est devenue un élément important pour l'acceptation des innovations dans les sociétés hyper-médiatiques. Les casques de réalité virtuelle furent introduits non plus pour envisager un futur lointain et très hypothétique, mais pour susciter l'envie d'une technologie décrite comme inéluctable.

4) La normalisation des innovations passe par la fin ponctuelle et temporaire de l'imaginaire technique. Lorsqu'une technologie est commercialisée alors qu'elle était utopique depuis plusieurs années, voire plusieurs décennies, ses représentations fictionnelles font l'objet d'une mutation. Elles disparaissent des films de science-fiction, qui cherchent à décrire ce qui n'existe pas, ce qui demeure virtuel, au sens de latent, de non réalisé mais de potentiel. L'imaginaire du virtuel a permis de développer un virtuel du virtuel qui a contribué à l'innovation. Les casques de réalité virtuelle seront probablement bientôt partout, mais les applications seront différentes de celles des multiples fictions, qui ont conçu des applications radicales, propices à l'imaginaire, parfois même dystopiques, alertant sur les risques de dérives morales de toute innovation.

La technologie utopique centrale de *Ghost in the shell* est le cyber-cerveau. Elle s'inscrit dans le prolongement de l'imaginaire cybernétique qui s'est développé après la Seconde Guerre mondiale. Nous estimons que les utopies, les dystopies et l'imaginaire en général participent à la construction des théories scientifiques, dans la perspective de la théorie des archétypes de Jung[63], puis des travaux de Bachelard[64] et Durand[65].

[63] Jung (Carl Gustav), *The archetypes and the collective unconscious*, Princeton University Press, 1981

[64] Wunenburger (Jean-Jacques), *Bachelard et l'épistémologie française*, Paris, PUF, 2003

[65] Durand (Gilbert), *Les structures anthropologiques de l'imaginaire*, Paris, Dunod, 2016

L'archétype est à l'origine des représentations imaginaires qui structurent la rationalité, la science et la créativité. Les inventions scientifiques sont dérivées d'archétypes et d'imaginaires primordiaux. La rationalisation de ces représentations par la science constitue une forme de normalisation, une concrétisation. Les technologies utopiques, dont la réalité virtuelle a longtemps fait partie, contribuent à une première rationalisation, à l'interprétation d'archétypes originels et universels. La technologie serait ainsi pré-programmée dans la psyché humaine, et se révèle aux scientifiques progressivement. C'est la raison pour laquelle il est important de stimuler la créativité des différents acteurs des processus d'innovation, et de perfectionner la connaissance de la psyché humaine et des différents archétypes moteurs de l'activité scientifique. Le cyber-cerveau et la plupart des technologies relatives à la réalité virtuelle présentes dans *Ghost in the shell* renvoient à l'archétype de la créature artificielle présente dans de nombreuses mythologies dans les civilisations les plus anciennes. Les sociétés industrielles ont développé un imaginaire technique très varié servant de matrice délirante à un processus d'innovation la concevant comme une forme de folie très utile aux technosciences. Les inventeurs normalisent les technologies utopiques en les réalisant, leurs découvertes inspirant à leur tour de nouveaux imaginaires techniques nécessaires à la dynamique du capitalisme technoscientifique.

Une nouvelle ère des identités virtuelles

Les représentations du virtuel dans la science-fiction montrent surtout des acteurs aux identités subversives. Keanu Reeves est l'acteur qui incarne le mieux le comportement dans le monde virtuel. Il a incarné Johnny Mnemonic et Neo, dans *The Matrix*. A chaque fois, il s'agit d'identités non conventionnelles. Les individus fréquentent des zones parallèles qui ne sont pas encore bien civilisées, peuplées de drogués, de malfrats, et dans lesquelles les discussions ne sont pas très bien normalisées, en raison de la primitivité, voire de la barbarie de certains acteurs. Le cyberespace des premiers âges était très binaire, ressemblait à une zone sauvage à défricher, à aménager pour y organiser une extension de la civilisation fonctionnelle et capable d'assurer des interactions viables et convenables. Les représentations des mondes virtuels dans la science-fiction montrent bien que les réseaux sociaux des premières années étaient infréquentables pour les individus les plus méfiants et exigeants sur les critères de sécurité. Des individus ne voulaient pas stocker trop de données sur leur disque dur ou les transférer par email, de peur de les perdre, un peu comme dans *Johnny Mnemonic*. D'autres ne voulaient pas se faire voler de l'argent en payant par carte bancaire sur des sites commerciaux, comme dans la scène de l'attaque de la banque dans *Matrix*. Les hackers de ce film luttent toujours contre les forces de l'ordre, les agents Smith, qui cherchent à les éradiquer car ils souhaitent détruire le réseau. Ces films montrent que les pratiques quotidiennes de l'Internet étaient dans les premières années du réseau dominées par une méfiance relative à la découverte d'un monde nouveau. L'ère de la découverte généra de nombreux rêves, de nombreuses prophéties, de nombreux cauchemars aussi. En 2010, un nouvel opus du film *Tron* sortait dans les cinémas. Les représentations du monde virtuel montrent un univers beaucoup plus structuré, capable d'accueillir des gens du monde, distingués, avides de relations sociales soutenues et convenables. En trente ans, le monde virtuel est devenu le lieu d'accueil d'individus aux pratiques quotidiennes très différentes. Dans les années 1980, les informaticiens étaient encore représentés comme des marginaux qui expérimentaient les techniques avec des identités alternatives, qualifiées de schizoïdes par les experts et les artistes, tant elles n'incarnaient pas les normes en vigueur dans la société. Trente ans après, le cyberespace n'est plus une zone anarchique dans laquelle les individus se comportent comme des fous ou des sauvages. Il s'agit d'un territoire déjà bien civilisé mais encore à construire, doté d'un énorme potentiel d'évolution et dans lequel les individus pourront développer leurs identités jusqu'à ce que les mondes virtuels immersifs permettent une conjonction avec le comportement des acteurs dans le monde réel. L'habitus virtuel des personnages des films de science-fiction répond souvent à des problématiques héroïques, bien que certaines œuvres présentent des exemples de vie quotidienne en milieu virtuel. Les films de science-fiction participent d'ailleurs à la mise en scène de la vie quotidienne en milieu virtuel. Le virtuel est le lieu d'une théâtralisation de l'être, encore plus que dans le réel. Antonin Artaud définissait d'ailleurs le théâtre comme la « réalité virtuelle » dans *Le théâtre et son double* (1938). La réalité virtuelle générée par ordinateur est cependant différente du théâtre traditionnel, car les acteurs doivent interagir avec des entités dont le rôle n'est pas toujours connu par avance, ce qui implique le développement de qualités spécifiques pour s'adapter aux conditions d'évolution dans ces environnements. Dans le film *Thomas est amoureux*, le héros ne sort presque plus de chez lui, car il développe une identité virtuelle lui permettant de communiquer presque uniquement avec des personnes du réseau. Il finit par faire une syncope en sortant de chez lui, car son identité virtuelle est devenue trop exclusive au point d'atrophier son identité réelle. L'identité virtuelle permet la mise en scène de sa vie quotidienne dans les réseaux sociaux. Les identités des internautes sont d'ailleurs théâtrales car les sites structurent les comportements à partir d'applications qui pré-formatent les attitudes et les modalités de discussion dans les scènes et lieux de rencontres de ces zones de socialisation. Depuis l'apparition des réseaux sociaux comme Facebook, les acteurs du virtuel ont dépassé les acteurs des films de science-fiction dans leur utilisation du virtuel. Les habitus sont créés par des programmes informatiques de plus en plus complexes dont la somme finira par permettre des comportements proches de ceux développés dans le réel. Un trop grand investissement dans le virtuel est dangereux pour l'individu. De nombreuses personnes estiment qu'il faut limiter l'importance de l'habitus virtuel dans l'identité humaine afin de ne pas permettre l'apparition de catégories d'individus isolés du monde social classique et définis par une identité virtuelle disproportionnée par rapport à leurs autres habitus, comme les geeks. Ces derniers sont cependant très bien tolérés, voire même de plus en plus appréciés par les autres catégories sociales, surtout depuis l'apparition des réseaux sociaux, qui montrent des adeptes du virtuel une capacité à apprécier autrui, voire même à développer des relations amicales et amoureuses assurant la paix dans la société et dans le monde. Le risque de désertification du réel est une des seules entraves au développement des identités virtuelles, les réalistes évoquant souvent le danger de psychopathologies relatives à une utilisation inappropriée de ces technologies.

La célébration du 21 octobre 2015 par les fans de la trilogie Retour vers le futur

Retour vers le futur 2 est le seul film de la trilogie qui se déroule dans le futur. Grâce à la machine à voyager dans le temps, Marty McFly se retrouve propulsé au 21 octobre 2015. Ce film de science-fiction sorti en 1989 proposait une représentation du futur audacieuse. De nombreux fans prirent rendez-vous avec l'année 2015 pour évaluer si ce film était effectivement à l'avant-garde, voire prophétique, notamment dans le domaine technologique. Quelques innovations marquantes parsèment le scénario. Evaluons où en sont les processus d'innovations pour ces objets du futur de 1989.

L'hoverboard est la technologie qui a le plus excité l'imaginaire de millions d'adeptes du skateboard. Il s'agit d'une planche dépourvue de roues et capable de léviter. Pour la petite histoire, cet objet est signé Mattel, une des marques apparaissant dans plusieurs scènes du film. De nombreux inventeurs, indépendants ou appartenant à des centres de recherches d'institutions étatiques ou de grandes entreprises, ont tenté de mettre au point l'hoverboard, sans succès. Cette technologie était trop futuriste, et les connaissances scientifiques étaient encore trop limitées en 2015.

Le film montrait aussi les baskets à lacets automatiques, sponsorisées par Nike. En janvier 2015, cette entreprise promettait de commercialiser ces chaussures, sans que cette annonce soit honorée le 21 octobre. Il n'en reste pas moins que ce film a créé un tel désir que des recherches importantes ont été menées. Réaliser ces baskets, qui étaient à l'état de prototype dans le film, assurerait un succès médiatique à Nike, qui pourrait se présenter comme une entreprise qui « réalise la science-fiction ». En 2011, la marque américaine avait mis en vente en série limitée des répliques des baskets du film nommées « Nike Mag », mais elle ne disposait pas à l'époque de la technologie Power Laces.

La voiture permettant de voyager dans le temps a aussi la capacité de voler. Il s'agit d'une sorte de Graal pour l'industrie automobile. Cette technologie est encore très futuriste et les problèmes relatifs à sa mise au point rappellent que parfois la fiction précède la science de plusieurs décennies. Si des prototypes existent, leur commercialisation rencontre des difficultés pour éviter les collisions notamment. La question de la capacité pour les humains de piloter des voitures volantes est aussi posée, certains chercheurs estimant qu'une partie infime de l'Humanité sera capable d'avoir des repères et des réflexes adéquats pour maîtriser une telle technologie.

Dans une scène, un écran holographique 3D est présenté. Il s'agit d'un requin qui attaque Marty McFly pour faire la publicité du film *Les dents de la mer 19*. Des prototypes de cette technologie ont été développés dans plusieurs laboratoires et annoncent les nouvelles technologies cinématographiques et télévisuelles.

Une autre scène montre un personnage portant des lunettes électroniques lui permettant de regarder un film. Cette innovation rappelle les casques de réalité virtuelle dont des prototypes ont déjà été commercialisés dans les années 2000. *Retour vers le futur 2* est prophétique à ce sujet, car c'est à la fin de l'année 2015 et durant l'année 2016 que les casques de réalité virtuelle furent commercialisés massivement. La réalité virtuelle devrait passer un nouveau cap et devenir une technologie mature capable de révolutionner les modes de consommation de vidéos.

Le jardin automatisé représenté dans le film suggère qu'en 2015 il serait possible de disposer de jardins d'intérieur permettant de cultiver des fruits et légumes à domicile. Des dispositifs permettant cette pratique écologique ont vu le jour dans les années 2010, comme RobotGarden, ou Urban Potager.
A l'occasion de ce qu'il nomme le non officiel « Back to the Future Day », Thomas Kalil, membre du gouvernement Obama explique dans un blog hébergé par la Maison Blanche que la science-fiction est un élément important du processus d'innovation technologique[66] :

« One reason for our excitement is that many of the innovations that we take for granted - such as smart phones and global communications satellite - were inspired by science fiction. A number of the technologies portrayed in Back to the Future are either here today (flat panel displays, video chats, gesture-based computing) or under development (flying cars, hoverboards). Many technologies and ideas that seem like science fiction today - such as Harry Potter's cloak of invisibility, an Iron Man suit, or Andy Weir's story about astronauts on Mars - are being actively explored by scientists and engineers. This is a perfect day to start a conversation about an important topic - the role that science fiction plays in inspiring scientists, engineers, and entrepreneurs ».

De nombreuses publicités ont aussi exploité la célébration du film *Retour vers le futur 2*. Même Barack Obama a participé à ce folklore sur Twitter :

[66] https://www.whitehouse.gov/blog/2015/10/21/science-fiction-science-fact

« Bon Back to the Future Day, @RealMikeFox ! Tu as déjà pensé au fait que nous vivons dans le futur dont nous rêvions à l'époque ? C'est vertigineux, mec[67] ».

La petite ville de Filmore, en Californie, a été fermée aux automobilistes pendant cinq jours pour permettre à des touristes de célébrer le film, par exemple en se promenant déguisés ou en faisant des tours de DeLorean ou en Hoverboard. Les propriétaires de la voiture mythique ont reversé l'argent reçu des fans à la fondation de l'acteur Michael J. Fox pour la recherche sur la maladie de Parkinson. Les promenades en hoverboard ont rapporté jusqu'à 200 dollars pour pouvoir parcourir la reproduction de la ville de « Hill Valley » sur une planche suspendue à une grue.

Plusieurs entreprises ont associé leur image au film, notamment Mercedes Benz qui a souhaité un joyeux « Back to the Future Day » à ses clients. Pour ce jour spécial, les marketeurs de la firme allemande on proposé des clips futuristes présentant la F 015 Luxury in Motion, une voiture autonome à la pointe de l'innovation. Les spots publicitaires remercient Doc qui a inspiré les ingénieurs pour mettre au point un tel véhicule. Toyota a aussi proposé une publicité pour la Mirai, une voiture à hydrogène qui pourrait fonctionner avec de l'énergie obtenue à partir de déchets. Dans un clip de cinq minutes, les acteurs Michael J. Fox et Christopher Lloyd assistent à la présentation de ce véhicule par un membre de Toyota, qui démontre la possibilité de réaliser une voiture à fusion, fonctionnant avec des déchets, comme la DeLorean du film *Retour vers le Futur 2*.

Une théorie trouvée sur Internet explique que le premier film de la trilogie est prémonitoire. Il aurait annoncé les attaques du 11 septembre 2001 contre le World Trade Center. Le Doc est en effet assassiné par des terroristes musulmans dans un centre

---

67 En version originale: "Happy Back to the Future Day, @RealMikeFox! Ever think about the fact that we live in the future we dreamed of then? That's heavy, man ».

commercial nommé Twin Pines Mall, dont le symbole est deux sapins. L'heure indiquée est 1 :16 am, ce qui peut se lire à l'envers 9/11, ou 11 septembre. Ce type de discours peut troubler les adeptes du conspirationnisme et apporter de l'eau au moulin des tenants de la théorie selon laquelle certains discours de la science-fiction sont prophétiques. Si *Retour vers le futur 2* a annoncé la plupart des grandes innovations technologiques apparues en trente ans, cette théorie de l'anticipation du 11 septembre 2001 doit être abordée avec prudence. Il est toujours possible d'évoquer des coïncidences troublantes, même si l'art a aussi pour fonction de prédire l'avenir dans la plupart des sociétés. Certains esprits critiques ont aussi rappelé que la trilogie n'avait pas prévu l'avènement d'Internet, comme d'ailleurs la science-fiction dans son ensemble. Pourtant, dans le deuxième opus, les enfants utilisent des casques de réalité virtuelle qui pourraient être connectés à un réseau, et les individus communiquent à travers des murs écrans. Cet argument n'est que relativement exact. En effet, Internet n'est apparu qu'au début des années 1990, et des films comme *Terminator* ont présenté des scènes dans lesquelles le robot incarné par Schwarzenegger est connecté à un réseau d'informations en réalité augmentée. De même, la voiture dans *K 2000* a accès à une grande quantité de données que seule une société en réseau très évoluée pourrait produire.

Roland Lehoucq est un des meilleurs spécialistes français de la science-fiction. Cet astrophysicien est aussi le président du festival les Utopiales. A l'occasion du Back to the future day, il fut interviewé par le journal *Libération* qui lui demanda son avis sur le rapport de la science-fiction au futur. A la question « La science s'inspire-t-elle de la SF ? », il répondait :

« Jamais. La science-fiction prend parfois des thèmes scientifiques et réalise un travail de vulgarisation (…) Ce n'est pas bien compliqué au XIXème siècle d'imaginer un carrosse sans chevaux avec un carburant. Ce qui est bien plus compliqué, c'est d'imaginer les bouchons. Un esprit extraordinaire peut inventer les conséquences des nouvelles technologies. La SF joue sur les peurs du monde actuel[68] ».

La critique de la fonction prophétique de la science-fiction est assez fréquente. Le but de cette posture s'inscrit dans la continuité d'une forme de rationalisme qui déconstruit les croyances et les phénomènes paranormaux ou mystiques. Il est en effet impossible de prouver qu'une discipline ou une pratique permet d'accéder au futur, qui appartient à Dieu chez les esprits religieux. Les prophéties technoscientifiques satisfont certains esprits rationalistes, et la science-fiction profite de cette soif de connaître le futur pour mieux rationaliser leur existence. En effet, comment exercer sa rationalité quand il est impossible de prévoir les évènements qui vont se passer dans le futur ? Cette quête du futur érige certaines œuvres de fiction au rang de récits prophétiques. Bien souvent, ces œuvres sont désignées comme prophétiques après plusieurs années, quand il a été possible de vérifier l'intuition géniale des auteurs. C'est le cas de *Retour vers le futur 2* par exemple. Roland Lehoucq a raison de signaler l'utilité de la science-fiction pour décrire les conséquences des nouvelles technologies. Les innovateurs ont en effet besoin d'esprits imaginatifs pour déterminer l'impact de leurs découvertes et les pistes à suivre pour les insérer dans la société.

Sylvestre Huet explique le sens de la formule « c'est de la science-fiction », entendue dans les laboratoires : « C'est considérer que ce qui est anticipé n'adviendra pas ». Il met en garde contre le transhumanisme, qui utiliserait l'imaginaire science-fictionnel pour légitimer les recherches dans des secteurs censés révolutionner le mode de vie de l'Humanité dans les prochaines décennies. Certains chercheurs redoutent que le transhumanisme nuise à l'innovation, en provoquant l'inquiétude, voire la peur, chez les citoyens. Les discours critiques de la science qui provoque des retards, voire l'abandon

---

68 Lehoucq (Roland), « La SF, c'est le ici et maintenant, le choix d'un thème mis sous un verre grossissant », *Libération*, 20 octobre 2015, p. 6

de certains projets, ne sont plus le seul écueil pour les ingénieurs et les innovateurs. Le risque viendrait aussi du discours proscientifique, transhumaniste, qui pourrait être accusé de réaliser un imaginaire négatif, dont les techno-futurs sont parfois synonymes de catastrophes anti-humanistes et apocalyptiques. C'est ce qui pousse Sylvestre Huet à affirmer que « Les fantasmes et la peur véhiculés par les œuvres de SF pourraient, selon certains scientifiques, nuire à la recherche[69] ».

---

[69] Sylvestre Huet, « Anticipation et réalité : le mélange des sciences », *Libération*, 20 octobre 2015, p. 3

Chapitre III

De la science-fiction à l'innovation technoscientifique

Le cas des casques de réalité virtuelle[70]

Cette partie reprend un article publié en 2017 dans la revue *Innovations, revue d'économie et de management de l'innovation*. Elle s'intéresse au rôle de la science-fiction dans le processus d'innovation dans le secteur des équipements de réalité virtuelle. Depuis 2016, les casques de réalité virtuelle sont commercialisés massivement. Des modèles ont déjà été vendus depuis plusieurs années, mais sans grand succès, les technologies étant encore peu fiables et les contenus trop peu nombreux et attractifs. Les grandes entreprises ont produit leurs propres casques. Samsung propose par exemple le Gear RV et Facebook commercialise l'Oculus Rift. Oculus VR est devenu une filiale de l'entreprise après son rachat en 2014. Cette technologie est très attendue par les adeptes de jeux vidéo et fait ressurgir des discours récurrents à chaque fois qu'une innovation perce dans le secteur des Technologies de l'Information et de la Communication (TIC).

L'imaginaire des mondes virtuels a accompagné l'informatisation de la société et l'avènement d'Internet. Depuis les

---

[70] Michaud (Thomas), « De la science-fiction à l'innovation technoscientifique : le cas des casques de réalité virtuelle », *Innovations, revue d'économie et de management de l'innovation*, n°52, 2017/1

années 1980, les technosciences ont proposé des innovations qui ont révolutionné la communication au niveau global. Avec les casques de réalité virtuelle, une nouvelle étape apparaît. Après la connexion de toute la planète à Internet, et la mise en ligne de centaines de mondes virtuels et de réseaux sociaux, il faut s'attendre à passer à une nouvelle étape, qui a été envisagée par différents auteurs de science-fiction. Le plus connu est Neal Stephenson, auteur du roman *Le Samouraï Virtuel* en 1992. Cet ouvrage fut cité massivement par les observateurs comme une source d'inspiration pour les investisseurs dans le secteur des casques de réalité virtuelle. Mark Zuckerberg aurait comme objectif de développer dans un futur proche un réseau social de nouvelle génération, utilisant la réalité virtuelle immersive, à l'image du métavers décrit dans la fiction de Stephenson. Le terme métavers est depuis quelques années utilisé dans le langage courant puisqu'il désigne des univers virtuels immersifs qui se distinguent des jeux vidéo classiques en raison de leur niveau d'interactivité et d'immersion. Ils se jouent essentiellement sur Internet et continuent à évoluer en l'absence du joueur, qui utilise souvent un avatar pour interagir avec les autres membres de l'univers. Les MMORPG (Jeux de rôle en ligne massivement multi-joueurs) sont des exemples de métavers. Soulignons par ailleurs que ce terme est connoté par son origine romanesque et désigne des mondes virtuels futuristes, récemment mis en ligne ou encore à développer. La science-fiction et l'innovation fonctionnent conjointement pour proposer des réseaux de communication toujours plus performants et innovants. A terme, les métavers tendent à devenir de plus en plus immersifs, rejoignant la fiction de Neal Stephenson.

En 2011, Ernest Cline publiait le roman *Player One*, qui connaissait un rapide succès mondial. Il décrivait l'OASIS, un monde virtuel aux possibilités infinies auquel il était possible de se connecter grâce à un casque de réalité virtuelle et une combinaison haptique. Ce livre est devenu une référence chez les informaticiens, et notamment pour Palmer Luckey, l'inventeur de l'Oculus Rift.

Les articles et interviews des différents acteurs de l'économie de la réalité virtuelle se réfèrent souvent à un corpus d'œuvres de science-fiction. *Neuromancien*, de William Gibson fut par exemple un récit fondateur pour Internet, car il introduisait le terme « cyberespace ». Des œuvres comme *Le Samouraï Virtuel*, *Matrix*, et plus récemment *Player One* constituent d'autres références majeures, les matrices imaginaires d'un processus d'innovation technologique qui inspire l'imaginaire autant qu'il s'y réfère.

Les deux livres de science-fiction les plus cités, *Le Samouraï Virtuel* et *Player One* permettent de déterminer de quelle manière la science-fiction suscite l'engouement des innovateurs et des consommateurs pour les nouveaux équipements de connexion à la réalité virtuelle. Les technosciences ne reposent pas sur la négation de l'imaginaire au profit d'une rationalité instrumentale toute puissante. Elles génèrent un imaginaire technique qui les légitime et les médiatise auprès des consommateurs, stimulés régulièrement par la perspective de voir la science-fiction se réaliser.

L'influence de la science-fiction sur les chercheurs et innovateurs en réalité virtuelle

Les entrepreneurs de la Silicon Valley revendiquent de temps à autres l'influence de la science-fiction sur leur activité. Philip Rosedale, fondateur des mondes virtuels Second Life et High Fidelity affirmait fin 2014:

« The gap between people dreaming things up in sci-fi and being able to build them in bits and atoms is shortening (…) I look at science fiction as an instruction manual for virtual reality (…) We're only few years away from being able to build what people dream up[71] ».

---

[71] Gigaom's Roadmap design conference (18 novembre 2014). Traduction : « L'écart entre les produits rêvés par la science-fiction et la possibilité de les

Rosedale précisait sa pensée lors de la conférence Silicon Valley Virtual Reality (SVVR) de Montain View : « Si *Le Samouraï Virtuel* était un manuel d'instructions pour Second Life, *Ready Player One* nous a terriblement inspirés pour High Fidelity ».

Dans la postface de l'édition française de son roman phare, *Le Samouraï Virtuel*, Neal Stephenson rappelle qu'il a inventé les termes « métavers » et « avatar » car « réalité virtuelle » ne correspondait pas à la technologie qu'il voulait décrire. Pourtant, l'auteur révèle qu'il a appris quelque temps après la publication du livre que :

> « Le terme « avatar » était en fait utilisé depuis plusieurs années dans le cadre d'un système de réalité virtuelle appelé « Habitat » et mis au point par F. Randall Farmer et Chip Morningstar. Ce système tourne sur des ordinateurs Commodore 64. Bien qu'il ait pratiquement disparu aux Etats-Unis, il est toujours populaire au Japon. Outre les avatars, Habitat utilise un grand nombre des traits principaux du Métavers[72] ».

Le livre *Player One* est aussi devenu très rapidement une référence chez les innovateurs. Ecrit en 2011 par Ernest Cline, il s'inscrit dans la lignée des œuvres qui ont décrit le futur de la réalité virtuelle immersive. Le fondateur d'Oculus, Palmer Luckey en a fait son livre fétiche et le conseille à tous les nouveaux employés de l'entreprise. Il a d'ailleurs convié Cline à essayer l'Oculus Rift. Le romancier fut stupéfié par cette expérience et expliqua au magazine *Forbes* : « J'ai réalisé que tout ce que j'avais écrit dans *Player One* était en train d'arriver bien plus vite que prévu ». A propos de l'adaptation cinématographique du roman, il annonçait : « Ils ont intérêt à se

---

réaliser en bits et atomes se rétrécit. Je conçois la science-fiction comme un manuel d'instruction pour la réalité virtuelle (...) Nous sommes à seulement quelques années de construire ce qui n'est encore qu'un rêve ».

[72] Stephenson (Neal), *Le Samouraï Virtuel*, LGF – Livre de Poche, Paris, 1996, p. 567

dépêcher, tant que c'est encore de la science-fiction[73] ». En effet, Steven Spielberg a adapté ce roman au cinéma en 2018. Luckey commença très jeune à s'intéresser à la réalité virtuelle, fasciné par le film *Matrix*, vu à l'âge de sept ans. Il se mit alors à acquérir des systèmes de réalité virtuelle, qui étaient surtout des objets expérimentaux, dont beaucoup provoquaient la cinétose chez les utilisateurs, équivalent du mal de mer.

En quelques années, Palmer Luckey a réussi à mettre au point une innovation qui s'annonce majeure et qui pourrait révolutionner les relations virtuelles. Le 13 février 2015, l'inventeur de l'Oculus Rift affirmait sur son compte Twitter : « Quand j'étais adolescent, rencontrer pour la première fois en vrai des personnes avec qui j'étais ami de longue date en ligne était toujours génial. Se rencontrer en RV (Réalité Virtuelle), ce n'est pas encore possible, mais c'est pour bientôt ». Luckey quitta rapidement l'université, qu'il fréquenta précocement, dès l'âge de 16 ans, pour créer sa société, Oculus VR. Le jeune californien développa son prototype, l'Oculus Rift dans le garage de ses parents. Il rencontra rapidement le succès grâce au site de financement participatif Kickstarter, qui lui permit de collecter 2,5 millions de dollars. La start-up, qui avait réussi à lever 16, puis 75 millions de dollars, fut rachetée par Facebook en mars 2014 pour 2,3 milliards de dollars.

Peu après cet achat, les commentateurs annoncèrent collectivement que Facebook voulait réaliser le Métavers dans les prochaines années. Outre l'intérêt à court terme de mettre au point un casque de réalité virtuelle commercialisable auprès de dizaines de millions de clients potentiels, l'ambition ultime de Zuckerberg fut évoquée. Le créateur de Facebook pourrait à moyen long terme envisager de développer une technologie suffisamment performante pour rappeler les mondes virtuels immersifs de la science-fiction comme le Boulevard chez Neal Stephenson et comme l'OASIS chez Cline. Les réseaux sociaux

---

73 Cario (Erwan), « *Player One*, roman-clé de la virtualité », *Libération*, samedi 14 et dimanche 15 mars 2015, p. 6

pourraient ainsi dans plusieurs années, voire plusieurs décennies, nécessiter un équipement permettant de se rencontrer dans les mondes virtuels avec l'impression d'y expérimenter des situations proches de la réalité. Lors d'une conférence en avril 2015, Zuckerberg précisait ses ambitions pour la réalité virtuelle : « De la même façon que l'on prend des photos et vidéos aujourd'hui et qu'on les partage sur internet pour que d'autres puissent les voir, nous serons capables de prendre des images de scènes entièrement en 3D et de créer de nouveaux environnements à partager. Ce sera assez fou ».

Cory Ondrejka, co-créateur de Seconde Life devenu chef ingénieur chez Facebook, aurait incité Mark Zuckerberg à acheter Oculus, convaincu de l'intérêt stratégique d'une telle acquisition. Pour la petite histoire, Neal Stephenson a rejoint l'entreprise de réalité augmentée Magic Leap, achetée par Google en 2014, comme consultant et « futuriste ». Magic Leap développe en effet des technologies de réalité augmentée proches de celles décrites dans *Le Samouraï Virtuel*, même si la start-up demeure discrète, consciente de l'importance d'innover dans le plus grand secret dans un secteur très concurrentiel. La 3D, la réalité augmentée et la réalité virtuelle sont des technologies de mieux en mieux maitrisées et il est stratégiquement important de déterminer les applications possibles et l'impact sur la société de ces innovations. Espérant réaliser des profits considérables dans les prochaines années grâce à ces technologies, les grandes entreprises du secteur des TIC cherchent à déterminer les orientations les plus porteuses grâce à des esprits créatifs qui ont déjà animé ce secteur par leurs visions imaginaires ou leurs réalisations vidéo-ludiques.

Les entrepreneurs de la Silicon Valley revendiquent de temps à autres l'influence de la science-fiction sur leur activité. Ce genre artistique est très populaire aux Etats-Unis, et particulièrement dans les domaines technoscientifiques. La fonction de la science-fiction dans le secteur spatial est bien connue. Les représentations du futur de la conquête spatiale furent particulièrement influentes et nombreuses pendant la course à l'espace qui s'inscrivait dans les enjeux géopolitiques de la guerre froide. La R&D et l'innovation technoscientifique étaient déjà stimulées et motivées par l'imaginaire. Depuis les années 1980-90, c'est l'informatisation de la société qui s'appuie sur un imaginaire qui propose des visions futuristes et performatives des intelligences artificielles, des ordinateurs, des virus, et de la réalité virtuelle. Si la science-fiction a longtemps proposé des récits présentant des technologies utopiques, ces dernières sont quasi-systématiquement réalisées par la R&D des grands laboratoires. Si bien que la science-fiction n'est plus considérée comme un genre prospectif, mais comme une métaphore de l'activité technoscientifique. De nombreux récits consacrés à l'informatique ont accompagné le développement d'Internet. Des dizaines d'ingénieurs et de scientifiques de ce secteur ont publié des romans ou aidé les réalisateurs de films à proposer des technologies futuristes et crédibles, en rapport avec la révolution technologique qui avait lieu dans leurs centres de R&D. Ces artistes contribuèrent à représenter un futur que la communauté scientifique et les entrepreneurs cherchaient à réaliser et à commercialiser dans le but de changer le monde et de réaliser des profits considérables. Les casques de réalité virtuelle nous intéressent particulièrement. De nombreuses fictions des années 1990 s'intéressaient au virtuel, et des films comme *Le cobaye* (1992) ou *Le cobaye 2* (1996) rendaient populaire une technologie encore inaccessible. En 1999, année de la réalité virtuelle au cinéma, les films *eXistenZ*, *Matrix*, ou *Passé virtuel*, proposaient aux spectateurs de réfléchir à l'éventualité d'une structure artificielle, virtuelle de leur réalité. En se demandant si le monde réel n'était pas une simulation, les auteurs de science-fiction se projetaient dans un lointain futur, et posaient un dilemme aux innovateurs : les technosciences peuvent-elles se passer d'une réflexion éthique, au risque de proposer des technologies potentiellement liberticides, voire aliénantes pour l'esprit humain ? Eugene Thacker s'est intéressé à l'influence de la science-fiction sur les technosciences, particulièrement dans le secteur des biotechnologies. Il a montré que cet imaginaire élabore une futurologie permettant l'émergence d'innovations. Il cite aussi Jean

Baudrillard et Frederic Jameson pour concevoir la science-fiction comme un moyen de critiquer d'éventuels abus ou dérives de la technoscience.

L'arrivée des casques de réalité virtuelle sur le marché motive de nombreux acteurs, qui investissent déjà depuis quelques années dans ce secteur. Ces casques devraient révolutionner la pratique des jeux vidéo dans un premier temps, avant d'optimiser les relations dans les réseaux sociaux. La tâche encore à effectuer par les innovateurs demeure considérable avant de parvenir aux interactions pures et parfaites dans les mondes virtuels immersifs. Le marché de la réalité virtuelle est potentiellement très important. Si ces technologies sont satisfaisantes techniquement pour les consommateurs, elles devraient concerner un grand nombre d'acheteurs potentiels, à l'image de ce qui s'est passé récemment avec les tablettes et les smartphones. Le succès de cette technologie dépendra aussi des contenus proposés aux utilisateurs. Les entreprises du divertissement investissent déjà sans connaître le niveau d'adhésion à cette technologie.

Les applications de la réalité virtuelle sont annoncées comme révolutionnaires pour l'éducation, la science, le tourisme, les médias, et bien d'autres secteurs comme la justice. Il sera par exemple possible de plonger des jurés au cœur d'une scène de crime. Lars Ebert, de l'Institut de médecine légale de Zurich, s'inspira de la technologie de la série *Star Trek* pour nommer son système de reconstitution de scènes de crime en 3D l'« holodeck des experts ». Une prochaine étape sera la création de sensations de toucher. L'haptique est encore à développer, et il s'agit d'une technologie fondamentale pour atteindre le niveau d'immersion virtuelle décrit par les films et romans de science-fiction. Les représentations de la neuroconnexion décrites dans les films *Matrix*, *eXistenZ* et *Avatar*[74] sont encore très futuristes mais servent de modèles à

[74] Dix ans après *Matrix* (1999), le cinéma américain propose une nouvelle histoire impliquant la réalité virtuelle. Dans *Avatar* (2009), qui se déroule en 2154, James Cameron présente une technologie permettant d'agir dans un

des innovateurs qui cherchent avec leurs moyens et leurs connaissances à apporter du progrès et du confort supplémentaires à leurs clients. Intéressons nous désormais aux visions futuristes de deux œuvres de science-fiction qui inspirent directement les entrepreneurs des mondes virtuels.

Les casques de réalité virtuelle dans deux romans

Avant d'étudier de quelle manière le storytelling de cette technologie s'approprie et instrumentalise la science-fiction et l'imaginaire technique, analysons les traits principaux de deux mondes virtuels immersifs aux nombreux points communs et complémentaires, dont l'utilisation de casques pour se connecter à des simulations : le Boulevard du métavers de Neal Stephenson (1992) et l'OASIS d'Ernest Cline (2011).

Le métavers : Un lien social virtuel permis par des lunettes futuristes.

Neal Stephenson a introduit dans l'imaginaire collectif plusieurs notions qui ont contribué à stimuler l'imaginaire des concepteurs de jeux vidéo en réseau. Dans *Le Samouraï Virtuel*, il évoque un équipement permettant de se connecter à un monde

---

autre monde par médiation virtuelle. Jake Sully, un ancien marine en fauteuil roulant est recruté pour se rendre sur Pandora, une planète située à des années-lumière de la Terre. De puissants groupes industriels y exploitent un minerai rarissime dans le but de résoudre la crise énergétique sur Terre. L'atmosphère est toxique sur Pandora. Les humains ont donc créé le programme Avatar, qui permet à des pilotes de lier leur esprit à un avatar, un corps biologique commandé à distance et capable de survivre dans cet environnement hostile. Les avatars sont des hybrides créés génétiquement par le croisement de l'ADN humain avec celui des Na'vi, les autochtones de Pandora. Grâce à cette technologie, Jake peut remarcher et doit infiltrer les Na'vi, qui s'opposent à l'exploitation du minerai.

virtuel fabuleux[75]. L'auteur américain présente le fonctionnement du métavers dans les 100 premières pages du roman. Il s'attarde sur les lunettes[76], qui constituent une interface révolutionnaire avec la réalité virtuelle. Si cette technologie était déjà présente dans certains laboratoires d'informatique depuis quelques années en 1992, date de parution du roman, la description des lunettes de connexion permet d'imaginer les applications d'une telle technologie, notamment en insistant sur le nouveau lien social qu'elle permet potentiellement. Les visiteurs du métavers utilisent des avatars pour interagir entre eux. Stephenson a décrit une société virtuelle dans laquelle il est possible de construire du lien social, annonçant des sites comme Second Life. Ce roman popularisa la notion d'avatar, qui connut un grand succès à partir des années 2000. Mieux, il présentait une technique de connexion aux mondes virtuels révolutionnaire. Au début d'Internet, plusieurs utopies virent le jour. Elles s'opposèrent initialement avant de se croiser pour proposer des applications appréciées par des millions d'utilisateurs. Une vision concevait Internet comme un moyen de créer une démocratie pure et parfaite. Cette technologie allait interconnecter tous les habitants de la planète, qui pourraient communiquer librement et sans limites. La notion d'immersion n'était pas la priorité d'experts pragmatiques qui critiquaient les utopies technologiques les plus radicales. La cyberculture et la science-fiction développèrent des représentations futuristes plus ambitieuses et qui dépassèrent les conceptions de la plupart des prospectivistes. Les lunettes décrites par Stephenson étaient inspirées par des descriptions d'objets techniques déjà élaborés dans des laboratoires de scientifiques-artistes qui vivaient dans

[75] « Les lunettes projettent dans sa vision une brume légère et fumeuse qui reflète une vue déformée au grand-angle d'un boulevard brillamment éclairé dont l'extrémité se perd dans le noir de l'infini. Ce boulevard n'existe pas dans la réalité. Il s'agit de la vision définie par ordinateur d'un lieu imaginaire », Stephenson (Neal), *op.cit.* p. 30.

[76] « Hiro n'est donc pas vraiment là. Il est dans un univers virtuel que son ordinateur projette dans ses lunettes et ses écouteurs. Dans le jargon d'usage, cet endroit imaginaire s'appelle le Métavers », Stephenson (Neal), *op.cit.* p.34.

un futur parfois qualifié de cyberpunk. L'ère des réseaux sociaux fit triompher l'approche des promoteurs de la démocratie informatique. Les promesses des lunettes de connexion à une existence virtuelle orientèrent le débat au début des années 1990, alors qu'Internet venait d'apparaître et que la plupart des acteurs de l'informatique et des télécommunications se demandaient ce qu'allaient devenir les mondes virtuels promis depuis environ une décennie par certains ingénieurs ou futurologues plus ou moins inspirés par des fantasmes et cauchemars de la science-fiction. La technoscience a besoin de l'imaginaire pour concevoir son avenir et orienter ses efforts de recherche et développement. La R&D consacrée aux casques et lunettes de réalité virtuelle fut en partie motivée par des récits de science-fiction. Si les investissements devaient se concentrer sur des perspectives pragmatiques, il fallut quelques récits importants pour stimuler l'innovation en représentant un futur dans lequel la société est différente, car structurée autour d'une invention nodale. La réflexion sur le procédé optimal de connexion aux mondes virtuels génère des représentations multiples. Si la neuroconnexion est le niveau suprême d'accès aux simulations virtuelles et se trouve dans un roman comme *Neuromancien*, et dans le film *Matrix*, le concept d'holodeck, popularisé dans la série *Star Trek* est fréquemment cité comme une référence incontournable par les concepteurs de technologies de virtualisation. Ces technologies encore utopiques n'utilisent pas de casques. Elles ont dépassé ce stade et proposent des perspectives encore inaccessibles. Une autre vision suggère l'avènement d'un réseau de systèmes de réalité virtuelle immersive. Elle demande une maîtrise technique supérieure, et ne pourrait fonctionner que dans quelques dizaines d'années. Internet deviendrait un jeu de réalité virtuelle en réseau ultime. L'ère des lunettes de réalité virtuelle, anticipée par Stephenson et confirmée par Cline, générera un nouveau lien social. Entre les lunettes de connexion au métavers et le casque de connexion à l'OASIS de Cline, vingt ans se sont écoulés. Internet s'est développé très rapidement, et la vision de Stephenson s'est partiellement réalisée. Les mondes virtuels, les réseaux sociaux et les avatars sont devenus omniprésents dans l'existence des internautes. Les lunettes immersives entament leur commercialisation et sont présentées comme une mutation potentiellement révolutionnaire par les stratèges, prospectivistes et innovateurs du système technoscientifique. La somme des imaginaires et des discours d'acteurs multiples poussent les investisseurs les plus puissants (par exemple Facebook, Microsoft, Samsung, Apple, Google, etc.) à innover pour dépasser une science-fiction qui pourtant semble toujours disposer d'un futur d'avance. Le roman de Cline réactive l'imaginaire du virtuel en présentant un monde artificiel auquel des millions d'humains se connectent grâce à des casques de réalité virtuelle ressemblant à ceux promis aux marchés par les grandes entreprises déjà citées.

Le casque de connexion à L'OASIS : une technologie au centre d'une société simulationniste

L'OASIS (Ontologie anthropocentrique simulée, immersive et sensorielle) décrite dans le roman d'Ernest Cline *Player One* est une forme très évoluée de MMORPG (Jeu de rôle en ligne massivement multi-joueurs). En 2044, la Terre est dans un triste état à cause du réchauffement climatique et le héros, Wade, 17 ans, vit dans une caravane avec sa tante. Il passe la plus grande partie de son temps dans le monde virtuel auquel il se connecte grâce à un casque et où il suit sa scolarité et se passionne pour les jeux vidéo. La majeure partie de l'espèce humaine est connectée à cette simulation. Le créateur de ce monde virtuel est décédé. Son immense fortune, 250 milliards de dollars, est mise en jeu. La personne qui parviendra à résoudre des énigmes permettant de trouver les trois clés cachées dans l'OASIS remportera le pactole. Des milliers de personnes se concentrent alors sur cette quête, et beaucoup, comme Wade, sont de véritables geeks, qui connaissent à la perfection les différents jeux vidéo, films, séries TV et les références musicales de la culture pop des années 1980. L'OASIS est le jeu vidéo ultime.

Idéalement, il faut s'y connecter avec des combinaisons haptiques et des lunettes. Ces équipements sont décrits à plusieurs reprises dans le roman, et on découvre que les plus riches peuvent s'en payer de meilleure qualité, ce qui leur donne la sensation de vivre dans une simulation pure et parfaite. Wade, élevé dans la pauvreté, peut acquérir une combinaison haptique et louer un appartement après avoir découvert la première énigme du jeu. La compétition fascine en effet des millions d'humains, et il devient l'objet d'admiration de la part de nombreux geeks. Outre le fait de devenir richissime, la quête des trois clés pose la question du contrôle de l'OASIS. Les geeks dont Wade fait partie, doivent éviter que la puissante entreprise IOI (Innovative Online Industries) s'empare de la fortune du créateur et prenne le contrôle de l'OASIS, qui pourrait alors se transformer en dystopie, en un parc d'attractions au coût excessif, réservé à une élite. Il est expliqué qu'IOI est le plus grand fournisseur d'accès à Internet et qu'il a déjà tenté à plusieurs reprises de réaliser des OPA hostiles sur Gregarious Simulation Systems, GSS, l'entreprise qui gère et qui a créé l'OASIS.

Les utilisateurs doivent choisir un avatar dont l'apparence est réglementée sur certaines planètes, mais qui peut être très original dans les autres mondes virtuels de l'OASIS. La technologie de l'OASIS dépasse celle des MMORPG qui pouvaient jusqu'alors accueillir quelques dizaines de milliers de joueurs simultanément. Il est aussi expliqué que ce monde virtuel est gratuit, car financé par la publicité.

Player One est à la fois une métaphore et une prospective des mondes virtuels existants et à venir. Certains acteurs de ce secteur, principalement aux Etats-Unis, s'inspirent des romans et films de science-fiction pour générer des mondes virtuels à la hauteur des exigences et des aspirations des utilisateurs. Les romans et films évoqués sont en effet souvent appréciés par les geeks, qui passent pour certains un temps considérable dans les mondes virtuels. Les innovateurs sont challengés par ces fictions. Ils ont pour objectif de proposer des technologies permettant de réaliser, voire de dépasser la fiction. Les critiques sont d'ailleurs là pour évaluer l'intérêt des innovations dans les revues spécialisées et dans les médias en général. Ils n'hésitent pas à critiquer des inventions trop éloignées de rêves technologiques développés sous une forme fictionnelle. Les technologies décrites dans *Player One* sont directement inspirées par les prototypes présentés par Jaron Lanier au milieu des années 1980. Ce pionnier de la réalité virtuelle a considérablement inspiré les innovateurs et dévoile de temps à autres ses craintes et espoirs pour le devenir des mondes virtuels. Il serait donc erroné de considérer la fiction comme l'initiatrice exclusive de l'innovation. On assiste plutôt à un dialogue permanent entre les différents acteurs de processus d'innovation complexes, même si l'influence de la science-fiction est mieux assumée et encouragée aux Etats-Unis que dans le reste du monde.

Une métaphore des débats sur les innovations techniques

L'émergence d'une innovation technologique suscite inévitablement des peurs et des fantasmes exprimés de différentes manières par des acteurs multiples de la société. L'Oculus Rift depuis 2014, et plus généralement les équipements de réalité virtuelle immersive génèrent depuis les années 1980 de nombreuses réflexions. Les observateurs fondent dans cette technologie de grands espoirs, souhaitant qu'elle révolutionne les relations humaines. D'un point de vue positif, ces équipements sont considérés comme des outils au service d'interactions virtuelles permettant par exemple de communiquer avec des connaissances très éloignées avec l'impression d'être en présence de ses amis, de sa famille, ou autres. D'un point de vue négatif, de nombreux acteurs craignent que cette technologie nuise à l'équilibre psychique des utilisateurs. Cline décrit par exemple des héros aux facultés extraordinaires dans l'OASIS, mais qui rencontrent des difficultés à s'insérer socialement. De nombreux romans traitant de la réalité virtuelle abordent ce thème. Les héros des mondes virtuels sont souvent décrits comme des marginaux, à l'instar de Case dans *Neuromancien*, ou d'Hiro Protagoniste dans *Le Samouraï Virtuel*. La réalité virtuelle fut d'ailleurs décrite par certains psychologues ou philosophes comme une « schizo-technologie », principalement à ses débuts, alors que son potentiel n'était pas encore totalement évalué. Dans *Critique de la Communication*, Lucien Sfez évoque une pathologie, le tautisme, propre à des sociétés de communication qui finissent par ne plus savoir communiquer. A mesure que les technologies de communication évoluent, on assiste à l'émergence de nouveaux discours. De nombreux scientifiques et psychologues estiment que la réalité virtuelle pourrait aider des patients à guérir de leurs pathologies psychiques. Les discours sur les TIC sont ambivalents, et l'imaginaire qui les accompagne est lui aussi très complexe. Les films et romans sur la réalité virtuelle sont des métaphores d'une réalité technique mais aussi des anticipations de problèmes éthiques à venir. On peut alors parler de la science-fiction comme d'une *métaphore génératrice*.

Les romans et films évoqués dans ce livre s'inspirent de découvertes scientifiques présentées par des ingénieurs ou des techniciens. Ils proposent aussi des récits qui dépassent ces découvertes et la rationalité scientifique pour présenter des descriptions de mondes futurs dans lesquels les technologies utopiques influencent le récit. On peut considérer qu'ils contribuent au développement des innovations en proposant des termes nouveaux qui entrent dans le langage technique, puis dans le langage commun après quelques années. Ils sont appréciés par les *leaders d'imaginaires*, principalement des geeks californiens dans un premier temps, avant, pour les plus pertinents, de connaître un succès mondial.

Gilbert Hottois, inventeur du terme « Technoscience » dans les années 1970, est aussi un philosophe qui s'intéresse à la science-fiction. Il considère que ce genre est utile à la philosophie. Il a consacré plusieurs livres à ce sujet. Il confirme que la science-fiction a une fonction métaphorique dans les sociétés techniciennes. La métaphorisation de l'innovation technoscientifique est « génératrice », ou performative. Elle n'a pas pour seule fonction de représenter le présent. Elle propose aussi un imaginaire futuriste en situant souvent l'action de la fiction dans l'avenir. Cette spécificité permet d'ailleurs de temps à autres de souligner le talent prospectif d'un auteur qui aurait quelques années ou quelques décennies auparavant décrit avec plus ou moins de précision un évènement ou l'avènement d'une innovation.

Le succès de la science-fiction a contribué à l'entrée dans une ère technoscientifique. Elle vulgarise les théories scientifiques dans des récits évoquant souvent les conséquences positives ou négatives du progrès technique. Il est souvent admis que le terme technoscience définit un système dans lequel la recherche scientifique est soumise aux impératifs de rentabilité à court ou moyen terme et à la commercialisation de technologies. L'innovation technique est d'ailleurs stimulée par un imaginaire formaté dans le but de satisfaire les aspirations du système productif. Il n'est pas étonnant de remarquer que l'anticipation d'une nouvelle vague d'innovations se trouve dans la littérature ou au cinéma, principalement d'origine américaine. Le capitalisme a besoin de médiatiser ses nouveautés et de stimuler l'attente d'innovations chez les consommateurs. Les individus attendent toujours de nouveaux objets techniques. Le système est si bien organisé qu'il délègue à certains individus les fonctions de futurologues, de prospectivistes, et d'auteurs de scénarii de science-fiction légitimant le financement de programmes de recherche et développement. Le système technoscientifique anticipe et médiatise le progrès technique, tout en évitant de reconnaître l'existence de gourous ou de devins trop fréquemment. Certains auteurs, comme Gibson, Stephenson et Cline sont pourtant érigés au rang de prophètes bien que certains refusent ce qualificatif.

Le placement de technologies utopiques

La science-fiction procède d'une façon particulière pour décrire le futur. Elle utilise une technique proche du placement de produit dans ses récits, alors même que ces objets ne sont pas encore commercialisés. Les romans *Le Samouraï Virtuel* et *Player One* présentent des technologies permettant d'accéder à des mondes virtuels immersifs. Dans le cas de *Player One*, seuls des prototypes des casques immersifs existaient lors de la publication du livre. Le roman ne cite pas d'entreprises ou de produits existant dans la réalité. Il fonde pourtant son récit sur la commercialisation dans un futur proche (l'action débute en 2044) de casques immersifs et de combinaisons haptiques. Il s'agit de développer une représentation d'un futur dans lequel l'action est conditionnée par l'utilisation d'une technologie utopique. Il apparaît cependant que les casques de réalité virtuelle existaient déjà puisque le créateur de l'Oculus Rift les collectionnait avant de proposer un prototype.

Les auteurs de science-fiction participent à la préparation psychologique des marchés en plaçant dans leurs œuvres des technologies utopiques. La biométrie, la télévision, l'informatique, la robotique, sont des exemples de technologies présentées dans la science-fiction bien avant leur commercialisation. Il s'agit d'un phénomène qui dépasse la simple vulgarisation scientifique. Les œuvres de science-fiction sont au service des technosciences en stimulant l'imaginaire technique de consommateurs qui aspirent à l'acquisition de biens dont la mise au point repose sur l'innovation, et la mise en place de politiques de R&D très coûteuses et pour lesquelles la rentabilité escomptée est une motivation.

Les interfaces hommes-machines contribuent à conférer aux récits leur dimension futuriste. La plupart des films de science-fiction montrent des personnages utilisant des ordinateurs ou des moyens de communication encore à inventer. Ils sont souvent inspirés par les recherches les plus récentes et extrapolent des applications encore à mettre au point. Ces technologies utopiques demandent parfois l'intervention d'effets spéciaux. Les innovateurs sont alors stimulés par ces modèles imaginaires. Les consommateurs sont fascinés par ces images et attendent leur commercialisation. L'imaginaire contribue à susciter le désir et à façonner les innovations.

Les romans et films de science-fiction génèrent donc une attente d'innovations en procédant à une forme de *placement de technologies utopiques*. Sans pour autant citer des marques précisément, ils contribuent à la construction des attentes. C'est la raison pour laquelle il est intéressant de consulter quelques études sur la perception des placements de produits afin de définir de quelle manière fonctionne le processus d'adhésion aux technologies utopiques. Gupta et Gould ont par exemple montré que l'acceptabilité du placement de produits varie en fonction des produits présentés. Dans une enquête réalisée auprès de 1012 étudiants, ils expliquent que le tabac, les armes ou l'alcool sont moins bien acceptés que d'autres produits. Le public fonctionne avec des filtres éthiques et n'est pas prêt à tout accepter pendant ses moments de distraction. Il est en revanche très réceptif sur d'autres produits, notamment technologiques, susceptibles de faciliter sa vie quotidienne, par exemple. Dans le cas qui nous intéresse, les casques de réalité virtuelle sont présentés comme un véritable progrès permettant de dépasser sa condition sociale en excellant dans les mondes virtuels. Il est rare de voir ce type de produits sous un angle négatif, même si les romans que nous avons présentés évoquent aussi les risques et périls pour l'identité, notamment des adolescents. S'il est un peu excessif d'évoquer un placement de produits dans ces romans, dans la mesure notamment où ces œuvres inspirent les innovateurs, nous proposons de qualifier cette pratique le *placement de technologies utopiques* à l'interface des recherches les plus avancées dans un secteur, et du désir de consommateurs contribuant à stimuler les recherches et les investissements vers certaines trajectoires. Si la science-fiction a contribué à la popularisation des technosciences au vingtième siècle, elle prouve encore au début du vingt-et-unième qu'elle est capable de capitaliser un stock de représentations de technologies futuristes contribuant à la commercialisation de casques de réalité virtuelle, et de mondes virtuels promis par les utopistes depuis quelques décennies.

Le marché des mondes virtuels stimulé par la science-fiction

Le terme *métavers*, qui désigne les mondes virtuels, est entré dans le langage courant, comme le *cyberespace* inventé par William Gibson en 1983 dans le roman *Neuromancien*. Il a été introduit dans le roman *Le Samouraï Virtuel*, de Neal Stephenson, comme nous l'avons déjà mentionné. Franck Beau distingue trois étapes dans l'invention des mondes virtuels. La première est l'âge de l'imaginaire, dans lequel le virtuel est évoqué dans des films et romans, comme *Tron*, ou *Matrix*. Le deuxième âge est l'âge technologique lors duquel les innovateurs interviennent et expérimentent des prototypes. Le troisième âge est l'âge sociétal, qui a vu l'émergence des mondes virtuels en réseaux, ou « mondes persistants ». Les mondes virtuels renvoient souvent aux univers de films et romans devenus cultes au sein d'une culture geek désormais globale. Dans le livre *Les métavers, dispositifs, usages et représentations* (2015), François-Gabriel Roussel cite notamment *Le seigneur des anneaux*, *Star Wars*, *Tron*, *Total Recall*, *Nirvana*, *Matrix*, *Inception* ou *Avatar*. Il estime aussi dans la conclusion de son livre que « l'invention des mondes virtuels en 1996 est comparable à la découverte de l'Amérique en 1492 ». L'accroissement de la puissance de calcul des ordinateurs et des intelligences artificielles laisse rêveurs les acteurs de ce secteur. Les économistes, les créateurs de contenus et les chercheurs en informatique se trouvent dans une situation particulière. Ils peuvent créer des mondes virtuels à l'infini et doivent développer leur imaginaire pour concevoir des univers adaptés à tous les goûts dans la limite de la légalité. Des auteurs comme Stephenson et Cline sont très utiles à ce projet collectif car ils proposent des applications concrètes à ces technologies encore un peu utopiques.

Le problème principal pour une technologie qui cherche à s'affirmer est de trouver son modèle économique. La publicité a ainsi permis de développer Internet. Cline explique aussi que l'OASIS est gratuit. Le roman *Player One*, bien que de science-fiction, est très réaliste. Il s'appuie sur une très bonne connaissance de la pop culture des années 1980, et des mondes virtuels. En décrivant le jeu vidéo du futur, il s'ancre dans des tendances lourdes et il est aisé d'imaginer l'OASIS car il ne s'agit pas d'une technologie de rupture. Les concepteurs et gourous des mondes virtuels immersifs promettent depuis les années 1980 et les inventions de Jaron Lanier une technologie du virtuel qui dépasserait une réalité devenue invivable pour des raisons diverses. Chez Cline, les humains fuient le réchauffement climatique et une crise énergétique mondiale. Stephenson décrit un monde réel dominé par les mafias et les multinationales. Autre exemple, francophone cette fois-ci : Jean-Michel Truong explique dans *Le Successeur de pierre* que les survivants de l'Humanité doivent vivre dans une réalité virtuelle (des cocons) pour éviter d'être contaminés par un virus mortel.

La fiction s'appuie sur des données réelles et contribue à concevoir le futur. La plupart des innovations technologiques depuis les débuts de la révolution industrielle ont suscité des passions, des rêves et des cauchemars. La science-fiction est apparue au début du dix-neuvième siècle, mais elle n'a connu un réel engouement qu'à partir de son développement aux Etats-Unis au vingtième siècle. Le système technoscientifique a besoin de l'imaginaire technique car ce dernier constitue une interface entre les travaux des scientifiques et les aspirations des consommateurs.

Les technosciences et l'imaginaire de la réalité virtuelle

La question du rôle de l'imaginaire dans le processus d'innovation technoscientifique renvoie au type de rationalité dominante d'un système. Comment expliquer qu'une grande partie des représentations science-fictionnelles ou de l'imaginaire technique se développe dans les pays anglo-saxons, et principalement aux Etats-Unis, où les innovations les plus radicales voient le jour ? Pourquoi l'Europe, par exemple, ne produit elle que peu de fictions futuristes, et passe aussi à côté de certains progrès technoscientifiques ? La science-fiction et l'imaginaire participent pourtant au développement du système technique, dans lequel la nature de la rationalité dominante pose question. Le système technoscientifique européen, un des plus innovants du monde, ne développe pour l'instant que de rares prototypes de casques de réalité virtuelle, alors que plusieurs entreprises américaines et japonaises se partagent un marché prometteur. Si l'imaginaire est effectivement conçu comme un élément central de l'innovation, comme de nombreux acteurs le suggèrent, est-il suffisamment récompensé et incité en France et en Europe ? Des blocages philosophiques datant du Moyen Age expliquent que l'imaginaire soit considéré avec scepticisme par le rationalisme dominant, bien que cette situation ait évolué, notamment avec les mouvements émancipatoires des années 1960 qui prônaient « l'imagination au pouvoir ». Notons que la science-fiction est très peu étudiée dans les universités françaises, alors que de nombreux chercheurs associés à des artistes et écrivains proposent de multiples cours, séminaires et conférences aux Etats-Unis, d'où proviennent les fictions dominantes, notamment dans le secteur de la réalité virtuelle. Sans opposer deux systèmes qui collaborent par ailleurs dans de nombreux projets, il est important de s'interroger sur les raisons et sur les conséquences d'un manque d'intérêt pour l'imaginaire technique dans un système technoscientifique qui s'étonne régulièrement de l'absence de grandes entreprises françaises et européennes dans les secteurs d'Internet, de la réalité virtuelle, et plus largement des TIC. Par ailleurs, une incitation à développer l'imaginaire technique des élèves, étudiants et chercheurs français et européens permettrait de stimuler une *rationalité fabulatrice* potentiellement porteuse d'un esprit innovant. Une meilleure connaissance de l'imaginaire des laboratoires technoscientifiques passe par la réalisation d'enquêtes dans la lignée de la sociologie de l'innovation.

L'imaginaire technoscientifique participe à l'innovation à plusieurs niveaux. A l'origine, il proviendrait, selon les freudiens, d'un désir refoulé. La technologie permet de dépasser les limites de l'homme. La science contribue à une meilleure connaissance et à une maîtrise optimisée de la nature. Le système technoscientifique exploite l'imaginaire en mettant au point des objets ou des processus en relation avec le désir des consommateurs. Si certaines critiques regrettent l'assujettissement de la science à la technique, et au capitalisme néolibéral, d'autres considèrent ce système comme le moyen d'assurer le progrès de l'Humanité. L'arrivée des casques de réalité virtuelle sur les marchés est symptomatique d'un processus d'innovation spécifique apparu dans les années 1960-70, c'est-à-dire au début de l'ère technoscientifique.

Les casques de réalité virtuelle furent représentés à partir des années 1980 dans les films et romans de science-fiction, suscitant un immense désir chez les fans de technologies et d'effets spéciaux. Les fictions suggéraient l'avènement de jeux et de programmes qui allaient révolutionner l'industrie des jeux vidéo. A l'époque, les réseaux sociaux n'existaient pas encore, et il n'était pas envisagé de pouvoir développer une vie sociale sur Internet ou dans des mondes virtuels qui ne connurent le succès qu'une fois les technologies devenues matures, à partir des années 2000. Les métavers, les avatars, et les casques de réalité virtuelle n'en sont encore qu'à leurs débuts. Si la loi de Moore est respectée, il sera possible dans quelques années de vivre dans des mondes virtuels une vie sociale au moins aussi riche que dans la réalité. Si la fiction de Stephenson introduisait les mondes virtuels avec les avatars de type Second Life, le monde imaginaire de Cline fait des casques de réalité virtuelle les objets centraux d'une nouvelle forme de civilisation. Ces récits ne sont cependant pas les plus utopistes. Ils décrivent la civilisation dans les prochaines décennies, sans que les casques de réalité virtuelle soient présentés comme une finalité totalement satisfaisante. Il s'agit probablement d'une phase transitoire, avant que des technologies encore plus radicales apparaissent, comme l'holodeck de la série *Star Trek*, ou la neuroconnexion.

Il est admis que la télévision, puis les ordinateurs, ont révolutionné les comportements et le rapport au savoir et à la culture des humains. Les équipements de réalité virtuelle pourraient permettre d'entrer dans une nouvelle ère. Pour bien comprendre les mutations en jeu, le recours à la fiction est indispensable. Les industriels ne peuvent pas commercialiser des technologies sans avoir imaginé auparavant les conséquences et les usages relatifs à leur diffusion. Les études de marchés tiennent compte autant de données pragmatiques que de facteurs plus volatils, comme les rêves des consommateurs potentiels. Il est à ce titre intéressant de constater que les livres et romans de science-fiction qui connaissent un certain succès sont autant la conséquence que le point de départ de la R&D de certains laboratoires. L'imaginaire des ingénieurs est technoscientifique dans la mesure où il correspond aux aspirations pragmatiques des innovateurs. Les investisseurs ne cherchent pas uniquement à réaliser des découvertes détachées de tout intérêt économique. Si certains romans connaissent le succès avec, dans leur histoire, des références à certaines technologies, et que ce phénomène devient récurrent et caractérise plusieurs œuvres, alors il est légitime de s'interroger sur le développement et la commercialisation de ces technologies utopiques.

Il est intéressant de constater que les casques de réalité virtuelle furent développés pendant environ trente ans avec peu de moyens, par des ingénieurs et artistes peu reconnus, qualifiables de cyberpunks dans leur approche de la découverte et de l'innovation. Le livre de Neal Stephenson *Le Samouraï*

Virtuel amorçait d'ailleurs le courant postcyberpunk, succédant, comme son nom l'indique au courant cyberpunk. Le romantisme et l'héroïsme des héros de Cline font de son récit une œuvre inclassable, bien qu'inspirée par la volonté de lutter contre le pouvoir des multinationales, comme chez les cyberpunks, tout en souhaitant devenir le propriétaire d'une grande entreprise diffusant le jeu vidéo ultime, l'OASIS. Un des thèmes récurrents de la science-fiction est la lutte contre la dictature et les totalitarismes. Les auteurs de romans et de films sur le futur des mondes virtuels posent souvent la question du contrôle de ces univers, qui sont appelés à prendre une place croissante dans la vie quotidienne des consommateurs. Si les auteurs de science-fiction sont souvent à l'avant-garde de grandes mutations technoscientifiques, il est probable que le succès des casques de réalité virtuelle dépendra autant de la qualité technique de ces objets, et donc du travail des ingénieurs, que de la réception des œuvres des artistes qui ont contribué à populariser les représentations du futur des mondes virtuels.

Le cas des métavers

Le livre *Les métavers, Dispositifs, usages et représentations*[77] s'intéresse aux théories récentes des *métaversalistes*, terme créé par François-Gabriel Roussel pour désigner les chercheurs qui étudient les métavers. Il établit une distinction entre ces univers simulés et les jeux vidéo. Les métavers furent imaginés par la science-fiction depuis les années 1960, puis se développèrent sur Internet à partir de 1996. En 2010, il en existait environ 1000. Selon Roussel, les jeux vidéo tendent à se développer de plus en plus en ligne et à devenir des métavers. L'ouvrage présenté propose les interventions les plus remarquables d'une

[77] Pequignot (Julien) et Roussel (François-Gabriel) (dir.), *Les métavers, Dispositifs, usages et représentations*, Paris, L'Harmattan, 2015

journée d'étude organisée en 2014 à l'Université Sorbonne Nouvelle.

Claude Meyer, dans une contribution intitulée « Les métavers entre théophanie et ontophanie » propose d'établir une généalogie des technologies qui ont permis la création de métavers. Il s'intéresse à l'histoire de l'informatique et estime, dans une perspective kantienne, que la révolution numérique est aussi une révolution phénoménologique, car elle modifie les perceptions des utilisateurs. Il s'inscrit aussi dans la continuité de Michel Foucault pour décrire les innovations récentes comme des technologies de l'esprit, voire comme des technologies de l'imaginaire. Il emprunta le concept d'ontophanie à S. Vial, qui le développa dans *L'être et l'écran*. Meyer remonte à la pensée des cybernéticiens, au paradigme calculatoire à la « LSD Connection » particulièrement influente en Californie dans la lignée du mouvement hippie et à l'origine du transhumanisme, dont une partie de la philosophie consiste à promouvoir l'immortalité cognitive par le transfert spirituel dans des mondes virtuels. Le film *Tron*, est aussi présenté comme un élément fondateur dans l'histoire des métavers. Meyer évoque l'importance du roman de William Gibson *Neuromancien*, qui développait en 1983 le concept de cyberespace, devenu par la suite très utile aux informaticiens pour concevoir les mondes simulés. Mais c'est dans le roman *Snow Crash*, de Neal Stephenson, que fut utilisé pour la première fois le terme *métavers*, en 1992. Quatre ans plus tard, les premiers jeux en ligne, ou métavers apparaissaient. Meyer propose de dépasser le terme virtuel, devenu obsolète, pour le remplacer par la formule « informatiquement simulé (monde IS) ». Il conçoit l'avènement des métavers et des innovations, notamment dans le secteur des objets connectés, comme de nouvelles étapes vers un nouvel état phénoménologique : « Tout se passe comme si, d'un point de vue phénoménologique, nous étions dans un immense ARG, un Alternate Reality Game, un jeu en réalité alternée que l'on pourrait appeler *Tron* et qui lierait le monde réel et le monde fictionnel (...)[78]».

Dans le chapitre « L'avatar, le double et la mort dans les mondes virtuels vidéoludiques », Fanny Georges s'intéresse à l'expérience de la mort dans les jeux vidéo. Elle s'appuie sur les travaux d'Edgar Morin dans *L'Homme et la mort* et de Louis-Vincent Thomas dans toute son œuvre pour analyser ce phénomène. L'avatar est perçu comme un double de l'humain associé à l'immortalité, mais par lequel le joueur fait aussi l'expérience de la mort. Louis-Vincent Thomas fut le fondateur d'une science étudiant les représentations de la mort, la thanatologie, en s'appuyant sur des récits contemporains comme la science-fiction. La thanatosémiologie s'intéresse aux imaginaires et symboles associés à la mort. Fanny Georges cite Thierry Jandrok qui explique que les joueurs sont dans un état de « transe cybernétique », « ni morts ni vivants », les jeux se caractérisant par leur « structure hypnotique aux effets addictifs[79] ». Elle estime que le jeu vidéo permet une expérience ludique de la mort à la première personne. Serge Tisseron pense que cette pratique n'est pas immorale ou dangereuse car les avatars permettent aux joueurs de « mettre en scène leurs angoisses d'abandon, de mort, de se familiariser avec elle et de la dépasser[80] ». Il s'agit d'une métaphore de l'adolescent qui devient adulte et ce rite de passage permet de « faire mourir une partie de soi dont le sujet veut se débarrasser[81] ». Les avatars peuvent être utilisés comme des « médiateurs thérapeutiques » entre le psychologue et le patient. Fanny Georges conclut son article en estimant que les imaginaires de la mort dans les jeux vidéo permettent de « maîtriser la mort et de l'apprivoiser[82] ».

L'article de David Peyron s'intitule « Le dedans et le dehors : comment la pratique des univers virtuels se construit au sein

---

78 *Ibid*, p. 40
79 *Ibid*, p. 62
80 *Ibid*, p 68
81 *Ibid*, p. 68
82 *Ibid*, p. 71

d'un vaste répertoire de pratiques et de références culturelles ». Il explique que les mondes virtuels décrits dans la science-fiction ont depuis leur apparition généré des réactions contrastées. Ils sont célébrés par une partie des utopistes de l'immersion, mais aussi décriés comme vecteurs d'une fuite du réel et d'une désocialisation telles que présentées dans les dystopies cyberpunks[83]. L'auteur a effectué une thèse qui explorait « les modalités de l'émergence d'une identité et d'une sous-culture de fans nommée culture geek[84] ». Cette culture est le produit de la rencontre des imaginaires de la science-fiction et de la fantasy avec les technologies numériques et l'informatique. Cette thèse repose sur cinquante-trois entretiens semi-directifs qui visaient à déterminer l'affiliation identitaire des individus à la culture geek, et principalement à l'imaginaire de la science-fiction et de la fantasy. David Peyron montre que cette culture geek permet à la pratique d'univers virtuels de ne pas être isolante et simpliste mais de s'inscrire dans un ensemble vaste et irréductible d'éléments en interaction.

François-Gabriel Roussel s'intéresse aux « IHM et ICM dans les métavers, à travers le cinéma ». Il part du constat que les métavers ont été imaginés dans les années 1960 par les auteurs de romans de science-fiction, comme Daniel F. Galouye qui publia *Simulacron 3* en 1964. Un des premiers métavers fut *Le Deuxième Monde* (1997), ancêtre français de *Second Life*. F-G. Roussel propose une étude des différents moyens techniques imaginés pour se connecter aux métavers. Il s'est livré à une étude à la fois diachronique et synthétique des moyens techniques relevant des IHM (Interfaces Homme-Machine) ou des ICM (Interfaces Cerveau-Machine). Il élargit d'ailleurs son enquête aux films dans lesquels les personnages utilisent des technologies leur permettant d'accéder à l'inconscient des autres (*Inception*) ou de se faire implanter des souvenirs (*Total Recall*). L'auteur établit une typologie à partir d'une trentaine de films de science-fiction plus ou moins connus. Il évoque

---

[83] *Ibid*, p. 75
[84] *Ibid*, p. 77

notamment les implants neuronaux, la dématérialisation et la numérisation vers les métavers, des avatars humains ou biologiques télécommandés ou encore des nanocellules implantées. Les réalisateurs de films de science-fiction ont manifesté un imaginaire très riche qui participe aux représentations des technologies du futur. Pourtant, Roussel estime qu'« aujourd'hui, réalité et fiction se rejoignent de plus en plus, et le cinéma en témoigne[85] ». Il affirme même que « les IHM et ICM, que l'on voit maintenant dans les films sur les métavers, ne font que reprendre des technologies existantes[86] », ce qui pose des questions éthiques.

Cet ouvrage est intéressant à de nombreux titres. Il montre notamment l'influence de l'imaginaire, par exemple de la science-fiction, sur la création des métavers. Ces mondes simulés stimulent aussi l'imaginaire de leurs utilisateurs et de nouvelles formes de liens sociaux émergent, posant des problématiques psychologiques et sociologiques aux experts en mondes simulés. Si les études sur les métavers sont encore trop peu nombreuses, cet ouvrage propose des pistes stimulantes pour un domaine de recherche qui pourrait devenir stratégiquement important pour comprendre par exemple les orientations psychiques d'individus de plus en plus nombreux à développer un lien social spécifique dans les mondes simulés.

[85] *Ibid*, p. 155
[86] *Ibid*, p. 155

Chapitre IV

La théorie des technotypes

D'où viennent les idées nouvelles à l'origine des innovations? De la théorie des idées de Platon à la recherche des archétypes de l'inconscient collectif jungien, comment s'organisent les idées primitives constitutives de l'esprit humain ? Les archétypes humains sont-ils spécifiques à cette espèce, ou sont-ils communs aux animaux? Est-il possible de les cartographier, selon quelle méthode? Les archétypes sont-ils inconnaissables, tout en demeurant influents dans la construction des identités? Notre recherche s'intéresse à un type d'idée bien particulier, la pensée technique, qui semble être une spécificité humaine.

Quelles sont les circonstances d'émergence d'un nouveau concept technique ou scientifique? S'agit-il d'une préconception imaginaire dans tous les cas, renvoyant à des technotypes qu'il s'agit de cartographier, ou d'une expérience rationnelle elle-même génératrice de nouveaux technotypes ? Ainsi, constate-t-on dans l'histoire des technosciences une apparition de nouveaux technotypes liés à des découvertes en rupture avec ce qui est déjà connu ? Les technotypes sont-ils universels et intangibles, ou sont ils spécifiques à la civilisation industrielle ?

L'hypothèse proposée est qu'une téléologie technoscientifique est présente dans l'esprit humain depuis plusieurs millénaires. Inconsciemment l'Humanité travaille collectivement dans le but de réaliser un dessein universel. Elle découvre progressivement de nouvelles idées, de nouveaux concepts, des technotypes. Les grandes innovations fonctionnent en grappes, comme l'explique Schumpeter. Les innovations matricielles, motrices de processus collectifs de recherche et de découverte, renvoient à des idées primitives. Les grandes innovations dans l'Histoire renvoient à quelques grands technotypes. Ces derniers peuvent-ils être considérés comme des imaginaires primordiaux ? L'imaginaire vient-il plutôt complexifier et influencer les technotypes pour générer des sous-technotypes eux-mêmes générateurs d'innovations secondaires ? Par exemple, le technoptype du simulacre est très ancien. Il remonte notamment à l'invention de la fiction et du théâtre. Il a servi de matrice imaginaire à l'invention de théâtres améliorés, comme le cinéma, la télévision, puis Internet et la réalité virtuelle. L'imaginaire primordial du simulacre a généré des innovations dont la téléologie est encore à définir. Les auteurs de science-fiction participent au développement d'un imaginaire futuriste stimulant d'un côté la recherche des téléologies technoscientifiques, mais aussi la création de sous-technotypes, comme les technologies utopiques.

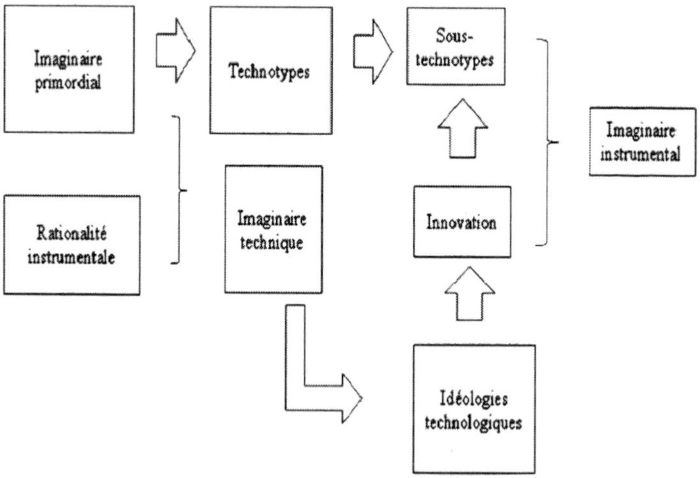

Fig. 1. Le technotype, de l'imaginaire à l'idéologie

L'histoire des techniques révèle les technotypes à mesure que les innovations permettent de modifier les conditions d'existence. La connaissance de la psyché primordiale est corrélative des découvertes technoscientifiques. Une innovation est la conséquence de plus en plus lointaine de l'imaginaire primordial, archétypal. Il pourrait être de plus en plus complexe d'avoir accès aux origines de l'imaginaire technique à mesure de sa complexification. Pourtant, il s'avère qu'une meilleure connaissance de l'histoire des techniques mène à un accroissement de la maîtrise des processus de création, de créativité et de gestion des inventions et des innovations. La cartographie des technotypes et des sous-technotypes nécessite une méthode scientifique dont l'archétypologie et la mythanalyse développées par l'équipe de Gilbert Durand constituent le fondement.

La question d'une forme d'ADN des innovations, et de l'imaginaire, se pose. Existe-t-il une finalité technologique à laquelle participerait l'Humanité en élaborant une technosphère de plus en plus complexe et qui menace de la dépasser ? Le débat sur l'impact de l'intelligence artificielle sur l'Humanité est à mettre en relation avec une forme d'angoisse liée à l'inconnaissance des conséquences et du futur des inventions technologiques. La science-fiction joue depuis environ 200 ans le rôle de prophète et d'imaginaire technique dans les sociétés industrialisées. Elle est particulièrement active et influente pendant les périodes d'accélération de l'innovation. Son développement le plus spectaculaire a eu lieu pendant l'entre deux guerres, puis n'a cessé d'accompagner la diffusion de technologies toujours plus surprenantes et fascinantes. Pensons par exemple à la télévision, à l'aviation, à Internet, et tant d'autres. Les technologies utopiques apparaissent pour accompagner et médiatiser le développement d'une innovation. Les technotypes sont déjà présents dans la psyché humaine et nous suggérons qu'il devient nécessaire de les décoder, comme l'ADN a été décrypté en biologie. A l'origine de tous les technotypes se trouve probablement une technologie fondamentale, projet inconscient de l'Humanité, sur Terre ou au-delà. Nous avons émis dans un roman, *Cosmoweb*, l'hypothèse selon laquelle l'Humanité devait créer une technosphère pendant plusieurs millénaires faisant de la Terre un vaisseau spatial capable de survivre à la mort programmée du soleil dans plusieurs milliards d'années. Cette expérience de pensée en appelle beaucoup d'autres. Inciter les individus à créer et à développer leur imaginaire technique permet de mieux comprendre le contenu et le fonctionnement des technotypes, et de découvrir le technotype fondamental.

Méthodologie de la cartographie des technotypes

Après le décryptage du génome humain, les scientifiques se penchent sur la connaissance du cerveau. La recherche de l'origine de l'imaginaire et de la pensée constitue un enjeu qui nécessite des moyens techniques importants. Etudier la science-fiction est un moyen d'accéder à une forme d'imaginaire, technique et scientifique, qui révèle les aspirations et les craintes de l'Humanité. Il est d'ailleurs possible de concevoir une science-fiction comme l'émanation d'un imaginaire purement individuel, bien qu'inspiré par un imaginaire collectif. Ce dernier est d'ailleurs très intéressant car il structurerait les imaginaires individuels, orientés par une puissance collective maîtresse de finalités pour l'instant inconnaissables pour l'Humanité, à l'exception de quelques prophètes dont nous étudierons la psychologie et les spécificités en relisant saint Thomas d'Aquin.

Que faire d'un récit futuriste mettant en scène des technologies utopiques dans le cadre de recherches sur l'imaginaire?

Dans un premier temps, il convient d'évaluer de quel type de prophétie il s'agit. Est-elle créée par Dieu ou par des démons dont le but est de corrompre l'esprit humain? Bon nombre de récits mettent en scène des antihéros ou des personnages peu recommandables. Il est fréquent de constater des scènes très violentes qui pourraient rebuter le lecteur ou le spectateur. Pourtant, il faut faire un effort intellectuel pour distinguer dans une dystopie la présentation de technologies pour l'heure inexistantes ou irréalisables. Le prophétisme technologique développé dans la science-fiction est original dans la mesure où il s'évertue à brouiller les pistes. Bien que se situant dans le futur, l'action semble le plus souvent probable. Le lecteur ou le spectateur peut facilement guider son esprit critique pour apprécier la fiction à différents degrés d'analyse. Les films à priori négatifs n'en demeurent pas moins moraux, dans la mesure où ils s'interrogent sur les risques de dérives relatives à l'appropriation d'innovations par des êtres négatifs comme des despotes ou des criminels.

Il est donc nécessaire de répertorier les technologies utopiques de tous les récits, afin de les classer par catégories technologiques. Par exemple, les différents systèmes de réalité virtuelle décrits dans les science-fictions appartiennent au groupe de l'informatique. Le technotype fondamental est le simulacre. Il a connu de nombreuses mutations vers des sous-technotypes, au point de renvoyer à l'hypothèse totalisante d'un monde réel qui ne serait lui-même qu'une simulation informatique.

Dans un deuxième temps, il est nécessaire d'intégrer ces récits dans un contexte culturel. Quelles sont les zones qui produisent les technologies utopiques? Pourquoi certaines cultures créent sans cesse de nouvelles technologies et de nouveaux sous-technotypes alors que les technotypes sont censés être universels? La culture technique exploite le potentiel des technotypes. D'autres cultures se moquent de cette approche et privilégient l'exploitation des archétypes identitaires tels que définis par Jung.

La pensée technique, théorisée notamment par Leroi-Gourhan, est une spécificité humaine. Jung estimait que les animaux partagent avec l'Humanité les archétypes fondamentaux. En ce qui concerne les technotypes, qu'est-ce qui explique leur développement dans les cultures humaines uniquement, et plus spécifiquement dans certaines cultures technicistes ?

L'élaboration de nouveaux sous-technotypes est souvent à l'origine de mutations majeures comme les révolutions industrielles. Les peuples ou les classes sociales qui inventent, s'approprient ou contrôlent les innovations prennent aussi souvent le contrôle politique de la société qui en dépend.

Un cycle économique est souvent stimulé à l'origine par une innovation, elle-même dérivée d'un imaginaire technique émanant de sous-technotypes créés par la fin d'un autre cycle. Comment un technotype agit-il sur la psychologie des innovateurs? La culture facilite-t-elle ou réprime-t-elle la pensée technique, incite-t-elle à innover ou condamne-t-elle la nouveauté source de désordre?

Dans un troisième temps, il faut remonter généalogiquement, à la manière d'un arbre familial, vers les nœuds conceptuels à l'origine des innovations les plus radicales pour accéder aux schèmes imaginaires qui en sont à l'origine, et en déduire les technotypes. Cette approche est possible sur les deux à trois derniers siècles, ce qui correspond à l'ère des révolutions industrielles et de leur imaginaire science-fictionnel. La modélisation de ces processus d'un point de vue historique sera-t-elle valable pour d'autres époques, comme la Renaissance, le Moyen Age, l'Antiquité et la Préhistoire? Les premières techniques et les premiers outils préhistoriques étaient-ils la conséquence d'une mutation cérébrale permettant une libération progressive des technotypes?

Si l'étude de ces phénomènes existe, il demeure compliqué de trouver des fictions techniques loin dans l'Histoire, ce qui ne signifie pas qu'elles n'aient pas existé dans des transmissions orales dont une grande partie fut oubliée avant l'apparition et la diffusion massive de l'écrit grâce à l'imprimerie. Il est aussi probable que les schèmes imaginaires les plus importants aient été sauvés de l'oubli par une mutation progressive sous forme écrite. Les références à un imaginaire technique sont cependant rares jusqu'à la Renaissance. Il n'en reste pas moins que les mythologies antiques grecques et romaines, traitaient de la science et des risques liés à l'invention à travers des personnages comme Prométhée, Dédale ou Icare.

Dans un quatrième temps, il faut rechercher en quoi certaines fictions techniques contemporaines actualisent ou adaptent à la culture technique des thèmes déjà développés dans l'Histoire. La facilitation de l'expression de fictions techniques dans une société est un moyen de mieux connaitre la richesse des technotypes qui constituent la psyché humaine. Ainsi, cette dimension peu connue ne constituait pas une priorité et un intérêt majeur pour les sociétés anciennes qui fondaient leur pacte social sur d'autres considérations. Pourtant, les prophètes ont dans presque toutes les cultures joué un rôle important dans les processus de prise de décision. La science prédictive est la conséquence d'une pensée prophétique qui trouve ses racines dans les âges les plus reculés de l'Humanité. La prophétie est ainsi une forme de pensée pré-scientifique. L'étude de l'imaginaire technique repose aussi sur la conviction que la fonction des technotypes, schèmes imaginaires à l'origine de la pensée innovante, est d'assurer la diffusion d'éléments imaginaires prophétiques suffisants pour orienter les humains vers la réalisation d'un programme technoscientifique inconscient à l'échelle de l'espèce.

Les scientypes (La rencontre de l'art et de la science)

Ce concept est à rapprocher de la théorie des thematas d'Holton et des études sur l'imagination scientifique de Bachelard. Les concepts et théories scientifiques proviennent aussi de la science infuse transmise par Dieu à certains individus, selon la théorie de saint Thomas d'Aquin. Nous ne pourrons pas déterminer ni étudier la dimension transcendantale des concepts scientifiques. La question de leur origine est une énigme théologique. Certains estimeront pourtant que l'origine des idées est la matière, les conditions matérielles d'existence, renonçant à toute idée de divinité à l'origine des idées. Cette problématique est théorisée déjà chez Platon, puis les idéologues comme Destutt de Tracy ont voulu en faire une science, l'idéologie. Par ailleurs, la théorie de la noosphère est intéressante pour comprendre de quelle manière apparaissent et se diffusent les idées.

L'imagination scientifique nous intéresse à un niveau infra-théologique. Nous souhaitons l'intégrer dans une réflexion sociologique. L'émergence des concepts et théories innovants peut ainsi être comprise en partie en étudiant les conditions matérielles, socio-historiques de leur émergence, sans pour autant renoncer à une approche théologique de leur finalité et de leur origine.

Les théories scientifiques sur lesquelles reposent les socio-systèmes innovants sont à étudier en corrélation avec les conditions d'émergence des technotypes. Une nouvelle technologie peut être liée à une nouvelle théorie scientifique. La science à l'origine de l'informatique et des technologies de simulation a permis et permettra d'optimiser des techniques tout en influant sur les représentations imaginaires de leur devenir. A l'origine de la science se trouve une vision souvent à la limite de l'art. Les artistes participent d'ailleurs de plus en plus aux projets innovants des grands centres de R&D. Le dialogue entre l'art et la science repose sur la conviction des innovateurs de la nécessité d'imaginer pour innover. Les artistes sont souvent à l'avant-garde en créant des concepts parfois très abstraits qu'il convient de reconnaître et de développer scientifiquement en les confrontant à des considérations pragmatiques propres à la R&D.

Gilbert Durand et la théorie de l'imaginaire

L'approche de Gilbert Durand est en partie structuraliste. Il s'oppose à l'approche psychanalytique dans un premier temps :

> « L'imagination selon les psychanalystes est résultat d'un conflit entre les pulsions et leur refoulement social, alors

qu'au contraire elle apparaît la plupart du temps, dans son élan même, comme résultant d'un accord entre les désirs et les objets de l'ambiance sociale et naturelle. Bien loin d'être un produit du refoulement, (...) l'imagination est origine d'un défoulement[87] ».

Cette posture est intéressante pour bien comprendre le fonctionnement des représentations du virtuel dans la science-fiction. Ces dernières sont bien à l'origine d'un défoulement caractérisé par la consommation de technologies et de programmes. Il ne s'agit pas à proprement parler d'un refoulement dans la mesure où les innovations présentées dans ces récits n'existent pas dans la réalité. Elles ne manquent donc à personne, puisque seuls quelques groupes de développeurs maitrisent des prototypes. Dans un premier temps, l'imaginaire génère un désir, qui stimule les innovateurs, qui pensent logiquement que plus leur produit répondra à des désirs, plus ils ont de chances d'en vendre une grande quantité. L'approche psychanalytique permet de comprendre la deuxième étape, et la création d'un imaginaire produit par le refoulement. La technologie peut ne pas répondre aux attentes du public, ce qui génère une frustration et un mécontentement. Alors, les représentations amorcent un nouveau cycle, visant à stimuler l'imaginaire des innovateurs, qui doivent revoir leur copie, par exemple en relançant le processus d'innovation ou en baissant les prix. L'imaginaire crée un ciment social entre les individus. Il évolue en fonction des préoccupations principales à une époque donnée, tout en se développant autour de thèmes communs, d'archétypes. Durand donne l'exemple de l'imaginaire maléfique, qui répond à des préoccupations réelles et universelles : « On peut constater avec Langton que la croyance universelle aux puissances maléfiques est liée à la valorisation négative du symbolisme animal. Le spécialiste de la démonologie constate que de nombreux démons sont des esprits désincarnés d'animaux, spécialement d'animaux

[87] Durand (Gilbert), *Les structures anthropologiques de l'imaginaire*, Paris, Dunod, 1992, p.36

redoutés de l'homme, ou encore de créatures hybrides, mélanges de parties d'animaux réels. On peut trouver dans l'Ancien Testament plusieurs traces de cette démonologie thérimorphe[88] ». Pour développer les sociétés technoscientifiques, il a fallu procéder à une révolution positiviste et rationaliste, oublier les superstitions et en partie les messages religieux ou plutôt les adapter à une nouvelle organisation sociale. Les scientifiques ont pourtant du mal à se défaire de leurs imaginaires pour développer leurs théories : « Bachelard a écrit tout un livre (*La formation de l'esprit scientifique*) pour montrer comment la science avait peine à se débarrasser de ses langes d'images et de rêveries. Empruntons un exemple précis au philosophe de la biologie, G. Canguilhem qui, en un excellent article, montre que des querelles scientifiques ne sont souvent que le résultat de différences de régimes de l'image (*Connaissance de la vie*)[89] ». Durand a eu recours à des approches psychanalytiques et psychiatriques pour rédiger son livre. Il développe une théorie originale tendant à considérer positivement la schizophrénie étudiée par d'autres auteurs importants de sa génération comme Gilles Deleuze ou Felix Guattari : « Nous devons noter (…) la parenté incontestable du régime diurne de l'image et des représentations des schizophrènes[90] ». Son approche de la schizophrénie le mène à une remarque intéressante pour notre sujet :

> « Les personnages ne sont que des « statues », des « marionnettes », des mannequins mus par une mécanique », des « robots », des « maquettes » Non seulement la vision schizomorphe de l'univers entraîne à la rêverie de l'animal machine, mais encore à la rêverie du cosmos mécanisé[91] ».

L'imaginaire technique est-il mû par une posture mentale schizophrénique, ou les êtres schizophrènes sont ils plus sensibles à cet imaginaire ? En tout cas, Durand explique que le

---

[88] *Ibid*, p. 88-89
[89] *Ibid*, p. 206
[90] *Ibid*, p. 207
[91] *Ibid*, p. 211

régime diurne de l'image, schizomorphe, sert de matrice imaginaire à l'Occident. Ce constat a mené des auteurs à considérer la vision du monde postmoderne comme une conception schizophrénique.

Vers une théorie des cycles imaginaires

Si Durand défend une approche principalement structuraliste de l'imaginaire, il s'intéresse aussi à une étude culturelle. Les représentations imaginaires correspondraient en partie à des systèmes conjoncturels, ce qui le mène par ailleurs à envisager une dynamique de la création imaginaire :

> « L'histoire ne serait rien d'autre qu'une vaste « réalisation symbolique » des aspirations archétypales frustrées. Les projections imaginaires et mythiques se prendraient peu à peu en imitations actives, en modes de vie qui se codifient en concepts socialisés, solidifiés en systèmes pédagogiques qui à leur tour frustrent les autres régimes de l'aspiration archétypale. C'est ce qui expliquerait les diastoles et les systoles de l'histoire de l'imaginaire telles que Guy Michaud les met à jour à travers l'histoire de la littérature française. Une « journée » du devenir imaginaire serait d'environ deux générations de 36 ans chacune, l'une diurne, « idéaliste », l'autre nocturne « réaliste », repérables par l'utilisation plus fréquente dans l'un et l'autre cas réciproque du « thème de la nuit » et « thème du midi ». C'est le mécanisme de la frustration-imitation, constitutive du refoulement, qui en dernière analyse expliquerait cette régularité des phases imaginatives dans l'histoire littéraire[92] ».

Une théorie des cycles imaginaires est amorcée par Durand. Dans le cadre de notre étude sur l'imaginaire technique, elle

---

[92] *Ibid*, p. 448-449

permet de mieux comprendre les alternances de périodes utopiques et dystopiques dans la science-fiction. La durée de 36 ans des cycles imaginaires semble un peu longue mais la démarche est intéressante pour expliquer l'adhésion massive de certains peuples, voire de certaines civilisations, à des mythologies technologiques qui influencent la psychologie collective. Certaines cultures réagissent positivement à l'avènement d'une innovation technique, alors que d'autres la considèrent comme l'émanation du Malin. L'imaginaire technique appartient essentiellement au régime diurne, et contribue à la dynamique sociétale et organisationnelle dans les pays industrialisés. Les auteurs qui s'interrogent sur les raisons collectives du succès des dystopies depuis les années 2010 trouvent chez Durand une explication car ce régime d'images succède à une période de réflexion utopique, notamment à propos de la conquête de l'espace, puis de l'informatique et de la réalité virtuelle. L'expression alternative des régimes d'images est inéluctable. Il s'agirait d'une structure fondamentale de l'esprit humain. La dualité diurne/nocturne oriente les sociétés et les individus cycliquement. La nature de l'influence de l'imaginaire sur la société n'est pourtant pas développée dans ce paragraphe. L'idée que des mythes influencent l'ordre social ou organisationnel est aussi abordée par Moles à travers sa théorie des mythes dynamiques.

Structure et dynamique de l'imaginaire technique

L'émergence d'un imaginaire chez un acteur, individuel, organisationnel ou collectif, pose la question de son origine et de son appartenance en termes de classe sociale ou de sphère d'influence. Nous avons vu que les représentations de la réalité virtuelle avaient annoncé la mise au point et la commercialisation de cette technologie en suscitant un désir, une frustration depuis son origine. Pour rappel, le courant cyberpunk, qui a véritablement lancé ce thème dans la science-fiction est né en 1983, soit 33 ans avant la commercialisation massive des casques de réalité virtuelle en 2016 par les géants du secteur. La théorie des cycles de 36 ans mentionnée par Durand se vérifie dans ce cas. La mythologie s'est constituée, a structuré la mentalité collective, généré un désir censé être assouvi avec l'acquisition de cette innovation, dans un processus de consommation assimilable à un défoulement.

Le régime nocturne qui prend le relais devrait éviter à la société de voir son imaginaire technique se transformer en délire hallucinatoire, potentiellement pathologique et néfaste aux équilibres de la psychologie collective. Désormais, la technologie tant attendue se diffuse. L'imaginaire doit s'équilibrer pour ne pas sembler déconnecté d'une réalité palpable physiquement par les consommateurs. L'imaginaire s'autorégule la plupart du temps, pour assurer une dynamique sociétale positive. Les pathologies de l'imaginaire doivent être abordées sérieusement aussi bien au niveau individuel que collectif car elles peuvent induire des comportements inadaptés, voire dangereux. Les imaginaires opposés aux mythes techniques moteurs de la société sont dans un premier temps disqualifiés moralement dans la première partie du cycle, avant d'être reconfigurés et insérés dans les discours d'acteurs intégrés aux processus démocratiques de réflexion sur l'assimilation de nouvelles technologies. Penser l'innovation passe aussi par la prise en compte des imaginaires opposés aux mythologies technologiques dominantes, selon des justifications et des pratiques mentionnées dans *Le nouvel esprit du capitalisme* de Boltanski et Chiapello.

Durand s'évertue à réhabiliter l'imaginaire, qu'il estime primordial dans les processus psychiques, et notamment dans les sciences : « Qu'on le veuille ou non, la mythologie est première par rapport non seulement à toute métaphysique, mais à toute pensée objective, et c'est la métaphysique et la science qui sont produites par le refoulement du lyrisme mythique[93] ».

[93] *Ibid*, p. 458

Il ajoute que « toute la recherche objective se fait autour et contre la fonction fantastique : c'est l'imagination qui donne l'amorce, c'est ensuite – comme Bachelard l'a montré dans un ouvrage capital – l'imagination qui sert de repoussoir antithétique au déchiffrage objectif. L'imagination est à la fois l'estafette et la banderille de la science[94] ». Les mythologies permettent la diffusion des valeurs fondamentales d'une culture et contribuent à structurer l'identité des plus jeunes. « Toute culture avec sa charge d'archétypes esthétiques, religieux et sociaux, est un cadre dans lequel l'action vient se couler[95] ». Durand replace sa posture théorique dans un cadre théologique. Il estime que son rôle est de rendre à l'imaginatif sa place primordiale qui lui avait été ravie par les interprétations averroïstes[96] de *l'intellectus adeptus* :

> « L'aube de toute création de l'esprit humain, tant théorique que pratique, est gouvernée par la fonction fantastique. Non seulement cette fonction fantastique nous apparaît comme universelle dans son extension à travers l'espèce humaine, mais encore dans sa compréhension : elle est à la racine de tous les processus de conscience, elle se révèle comme la marque originelle de l'Esprit. Aussi rien ne nous semble plus proche de cette fonction fantastique que la vieille notion avicennienne d'intellect agent, rectrice du savoir de l'espèce humaine tout entière, principe spécifique d'universalité et de vocation transcendante[97] ».

Développer des mondes virtuels est la concrétisation de désirs ancestraux. Depuis la nuit des temps, les humains ont rêvé de pénétrer des mondes dans lesquels vivent des créatures merveilleuses, les dieux, etc. Les mythologies sont à l'origine la manifestation de ces rêves. Les conteurs narraient les aventures d'humains et leurs rapports avec les dieux, le spirituel et l'inexplicable. L'Humanité, notamment à travers le théâtre, puis

---

[94] *Ibid*, p. 460
[95] *Ibid*, p. 460
[96] *Ibid*, p. 462
[97] *Ibid*, p. 461

les médias comme la télévision, puis la réalité virtuelle, a toujours rêvé de pénétrer dans ces espaces dans lesquels elle espère dépasser sa condition de mortelle et échapper à la souffrance. Comment recréer un monde mythique et interagir avec lui ? Cette question est à l'origine de technotypes activés à la suite d'innovations. Les technotypes sont probablement latents et efficaces dans l'inconscient collectif. Leur révélation va de pair avec la diffusion d'un imaginaire constitué de technologies utopiques, qui stimule la créativité des chercheurs et accélère la mise au point de technologies innovantes.

Le simulacre est un technotype à l'origine de la réalité virtuelle et qui fut considérablement complexifié depuis l'invention du théâtre.

Les mythes dynamiques théorisés par Moles accompagnent les innovations en intégrant les technologies utopiques dans des récits imaginaires stimulant les visions du futur des innovateurs et des consommateurs.

L'étude des mythes des peuples primitifs a permis de questionner le fonctionnement spirituel des sociétés dites développées. L'ethnologie et l'anthropologie sont apparues alors que la religion traditionnelle était contestée, notamment par la science et le positivisme. Il n'en reste pas moins que les recherches d'éminents spécialistes comme Dumézil, Lévi-Strauss ou Gusdorf n'ont pas permis de saper totalement la légitimité et l'inéluctabilité de la fonction du mythe, dans toutes les sociétés, aussi développées et scientifiques soient-elles. Nos recherches nous mènent même à considérer le mythe comme un élément fondamental de justification, de stabilisation, mais aussi de mutation des sociétés technoscientifiques. La science-fiction joue le rôle de mythe dans ces organisations, tout en conservant une spécificité. Les mythes science-fictionnels n'appartiennent en effet pas encore à une religion constituée, avec ses rites, ses dogmes, ses représentations et son corpus symbolique. Seule la scientologie utilise la science-fiction pour élaborer son récit fondateur. La secte américaine ne trouve cependant que peu d'échos dans les sociétés européennes. Sa mauvaise réputation dessert même la science-fiction, assimilée à une forme de délire rationnel réservé aux adolescents et aux passionnés de science et de technologie. Le positivisme et ses prolongements ont eu en France et en Europe des conséquences importantes sur la manière de décrire la réalité, dont l'origine et le fonctionnement peuvent être définis à travers des approches rationalistes, sans que le recours à Dieu et à la religion soit perçu comme une nécessité, mais plutôt comme une forme de pensée liée à l'irrationnel.

Le paranormal est un élément central dans l'imaginaire technoscientifique contemporain. La science-fiction et la fantasy cherchent à combler un vide du sens lié au désenchantement du monde théorisé notamment par Max Weber. Des séries comme *X-Files* ou *La quatrième dimension* évoquent le paranormal, explorant les limites de la science et justifiant les phénomènes inexplicables soit comme une limite de la science, soit comme la conséquence d'un complot mondial. Une enquête menée en France en 2017 a d'ailleurs indiqué que 79% de la population croit à au moins une théorie du complot. L'imaginaire du complot mondial étudié par Pierre André Taguieff peut aussi être considéré comme une nécessité métarationnelle permettant de comprendre la logique du sens dans des sociétés où la science est dominante, mais dont les méthodes et résultats sont insuffisants pour combler l'immense soif métaphysique des êtres humains. Des séries comme *Game of Throne* ont aussi beaucoup de succès, la fantasy ayant recours à la magie, à l'irrationnel, faisant référence à des mondes anciens dans lesquels l'Humanité vivait encore dans un stade mythologique. L'adhésion à cette culture par une grande partie de la jeunesse témoigne d'un intérêt accru de la population pour des idées et des imaginaires d'un nouveau type, susceptibles de remplacer, ou de compléter des religions moins efficaces et présentes que dans le passé. Il s'agit même d'une pratique nouvelle indiquant une forme de religiosité spécifique aux sociétés technoscientifiques. La culture geek réactive la mythologie, comme une infra-religion assurant l'assouvissement des interrogations métaphysiques de populations à qui on a appris à critiquer les religions traditionnelles, tout en diffusant des représentations sublimées de l'Histoire et du Futur.

Le sociologue Jean-Bruno Renard distingue trois grands types de croyances. Dans les croyances périreligieuses, les individus ont une forte intégration religieuse. Ils croient par exemple aux anges ou aux démons. Pour les croyances parareligieuses, comme la réincarnation ou l'astrologie, les individus sont moyennement intégrés. Les croyants aux parasciences sont le plus souvent non croyants et non pratiquants d'une religion. Jean-Bruno Renard explique que, « par son aspect rationaliste, matérialiste et scientifique, la croyance aux extraterrestres est tout à fait acceptée, voire recherchée, par les incroyants en une religion. Pour la plupart des religions, l'univers est peuplé d'êtres invisibles (Dieu ou dieux, ancêtres, génies, anges, démons, etc.), il n'y a plus de place pour des entités comme les extraterrestres. Au contraire, dans la conception matérialiste et athée du monde, l'espace vidé de Dieu et des anges est devenu infini et silencieux – trop silencieux – et peut aisément se remplir de créatures humanoïdes dont la présence rassure l'homme angoissé de se sentir seul dans l'univers[98] ».

La croyance dans le paranormal et des complots mondiaux sont les symptômes de l'émergence de nouvelles spiritualités censées remplacer les structures religieuses traditionnelles sous l'impact de la rationalité instrumentale et technoscientifique propagée et de plus en plus influente depuis les débuts de la révolution industrielle.

Le paranormal, la science-fiction et la fantasy sont à l'origine de nouvelles mythologies qui alimentent la vie spirituelle de nombreuses personnes. Il est cependant très rare que ce type de courant génère de vastes courants religieux, à quelques exceptions près comme des courants sectaires tels que le raelisme ou folkloriques comme le jedisme, en hommage à la saga *Star Wars*. Ce courant est davantage perçu comme un moyen d'exprimer un esprit de dérision vis-à-vis des questions du

---

[98] http://www.religiologiques.uqam.ca/18/18texte/18renard/18renard.html

recensement, que comme un véritable culte, même s'il a été reconnu comme une religion aux Etats-Unis.

La théorie du monomythe

La théorie du monomythe de Joseph Campbell s'inscrit dans la continuité de la psychologie analytique de Jung. Il affirme que tous les mythes racontent une même histoire, variable selon les coutumes et les figures régionales. Cette approche, dont nous avons établi les limites avec la critique de la théorie des archétypes et de l'inconscient collectif de Jung, a pourtant prouvé son efficacité. Campbell a en effet élaboré avec sa théorie une méthode permettant de rédiger des mythes universellement reconnus et appréciés. Georges Lucas, créateur de *Star Wars*, mythe planétaire par excellence, avait étudié cet auteur à l'Université et s'est inspiré de cette théorie pour puiser dans l'imaginaire mondial des représentations susceptibles de toucher un grand nombre de personnes et de fans. La science-fiction n'échappe pas à la théorie de Campbell. Elle fait même partie d'une vaste mythologie, assumée comme telle par certains de ses auteurs et par de nombreux théoriciens critiques du genre. La formule *mythologie du futur*, apparait même régulièrement dans les écrits scientifiques sur la science-fiction. La dimension universelle de certains mythes est flagrante, et de nombreux scénaristes hollywoodiens utilisent encore la démarche Campbellienne pour toucher le public au plus profond de son imaginaire et de la structure mythologique de sa psyché. Affirmer qu'il existe un monomythe, ou des archétypes universels, voire une structure imaginaire commune à tous les humains, voire même un réseau de communication inconscient entre les mythes et les imaginaires est une approche tentante. Pourtant, certains esprits critiques résistent à cette idée, qui ne repose que sur des théories rarement étayées de preuves empiriques. Chercher à modéliser et à recomposer l'imaginaire des temps anciens, et notamment des peuples à traditions orales, voire préhistoriques, est une ambition louable, mais difficilement réalisable en l'état des connaissances en archéologie. Nous pouvons espérer découvrir un jour une structure de l'imaginaire, de même que l'ADN a été découvert et à permis de réaliser de prodigieuses avancées dans le secteur médical. Les spéculations théoriques autour de l'universalité des mythes retiendront notre attention. La théorie du monomythe est en effet loin d'être une vue de l'esprit. Il s'agit d'une approche structuraliste qui doit être utilisée pour étudier l'imaginaire science-fictionnel.

Pourtant, les récits de science-fiction sont-ils vraiment des mythes, alors que le point de départ de l'action se situe bien souvent dans le futur, alors qu'un mythe cherche en général à parler d'un lointain passé, héroïque, pour justifier le présent ? La saga *Star Wars*, à l'esthétique techno-futuriste, se déroule en effet dans un lointain passé. Un grand nombre de mythes reposent sur plusieurs étapes réalisées par le héros :

1. Le héros réalise qu'il doit accepter ou décliner une grande aventure.
2. Le héros fait face à de nombreuses épreuves.
3. Le héros doit réaliser une mission qui lui révèle des éléments cachés de sa personnalité.
4. Le héros utilise le gain obtenu dans sa quête pour améliorer le monde.

Le storytelling utilise cette théorie de la mythologie pour toucher un grand nombre d'acteurs de la société ou d'organisations. Que devient la technologie dans ces récits ? N'est-elle qu'un attribut que le héros doit apprendre à manipuler dans sa quête ? La réalité virtuelle dans la mythologie virtualiste est à la fois le lieu de la grande aventure héroïque, un attribut des héros, ou une technologie à conquérir et à domestiquer pour sauver ou améliorer le monde réel. Il peut notamment, comme dans *Matrix*, s'agir de purifier la matrice (le monde virtuel dans lequel vivent les humains sans en être conscients), de l'influence de virus et de la dictature des machines. *Matrix*, comme *Harry Potter*, sont des exemples de récits imaginaires faisant référence à la théorie du monomythe, et à son utilisation dans la rédaction des scénarios.

Intellect et imaginaire : Sur l'unité de l'imaginaire

Saint Thomas d'Aquin est connu pour avoir dénoncé les thèses d'Averroès sur l'unité de l'intellect dans un texte intitulé *L'unité de l'intellect contre les disciplines d'Averroès* (1270). Pour Averroès, l'intellect de tous les hommes est unique et identique pour tous. Le concept de monopsychisme, élaboré par Leibniz, définit le courant amorcé par Averroès. Saint Thomas d'Aquin rappelle la définition de l'intellect possible d'après Aristote et explique qu'il est impossible qu'il n'y ait qu'un seul intellect. Il propose plutôt une philosophie selon laquelle il existe une pluralité des intellects possibles. La critique de saint Thomas répondait à une large diffusion des thèses d'Averroès, notamment dans les universités parisiennes.

Les concepts d'inconscient collectif de Jung et de monomythe de Campbell, peuvent-ils être assimilés à des formes de monopsychismes ? Ces deux auteurs s'intéressent à l'imaginaire, alors que Thomas et Averroès se concentraient sur l'intellect. Ainsi, si l'intellect est une faculté permettant de comprendre et de créer des concepts, l'imagination est une faculté complémentaire. Mais cette dernière fonctionne-t-elle sur le même mode que l'intellect ? Peut-on considérer dans la continuité de Jung et de Campbell qu'il y a une unité de l'imaginaire humain, et même ajouter que celui-ci a une influence plus ou moins considérable dans la création de concepts, notamment scientifiques ? Nous verrons que saint Thomas d'Aquin propose quelques pistes intéressantes pour comprendre le fonctionnement de l'imagination chez l'être humain. Il ne la condamne pas explicitement, même s'il dénonce, entre autres, les faux prophètes susceptibles de proposer des représentations du futur potentiellement condamnables par les autorités religieuses de son temps. Au

Moyen Age, l'Eglise luttait contre les devins et autres charlatans prétendant connaître le futur. En revanche la connaissance et la croyance dans l'avènement de l'Apocalypse étaient bien assimilées par les chrétiens.

Ainsi, si l'intellect doit demeurer une faculté individuelle, source de raison, selon Thomas d'Aquin, la question de la dimension individuelle ou collective de l'imaginaire demeure posée. Nous avons vu que l'imaginaire puisait ses racines dans des archétypes fondamentaux, selon Jung, des structures que de nombreux anthropologues ont tenté de définir comme universelles. L'imaginaire des primitifs est difficile à déterminer, car il ne reste pas d'archives. Si l'*idéo-génèse*, c'est-à-dire la recherche des causes de l'émergence des idées, est une dimension importante des recherches en neurosciences, il convient d'espérer la découverte d'une boîte noire idéelle dans la psyché humaine, enregistrée par une fonction encore inconnue des scientifiques. Le futur des neurosciences passera par la recherche des origines de la pensée, et d'une éventuelle mémoire de toutes les pensées individuelles et collectives. L'imaginaire appartient à un monde des idées dont la dimension monomythologique ne fonctionne peut-être pas dans le sens suggéré par Campbell. Plutôt que d'affirmer qu'il existe un mythe fondamental, reproduit par les religions, puis par les créateurs de fictions mythologisantes, il semble préférable de considérer qu'historiquement, les créateurs tendent à puiser dans des stocks de récits disséminés sur toute la planète pour les synthétiser et créer de nouveaux mythes, reformatés pour devenir universels (parfois par souci de réussite commerciale), et créer un mono-méta-mythe pré-religieux dont la vocation est entre autres de déterminer le futur de la civilisation planétai-re. Provenant de multiples parties de la planète, les imaginaires mythiques puisent leurs racines dans des cas individuels, spécifiques à des cultures différentes, autonomes. Estimer qu'il existe une méta-communication entre tous les peuples, même les plus anciens peut sembler ésotérique. C'est la raison pour laquelle la théorie de Jung sur l'inconscient collectif est parfois critiquée, d'autant qu'il n'existe aucune preuve empirique de son existence. Les archétypes fondamentaux, qui devraient se retrouver dans les cultures les plus anciennes ou primitives, posent aussi des questions sur leur existence effective. Il n'en reste pas moins que les facultés d'imaginer et de créer des concepts sont partagées par tous les humains, depuis des millénaires. Défendre la dimension individuelle de l'imaginaire, avant sa diffusion et sa mutation sous la forme de mythes ou de croyances collectives, demeure nécessaire afin d'éviter une approche holistique problématique au niveau méthodologique. L'être imaginant doit en effet demeurer libre, conscient et autonome, avant de s'inclure dans une dimension collective. Cette dernière ne doit pas l'aliéner ou nuire à l'expression de sa liberté individuelle fondamentale qui est probablement un élément central lui permettant d'accéder à l'imaginaire, et de participer à la découverte des archétypes fondamentaux, et notamment des technotypes. Le dévoilement d'un éventuel inconscient collectif, et d'archétypes, semble passer par des conditions d'existence spécifiques, permettant la connexion de la psyché individuelle à un monde des idées, nommé noosphere par Teilhard de Chardin. Imaginons l'annonce d'une découverte majeure dans un journal de 2068.

30 mars 2068, *Le monde de la pensée* : L'origine de l'imagination détectée

Les progrès dans le domaine des neurosciences agitent depuis quelques années déjà la communauté scientifique. Une équipe internationale de chercheurs a réussi à déterminer l'origine de l'imagination. Jusqu'alors, les études à base d'IRM principalement avaient montré les zones du cerveau utilisées par les individus en situation d'imagination. Mais les récentes découvertes vont plus loin. Si l'inconscient a parfois été considéré comme l'origine des mythes et des récits imaginaires, il a fallu de longues années pour que cette intuition soit vérifiée scientifiquement.

Un courant actuel des neurosciences explique que l'origine de l'imagination est divine, et que le cerveau est le réceptacle d'images envoyées par Dieu aux individus. En montrant de quelle manière le cerveau s'adapte avant de recevoir une nouvelle pensée, cette approche suggère que l'inconscient n'est pas le seul élément moteur des processus d'imagination. Ce nouveau courant bénéficie de subventions importantes car les chercheurs qui le composent sont au service de la foi. La science n'est donc pas systématiquement opposée aux croyances religieuses. Dans le cas qui nous intéresse, les neurosciences servent la connaissance de Dieu, ce qui ne manque pas d'interpeller les théologiens qui rappellent parfois les limites de la connaissance. Des cardinaux ont d'ores et déjà appelé à la méfiance face à une découverte qui pourrait bouleverser certains dogmes. Le cardinal Paul Hisse affirme par exemple :

« Nous sommes probablement à l'aube d'une ère nouvelle pour la médecine, qui devrait développer de nouveaux traitements grâce à une meilleure connaissance du cerveau. Depuis le début du siècle, les recherches dans ce secteur se sont multipliées et les résultats actuels ne peuvent que nous ravir. Affirmer que l'imagination est d'origine divine ne nous surprend pas car nous avons toujours eu la foi dans cette approche. Cependant, nous souhaitons rappeler une chose : Il faut se méfier d'une imagination, qui peut aussi être dirigée par le diable ». Son cousin, John Hisse, qui fait partie de l'équipe de chercheurs appelle lui aussi à la prudence : « La localisation de la zone du cerveau qui permet de recevoir des informations de Dieu n'est pas une fin en soi. Je pense que nous aurons toujours besoin des théologiens pour nous dire comment interpréter ces messages et de quelle manière communiquer avec Dieu ».

Si l'origine de l'imagination, et plus généralement de la pensée fut longtemps une énigme, les récentes découvertes permettront d'optimiser la créativité et de rapprocher la science et la religion pour de nouvelles spéculations sur l'origine et le dessein de l'Humanité. En 2068, l'Humanité peut se réjouir de cette découverte majeure qui permettra peut-être de réaliser le rêve de milliards d'individus : avoir la preuve scientifique de l'existence de Dieu.

Une critique de la théorie des archétypes de Jung

Jean-Loïc Le Quellec a proposé une critique de la théorie des archétypes de Jung. Cet anthropologue étudie cette notion à travers différents prismes, et notamment en recourant à l'archéologie et à sa connaissance de la préhistoire. Cette critique est intéressante car elle remet aussi en cause certaines théories, notamment structuralistes, dont la méthodologie, ainsi que les preuves empiriques demeurent rares, voire inexistantes. Les premiers paragraphes de ce livre s'intéressent à l'histoire de la philosophie, et plus particulièrement aux différentes conceptions de l'origine des idées. Platon, saint Augustin, saint Thomas d'Aquin, ou Berkeley, ont développé des philosophies évoquant l'origine divine des idées. Jung remplace l'idée divine par le concept d'inconscient collectif. Il n'en est pas pour autant critiqué pour l'ésotérisme de cette approche. Jung explique notamment que les archétypes mythologiques peuvent surgir de n'importe quel endroit et de n'importe quel individu. Les idées et les archétypes, existent dans un monde des idées, qui selon les croyances et obédiences, est contrôlé et généré par Dieu. Par ailleurs, les individus sont-ils libres et autonomes vis-à-vis des idées, concepts et imaginaires ? D'autre part, l'imaginaire est-il constitué d'idées comme les autres, ou ne serait-il pas une liberté spécifique, donnant l'occasion à l'individu de s'affranchir des déterminismes, en lui permettant d'inventer des identités et des solutions inédites à des situations parfois complexes à gérer ? La théorie de l'inconscient collectif constitue une théorie pré-structuraliste, et les approches de Durand, Lévi-Strauss, Campbell et bien d'autres, tendent à éviter la question de l'origine divine des idées, et des imaginaires, tout en développant une conceptualisation du système holistique qui englobe les individus dans des processus qui les dépassent. Le Quellec estime que la théorie des archétypes est contestable car elle est datée, plongeant ses racines dans la scolastique médiévale, elle-même héritière de l'idée néoplatonicienne : « Croire qu'un archétype de toutes les créatures se trouvait déjà dans la pensée divine, et de toute éternité, interdit de porter le moindre crédit à la possibilité même de l'évolution des espèces[99] ». La théologie et la religion sont peu utilisées dans les sciences sociales, faisant office cependant de sujets d'études, considérées comme des phénomènes sociaux. Les structuralistes se sont dissociés des théories explicatives de la société inspirées par des approches théologiques. L'athéisme est bien souvent considéré comme une vertu. La critique conjointe de la religion, et de la théorie des archétypes, pourrait suffire à décrédibiliser l'approche jungienne et structuraliste de l'imaginaire. Pourtant, ces approches ont pour mérite de décrire des processus sociaux, sans forcément remettre en question des postures théologiques propres à chacun, respectant une certaine *laïcité* de la relation des auteurs à leurs lecteurs. Ainsi, il est possible de développer des théories scientifiques de l'origine et de la circulation des idées dans une société humaine, sans pour autant imposer une conception religieuse de l'origine divine de ces dernières. La question de l'opportunité de réintroduire de la religion dans les théories scientifiques, et en particulier dans les sciences humaines, demeure posée, notamment à une époque dans laquelle le positionnement religieux constitue une donnée de plus en plus importante, après une phase de désenchantement du monde désignée par de nombreux théoriciens comme un fléau, voire la cause de nombreux dysfonctionnements individuels et collectifs, le mythe, et la religion, demeurant des structures cognitives immuables dans toutes les sociétés humaines.

La culture globale, inspirée majoritairement par le soft power américain, développe une nouvelle mythologie qui tend à remplacer la religion dans les communautés d'innovateurs.

[99] Le Quellec (Jean-Loïc), *Jung et les archétypes. Un mythe contemporain*, Paris, Sciences Humaines, 2013, p. 52

Dans cet univers, réaliser l'imaginaire est un acte symbolique puissant légitimant l'acteur auprès du système technique. Le mythe a dans la plupart des sociétés une fonction de stabilisateur social. Il met en scène des héros dans des quêtes qui doivent lui permettre de sauver le monde. Nous avons vu que la théorie de Campbell, bien que contestable, explique en partie l'apport des mythes à la construction des sociétés. Les récits de science-fiction qui ont été créés sur la même structure que le monomythe ont rencontré un grand succès. *Star Wars* provoque une fascination collective à chaque nouvel épisode. *Matrix* a posé les fondements métaphysiques de la quête de la réalité virtuelle pure et parfaite. Le héros Neo doit libérer l'Humanité de la matrice. Une longue quête le mène à une forme de posthumanité lui permettant de purifier le système, et même d'en prendre le contrôle. Tous les films de science-fiction ne mettent pas en scène l'intégralité des étapes du monomythe. Le livre *The Monomyth in American Science Fiction Films: 28 Visions of the Hero's journey*, de Donald Palumbo, répertorie cependant 24 films créés sur ce modèle. *Matrix* est le récit mythique fondateur du projet de création d'un deuxième monde, virtuel, donnant un sens et une réflexion éthique aux informaticiens du futur qui chercheront à immerger l'Humanité dans une simulation si élaborée et enthousiasmante que les utilisateurs ne verront plus la différence avec la réalité, voire même la préféreront car elle atténue les douleurs et les faiblesses de la chair. La science-fiction participe à la réflexion philosophique et éthique sur le devenir des technosciences. Elle met en scène des technologies, encore expérimentales au moment de la diffusion du récit, à un niveau de développement tel qu'elles jouent un rôle crucial dans la narration. A l'époque de l'écriture de *La brousse* de Bradbury, les ordinateurs étaient encore expérimentaux. Pourtant, la pièce de jeu décrite ressemblait à certains prototypes visibles dans les grands salons dédiés à la réalité virtuelle dans les années 2010. Si certains récits se sont réalisés, alimentant la croyance très répandue dans la culture geek que la science-fiction a une dimension prophétique, de nombreux éléments de fictions demeurent inaccessibles, au point que certains sceptiques estiment que le genre donne à voir des technologies tellement utopiques, comme la neuroconnexion, qu'elles ne verront probablement jamais le jour. Pourtant, la technologie utopique fonctionne comme un idéal-type, au sens de Max Weber.

Le simulacre est l'archétype imaginaire, l'idéal-type au sens sociologique, de la réalité virtuelle. Les historiens de la réalité virtuelle trouvent son origine dans le théâtre antique. L'Humanité a depuis longtemps développé son intérêt pour l'imaginaire, la fiction et la représentation, au point de créer des technologies, comme le téléphone et la télévision, permettant de raconter des histoires. La réalité virtuelle fait franchir un cap en donnant l'occasion de devenir le personnage d'une simulation à travers son avatar. La technologie permet de réaliser des fantasmes, comme celui de pénétrer dans la fiction, ou de passer de l'autre côté du miroir pour reprendre la formule de Lewis Caroll dans *Alice au Pays des Merveilles*. Le technotype du simulacre se révèle progressivement, certaines générations étant plus promptes et intéressées pour développer de nouvelles technologies. La période allant de 1945 à 1980 a généré les premières représentations futuristes de la réalité virtuelle. Les réflexions dickiennes sur la réalité peuvent êtres assimilées à des approches pré-cyberpunks qui ont inspiré de nombreux auteurs de la génération ultérieure. De 1980 à 1999, les cyberpunks ont proposé un imaginaire de cette technologie, à la fois alternatif pour un grand nombre de profanes qui n'avaient qu'une connaissance très partielle de l'informatique, et révélateur pour les hackers, cette génération de passionnés d'informatique qui finit par révolutionner la société avec les ordinateurs personnels et Internet. *Neuromancien* fut ainsi le point de départ de cette sous-culture. La diffusion de *Matrix* a fait entrer les représentations du virtuel dans une nouvelle dimension. Le film cristallisait les histoires de hackers des cyberpunks pour les dépasser et faire entrer l'imaginaire du virtuel dans la culture populaire. De 1999 à 2018, date de fin de cette enquête, les représentations du virtuel devinrent encore plus fréquentes. Les héros changeaient de caractéristiques, plus proches du geek moyen, c'est-à-dire de la grande majorité de la population plus ou moins fascinée par cette technologie. Il est probable que le prochain cycle se développera à partir de 2015-2020, car désormais la réalité virtuelle n'est plus un fantasme. Elle est commercialisée et se présente comme une technologie aussi importante que le furent la télévision, le téléphone, et l'ordinateur personnel en leur temps. L'imaginaire accompagne la diffusion de la réalité virtuelle, mais pourrait aussi choisir de nouvelles thématiques de prédilection si les écrivains estiment que les mutations du futur s'effectueront dans d'autres secteurs technoscientifiques. De nombreux récits se focalisent par exemple sur le réchauffement climatique. L'imaginaire du virtuel n'en demeure pas moins particulièrement fécond et ne manifeste pas de signes de ralentissement. Chaque année, plusieurs fictions traitent de ce sujet futuriste, inspirées par des découvertes scientifiques ou par des projets scientifiques ou artistiques. Un dialogue très fécond existe entre les *imaginacteurs*, c'est-à-dire une communauté globale d'acteurs qui cherchent à développer et à dépasser les imaginaires techniques par la science-fiction et l'innovation.

La science-fiction, une mythologie créatrice, une métaphore critique, ou une prophétie industrialiste ?

Une mythologie créatrice

La science-fiction est donc une mythologie créatrice, contribuant à agencer et à harmoniser la pensée collective innovante. Le mythe est créateur d'une culture qui légitime les pouvoirs sociaux, économiques, politiques ou religieux, répondant à des apories. En développant des univers futuristes sous la forme de mythes, pour les plus populaires, les auteurs de science-fiction constituent une forme d'intelligentsia, de classe créative, des sociétés industrielles. Les mythes futuristes proviennent depuis les années 1920-30 principalement des Etats-Unis. L'américanisation de l'imaginaire du futur va de pair avec un processus d'expansion de cette civilisation reposant sur un système productif capitaliste. L'invention des superhéros accompagna dans les années 1930-40 l'effort collectif américain pour sortir d'une crise économique majeure et vaincre le nazisme, puis se confronter au communisme. Les mythes science-fictionnels sont particulièrement influents dans ce pays, qui invente des fictions supportant la dynamique d'un capitalisme dont il est le moteur. Les leaders du capitalisme doivent avoir des visions, comme on l'apprend dans les formations en management. Cette idée est valable pour les chefs d'entreprises, ou de projets, pour des individus responsables du bon fonctionnement de l'économie. Mais la science-fiction est aussi constituée de mythes qui servent à structurer la vision collective, à unifier les consciences autour de perspectives globalement et universellement partagées. Un mythe est par définition compréhensible par un très grand nombre d'individus. Les américains évoluent dans une culture favorable à l'expression de fictions techniques. Le pacte social du capitalisme repose sur l'adhésion à ces fictions, qui doivent être populaires. Le recours à la violence, à l'extraordinaire, et à un stock d'images mythologiques puisées dans toutes les cultures de la planète permet de créer un climat imaginaire global qui, à l'exception de cultures idéologiquement anti-américaines, est favorable à l'innovation et au développement du capitalisme.

Nous posons à la suite de Parrinder la question de la fonction de la science-fiction dans la culture capitaliste. Nous venons de conclure que ces récits servent de mythes créateurs, d'initiateurs de projets, suite à l'interprétation et à la traduction imaginaire de sentiments, de désirs collectifs, notamment sur le plan technique. Il s'agit aussi d'une métaphore critique, certains auteurs pouvant regretter l'instrumentalisation de leurs histoires sous la forme de mythes utiles au capitalisme alors qu'ils souhaitaient critiquer justement les tendances du capitalisme à créer de nouvelles formes d'aliénations, ou de contrôles de la population pouvant mener à des régimes autoritaires ou totalitaires.

En ce qui concerne la réalité virtuelle, la science-fiction représente les désirs de quelques individus depuis la fin de la deuxième guerre mondiale. Cette technologie n'a été vraiment représentée que par quelques ingénieurs dans les années 1960-70, puis c'est la science-fiction qui a alimenté la fantasmagorie collective autour de cette technologie, alors qu'elle n'était dans le meilleur des cas qu'à l'état de prototype dans des laboratoires obscurs. Certaines œuvres de science-fiction sont devenues cultes et ont stimulé l'imaginaire technique de la culture capitaliste, au point d'être élevées au rang de références incontournables, voire de véritables mythes dans les communautés de hackers et d'innovateurs. Le partage des rêves des ingénieurs par la science-fiction auprès des leaders d'opinions, puis du grand public, a permis d'enclencher un cercle vertueux autour de la réalité virtuelle, devenue une forme de technologie utopique en voie de réalisation. En retour, de nouvelles fictions ont dépassé les rêves des experts en informatique pour traduire un désir collectif dépassant parfois de loin leurs conjectures les plus audacieuses. Fait et fiction vont de pair, sont pour ainsi dire indissociables dans le processus d'innovation des technologies du virtuel. L'artiste traduit sous la forme d'imaginaires une imagination scientifique latente, des visions partielles, dont certaines ont certes abouti à la création d'entreprises et d'innovations à succès, mais qui pour d'autres ne furent que des rêves sans lendemain. Un film comme *Tron*, ou un roman comme *Neuromancien*, sont à l'origine d'une mythologie créative utile au capitalisme pour fédérer les communautés de chercheurs, puis le grand public, le dialogue entre les deux catégories menant à l'intérêt des investisseurs. Pour qu'une innovation fonctionne, il faut parfois attendre de nombreuses années, voire des décennies. Les investisseurs ne financent que des projets pouvant assurer un retour intéressant. La mise au point de prototypes de casques de réalité virtuelle a généré des fantasmes sur l'immersion totale dans des mondes artificiels, donnant la possibilité de ne plus vivre que dans une simulation hyper-réelle.

Si les mythologies des sociétés primitives ou anciennes justifient le présent en ayant recours à des histoires se déroulant dans un lointain passé, le capitalisme fait appel à des histoires se situant dans le futur. C'est ce qui confère à ces récits, initialement considérés la plupart du temps comme imparfaits, le statut de proto-mythes créateurs, utiles au capitalisme pour fédérer les consciences autour d'innovations suscitant un véritable désir collectif. La science-fiction a pour fonction de stimuler le désir, la somme de ces histoires constituant une fantasmagorie générant à son tour une mythologie techno-scientifique.

Il apparait cependant exagéré de mettre sur le même plan les mythes des sociétés polythéistes, grecques ou latines par exemple, avec les récits « mythifiants » des sociétés industrielles. Il est préférable d'évoquer une tendance à la mythification des récits de science-fiction. Les fictions ne peuvent pas toutes accéder au rang de mythe. Seules les plus pertinentes et réussies peuvent prétendre au statut de proto-mythe. Et encore. Il ne faut pas oublier que la science-fiction est avant tout un divertissement, dont la ritualisation singe les systèmes religieux. Pourtant, il n'est pas demandé aux fans de croire dans d'hypothétiques dieux ou héros. La croyance la plus diffusée est celle de la fonction prophétique de ce genre, ce qui mène à interroger la dimension religieuse de ce système culturel. La prophétie est en effet un élément important dans les monothéismes, mais ce terme n'a pas exactement la même signification quand on évoque la faculté de prédire l'avenir grâce à la science-fiction dans les sociétés industrielles. Nous verrons plus loin qu'il est possible d'utiliser la philosophie thomiste de la prophétie pour l'adapter à l'interprétation de la prophétie dans les sociétés industrielles. De même, la définition du mythe dans ces systèmes s'oriente vers le livre bien connu de Roland Barthes consacré aux mythologies contemporaines. La science-fiction, considérée comme une mythologie par certains, comme une prophétie par d'autres, ne pourrait cependant n'être qu'une métaphore critique du capitalisme, la remise en cause de ses excès et de ses dérives. Avant d'aborder la dimension métaphorique du sujet, il convient de proposer une théorie sur la création mythique à travers les fictions sur la réalité virtuelle spécifiques aux sociétés industrielles. Se pose aussi la question de la validité de cette schématisation pour les autres cultures, notamment polythéistes.

La trilogie *Matrix* est le stade ultime du courant cyberpunk. Elle a proposé des représentations du futur du virtuel très stimulantes, conférant un *sursens* à de nombreuses fictions plus ou moins populaires sur le sujet rédigées dans les années précédentes. Il est intéressant de constater une coévolution entre les courbes d'équipement en biens informatiques, de diffusion des fictions sur le sujet, et de la valeur en bourse des entreprises de ce secteur. D'ailleurs, le premier opus de *Matrix* a été diffusé en 1999 au paroxysme de la spéculation boursière dans le secteur des télécommunications. Le capitalisme a généré un système productif autour des innovations dans le secteur des TIC. La science-fiction, imaginaire capitaliste par excellence, a su anticiper certaines innovations, suggérer leur évolution et leur impact dans la mutation sociétale. Les récits cyberpunks ont connu quelques succès commerciaux, mais il serait exagéré de les considérer comme des mythes, au sens religieux du terme, ou sinon au sens de Barthes. *Neuromancien* est une référence culturelle incontournable, mais il est préférable de le considérer comme un proto-mythe, à l'instar de *Tron*. Ces fictions ont introduit la thématique de la réalité virtuelle immersive, de l'incursion de l'être humain dans des simulations informatiques. Les cyberpunks ont par la suite développé de nombreuses fictions sur ce sujet, symptômes et conséquences d'une société en proie à une imagination débordante, pour ne pas dire délirante, une fascination irrationnelle face à une innovation technique au potentiel considérable pour l'avenir de l'Humanité, souvent comparée à l'invention de la roue et de l'imprimerie. *Matrix* est pour l'heure le mythe cyberpunk par excellence. La trilogie dépasse le stade de la fiction en cristallisant les thèmes récurrents de la culture du virtuel pour proposer une téléologie de cette technologie, suggérant qu'elle pourrait unir l'Humanité dans ce que Gibson nommait une « hallucination consensuelle ». Construire un tel réseau apparaissait comme un véritable challenge, tout en posant la question des dangers d'une telle entreprise pour l'Humanité, qui pourrait devenir esclave de son innovation. Néo parvient, après de multiples épreuves, à purifier la matrice et à restaurer la liberté de l'Humanité, bien que la fin du film demeure sujette à une interprétation personnelle du spectateur. Le film fonctionne comme un mythe, comme l'indique Palumbo dans son analyse des films hollywoodiens en termes de monomythe. Cette fiction propose une vision apocalyptique d'une Humanité soumise à l'autorité des machines et inconsciente de son triste sort, mais aussi une vision utopique, avec une technologie du virtuel proposant une reproduction pure et parfaite de la réalité. *Matrix* constitue une référence culturelle importante dans l'univers de l'informatique et des télécommunications. Les autres récits, dont nous avons étudié les différents thèmes, fonctionnent en réseau, apportant chacun une originalité utile à la conceptualisation ultérieure de prototypes, ou de discours sur les applications utopiques et dystopiques de la réalité virtuelle. Le réseau de fictions finit par générer un mythe, qui se révèle à son tour être le point de départ d'une nouvelle matrice imaginaire, qui peut fonctionner cycliquement. La phase de création post-mythique peut provoquer un affaiblissement ponctuel de la créativité et de l'imaginaire sur le sujet traité. De nouveaux récits tentent de rationaliser les thèmes abordés dans le mythe, ce qui est nécessaire à son dépassement ultérieur. Déconstruire le mythe permet de développer de nouvelles théories et philosophies inspirées par les thèmes qui y sont abordés. *Matrix* est un *mythe sectoriel*, c'est-à-dire qu'il touche principalement une catégorie de la population concernée plus ou moins directement par la réalité virtuelle, et ne génère effectivement une croyance qu'auprès de fans relativement nombreux lors de la sortie du film. Ce phénomène est particulièrement visible dans la saga *Star Wars*, qui est souvent considérée comme un mythe, voire comme le seul mythe de la science-fiction en raison de la durée pluri-générationnelle de son succès. Le mythe se crée donc grâce à un réseau fictionnel. Il génère par la suite une rationalisation, puis la création de nouveaux imaginaires dont la fonction est de vénérer et de dépasser le mythe pour créer après quelques années, dans certains cas, un nouveau mythe. La science-fiction génère ainsi des mythes ponctuellement. Dans le cas de la réalité virtuelle, nous constatons une réactualisation du mythe matriciel, autour de la thématique de la vie dans les mondes virtuels, notamment dans les cultures américaines et japonaises.

L'imaginaire sectoriel et le mythe

Dans les sociétés polythéistes ou primitives, les mythes permettent de légitimer l'ordre social et de répondre aux questions métaphysiques que se posent la plupart des êtres humains. Les secteurs économiques constituent des sociétés ou des communautés s'intéressant à des technologies ou des activités spécifiques. Ils doivent légitimer leur fonctionnement propre, grâce à des systèmes culturels, mais aussi à travers des réseaux d'imaginaires proto-religieux, sans pour autant sombrer dans une religiosité sectaire, ce qui pourrait rendre le secteur pathologique. L'imaginaire sectoriel peut dans certains cas générer des mythes. C'est le cas du secteur de la réalité virtuelle, qui unifie ses membres autour de grands mythes comme la saga *Matrix*, et certaines références comme *Neuromancien*, *Le Samouraï Virtuel*, etc. De nombreux secteurs économiques établissent des fictions de référence, élevées au rang de mythes pour les plus fédératrices. Les mythes dynamiques théorisés par Moles ne sont pas seulement détectables au niveau de la grande société. Ils se manifestent sous des formes spécifiques dans des secteurs économiques qui parviennent à les adapter à leurs spécificités. De là naissent les imaginaires techniques. Le mythe dynamique est l'expression d'une structure imaginaire. Les technotypes qui régissent l'histoire des techniques sont l'émanation d'une structure psychique partiellement inconsciente et qui se dévoile progressivement dans des imaginaires individuels diffusés par la suite dans les réseaux de fictions proto-mythiques, avant d'entamer un parcours de légitimation et de concrétisation sous la forme d'innovations technologiques. Le storytelling participe à la structuration des organisations à travers une instrumentalisation de fictions. Développer l'imaginaire est un moyen de stimuler la créativité d'un secteur. Jusqu'à quel point la création imaginaire est elle productive ? Ne risque-t-on pas de générer un délire pathologique, pouvant aller jusqu'à nier les fondements idéologiques du secteur avec la création de mythes négatifs, pouvant remettre en cause la légitimité de l'innovation qui pourrait nuire au genre humain ? Si les fictions sont majoritairement hostiles, critiques d'un point de vue éthique, cela peut provoquer un renversement des opinions internes et externes de l'organisation, et notamment de l'imaginaire des marchés. De même, imaginer le futur lointain des technologies du virtuel peut susciter des inquiétudes sur son impact sur la société, ainsi que des débats potentiellement intéressants pour assurer un développement durable et la pérennité de cette innovation. Si dans un premier temps, l'imaginaire du secteur du virtuel a stimulé les spéculations financières et les investissements, il a pu par la suite susciter des inquiétudes et le retrait de certains acteurs, qui ont réalisé une différence énorme, voire insurmontable, entre l'imaginaire et le mythe sectoriels, et la réalité des marchés. Les années 2000 ont été difficiles pour le secteur du virtuel en raison de l'explosion de la bulle spéculative du secteur des TIC. Il n'en reste pas moins qu'après une période de flottement, les fictions sur le virtuel se sont réaffirmées comme des éléments nécessaires à la dynamique sectorielle. Le livre *Player One*, adapté au cinéma par Steven Spielberg en 2018, incarne un renouveau dans l'imaginaire du virtuel, introduisant des réflexions complexes, ambivalentes, sur l'introduction des casques de réalité virtuelle sur les marchés.

Nous estimons que les acteurs de certains secteurs économiques développent une croyance dans les visions du futur de la science-fiction. Les opposants ou concurrents à ces groupes propagent une critique, notamment de la culture de ces secteurs. Ainsi, les technosciences peuvent être désignées comme dangereuses, en raison de leur fascination pour des représentations de l'avenir souvent dystopiques. Les mythes sectoriels contribuent à générer une mentalité fabulatrice dans des secteurs scientifiques dans lesquels la religion n'est pas forcément une priorité. Or, la croyance dans des systèmes religieux est inévitable dans toutes les sociétés humaines. La plupart des groupes développent des croyances permettant de fédérer les mentalités et d'assurer un fonctionnement optimal des organisations. Pour cela, ces dernières peuvent insérer dans leurs discours stratégiques des fictions et des mythes extérieurs, tout en proposant des fictions spécifiques, notamment grâce au storytellling.

La définition de l'imaginaire et des mythes sectoriels permet-elle d'expliquer l'émergence et la propagation des mythes dans les autres cultures, notamment primitives ? Si non, quelle est la spécificité des mythes sectoriels et de l'imaginaire capitaliste ?

Vernant a posé la question de l'effectivité de la croyance des grecs dans leurs mythes. Les membres du secteur de l'informatique et de la réalité virtuelle croient-ils vraiment à leurs mythes sectoriels ? Quelle est la fonction du mythe sectoriel dans les communautés d'innovateurs ? Nous proposons désormais d'étudier la fonction de métaphore critique de la science-fiction, afin d'évaluer si cet imaginaire est au service du capitalisme ou s'il est trahi par une récupération de ses thèmes, dénonçant initialement les dérives du système productif.

L'immersion virtuelle globale, métaphore critique d'une révolution industrielle

La science-fiction a grandement contribué à la définition du concept d'immersion virtuelle globale. Le but est de montrer comment s'articule un imaginaire technique qui s'est principalement développé à partir des années 1980, et dont la portée s'intensifie au vingt-et-unième siècle avec l'apparition de technologies immersives de plus en plus perfectionnées. La diffusion de l'informatique personnelle, puis la mise en réseau permise par Internet, et les promesses de la mise au point d'une simulation virtuelle globale génèrent des mutations organisationnelles et sociétales, ainsi que des questionnements collectifs vecteurs de représentations imaginaires dont certaines participent à l'innovation technologique, mais aussi à la création de peurs ou de nouveaux espoirs. Rappelons trois exemples de fictions évoquant l'immersion globale, dans la continuité du concept d'hallucination consensuelle, ou de cyberespace de Gibson, et du mythe sectoriel *Matrix*.

Jean-Marc Ligny a imaginé un monde virtuel immersif dans le roman *Inner City*, publié en 1996 et réédité en 2016. Il s'agit d'un des romans cyberpunks français les plus reconnus. Le monde virtuel s'appelle Maya, et l'auteur montre la fracture sociale générée par cette technologie. Les rues de Paris sont vidées des habitants, connectés à Maya. Les banlieues, non connectées, sont peuplées par une population misérable. La virtualisation pose des questions politiques particulièrement d'actualité. L'immersion virtuelle est-elle émancipatrice ? Ne risque-t-elle pas de créer une société dystopique, dans laquelle seuls les plus riches pourront se payer un mode de vie présenté comme utopique par les gestionnaires de réseaux informatiques ? Enfin, le risque de destruction du réseau virtuel, ainsi que la traque contre l'ennemi récurrent de ces simulations, le hacker, sont des thèmes récurrents dans le courant cyberpunk. Ce roman permet de s'interroger sur les réponses politiques à la cybercriminalité.

L'écrivain français Jean-Michel Truong a publié *Le Successeur de pierre* en 1999. La Grande Peste a éradiqué le tiers de l'Humanité. Les gouvernements ont décidé de loger les rescapés dans de gigantesques pyramides constituées de millions de cellules. C'est la politique du Zéro Contact. Les interactions s'effectuent par l'intermédiaire d'une virtualisation. Cette technologie permet dans le futur d'organiser la société en évitant des interactions qui pourraient propager une épidémie mortelle. Il s'agit d'une conséquence ambivalente des progrès et des innovations dans les secteurs de l'informatique et du web. L'immersion virtuelle globale pourrait sauver, mais à quel prix pour les libertés, une espèce humaine menacée d'extinction.

La troisième œuvre est un film de 2016, *Virtual Revolution*. Bien que sa diffusion ait été confidentielle, il réactualise des réflexions sur les conséquences individuelles et collectives d'une immersion virtuelle qui a radicalement modifié la société. Il s'inscrit dans la ligné de *Matrix*, même s'il ne partage pas la moralité du chef d'œuvre hollywoodien. Les terroristes souhaitent détruire ce système, qui est dénoncé comme une source de dégénérescence de l'espèce, mais les utilisateurs finissent par se révolter contre les rebelles, ne souhaitant pas la destruction d'une simulation qui leur procure plus de satisfactions que de désagréments. La dimension addictive des technologies du virtuel est centrale dans cette fiction.

Ces trois récits imaginaires s'inscrivent dans la continuité d'œuvres particulièrement répandues aux Etats-Unis et dans la Silicon Valley. Le courant cyberpunk est reconnu pour avoir contribué à la stimulation de l'imaginaire des innovateurs dans le secteur des TIC. Les représentations de l'immersion globale sont intéressantes car elles révèlent de quelle manière le progrès technique est assimilé dans la société. La science-fiction est un vecteur important de discours à la fois technophiles et technophobes, et touche un public souvent à l'avant-garde de l'innovation. L'imaginaire est un moteur important des révolutions, se manifestant quand la rationalité dominante vacille, libérant des espaces de pensée permettant de concevoir des alternatives, des projets futuristes susceptibles de modifier radicalement un secteur ou une société.

La science-fiction est un puissant imaginaire de la révolution du virtuel. Les révolutions reposent sur des idéaux et sur le remplacement d'une classe dominante par un nouvel ordre. Les révolutions industrielles procèdent par le remplacement d'un système technique par un autre, souvent au service d'une classe d'innovateurs qui diffuse des produits assurant des mutations organisationnelles et de l'ordre social. Si les révolutions politiques diffusent un imaginaire, et des idéologies assurant le lien social et l'unité des groupes révoltés pour changer la société, les révolutions industrielles fonctionnent d'une façon à la fois similaire et divergente. La violence qui caractérise les révolutions politiques est différente pour les révolutions industrielles, même s'il est possible de considérer la révolution politique comme une conséquence des révolutions industrielles qui cherchent à imposer un nouvel ordre technique conférant à la classe ou à la nation qui le maîtrise la domination politique.

L'imaginaire, et plus particulièrement la science-fiction, accompagne les révolutions industrielles, et contribue à une réflexion sur la liberté des humains dans les sociétés technologiquement avancées. Les récits sont ambivalents. Ils peuvent montrer les dérives liberticides du progrès technique et dénoncer la perversité des révolutions industrielles. Ils peuvent aussi faire l'apologie de l'innovation. Ils suscitent parfois une adhésion massive des industriels et contribuent à la dynamique de la révolution technologique qui inspire leurs fictions.

Cette étude s'intéresse particulièrement à la révolution des TIC, et à l'imaginaire technique qui a accompagné l'apparition et la diffusion d'Internet, avec un intérêt particulier pour la réalité virtuelle, et le discours sur la fonction révolutionnaire de cette technologie. L'immersion virtuelle globale est présentée tantôt comme une utopie (*Virtual Revolution*), ou comme une dystopie (*Matrix Revolution*). Il s'agit d'un projet de société effectivement révolutionnaire, qui mérite une réflexion sur la philosophie politique consacrée aux sociétés futures décrites dans la science-fiction. Le concept de révolution dans la science-fiction mène aussi à une réflexion plus large sur les différents types de guérillas et de révoltes, humaines ou robotiques, qui agitent les sociétés dans l'avenir.

L'immersion virtuelle globale est un enjeu de civilisation considérable qui a été pressenti par les auteurs les plus anciens étudiés dans ce livre. Ils ont posé le fondement imaginaire d'une réflexion de philosophie politique. Immerger l'Humanité dans des simulations virtuelles est une métaphore du développement d'Internet et des mutations sociétales que cette nouvelle révolution industrielle implique. Penser le futur d'Internet, et de la réalité virtuelle, passe par l'analyse des discours science-fictionnels, qui ont à de nombreuses reprises proposé des histoires dans lesquelles des mégacorporations jouaient un rôle majeur dans le contrôle d'Internet (par exemple chez les cyberpunks puis dans *Player One*). La science-fiction cyberpunk, amorcée par William Gibson au début des années

1980, introduisait la notion de mégacorporation. Ces entreprises tentaculaires, allant jusqu'à posséder une armée, étaient pour certaines plus puissantes que certains Etats. Elles étaient aussi à l'origine d'innovations comme le cyberespace (*Neuromancien* et la Tessier Ashpool), légitimant le passage à un ordre global proche des théories anarcho-capitalistes. La science-fiction imaginait des univers dystopiques dans lesquels les réseaux informatiques étaient contrôlés par des entreprises géantes pouvant nuire à l'Humanité. Le roman *Player One* pose lui aussi la question du contrôle des mondes virtuels par des entreprises très puissantes. GSS (Gregarious Simulation System) a inventé l'OASIS, la simulation globale, et IOI (Innovative Online Industries) cherche à la contrôler pour établir un système plus rentable et très éloigné de la philosophie du défunt créateur de GSS, James Halliday. A travers ces exemples, il est possible d'évaluer dans quelle mesure ces fictions ont anticipé ou sont la métaphore de problématiques bien réelles relatives au contrôle d'Internet, les entreprises de ces fictions faisant notamment penser aux puissants GAFAM. Ces derniers ne sont-ils pas en train de mettre en place un réseau technique permettant une immersion virtuelle globale, dont la science-fiction appelle souvent à se méfier en raison de risques d'aliénation, et de dictature ? L'industrie du virtuel prend conscience, grâce à l'esprit critique de la science-fiction, des risques de dérives politiques liés à l'élaboration de ce projet global. Réaliser la science-fiction demeure un leitmotiv, tout en considérant qu'il est nécessaire de prendre en compte la dimension critique de cet imaginaire pour mener des politiques d'innovation éthiques. Les GAFAM sont d'ailleurs sous contrôle, l'opinion publique ne manquant pas de s'opposer à des dérives notamment relatives à la protection des données personnelles. A chaque nouvelle innovation, une *science-fictionnalisation* est effectuée. Des scénarii sont imaginés et ont le pouvoir de limiter certains projets, menaçant notamment ultimement les grandes entreprises du projet d'immersion globale d'un démantèlement par les Etats.

Si nous avons défini que le simulacre est le technotype en voie de décryptage grâce à l'imaginaire technique et aux politiques de R&D, il apparaît désormais que l'immersion virtuelle globale est le projet politique qui en découle. Le simulacre fut une notion évoquée au début des années 1980 par certains philosophes comme Jean Baudrillard pour penser ce qui devint Internet, puis l'immersion virtuelle globale. Ce dernier processus est devenu une actualisation de la notion de simulacre. Le technotype a muté avec les progrès stupéfiants de l'innovation dans ce secteur. L'immersion virtuelle globale apparaît comme le technotype révélé par la révolution industrielle soutenue par Internet. D'ailleurs, le mythe sectoriel du virtuel, *Matrix*, est une réflexion sur ce sujet. Chaque révolution industrielle repose sur l'actualisation, la révélation d'un technotype. L'innovation permet de développer un imaginaire technique qui renvoie à des technotypes fondamentaux. L'immersion virtuelle globale est le projet technopolitique sous-jacent du simulacre, conçu comme un technotype présent dans la psyché humaine fondamentale. Accéder à ces données inconscientes passe par la stimulation de l'imaginaire, grâce notamment à des systèmes sociaux et politiques adaptés et propices à la créativité. Le système américain favorise l'imaginaire technique depuis le dix-neuvième siècle, ainsi que l'innovation. Le capitalisme se caractérise particulièrement par sa capacité à se renouveler, comme l'ont montré Schumpeter et de nombreux théoriciens. Si ses opposants souhaitent une révolution contre son existence, ses adeptes savent souvent s'adapter aux révolutions internes. Les révolutions industrielles apparaissent régulièrement, cycliquement, pour introduire des innovations importantes vectrices de mutations sociétales à vocation universelle. La révolution du virtuel, amorcée avec Internet et tendant vers l'immersion globale dans les prochaines décennies, nourrit le capitalisme d'un imaginaire futuriste servant de vision stratégique aux innovateurs, mais aussi aux futurs consommateurs. L'immersion virtuelle globale est une actualisation, une nouvelle étape d'un technotype concentrant des réactions ambivalentes de la part de technophiles et de technophobes.

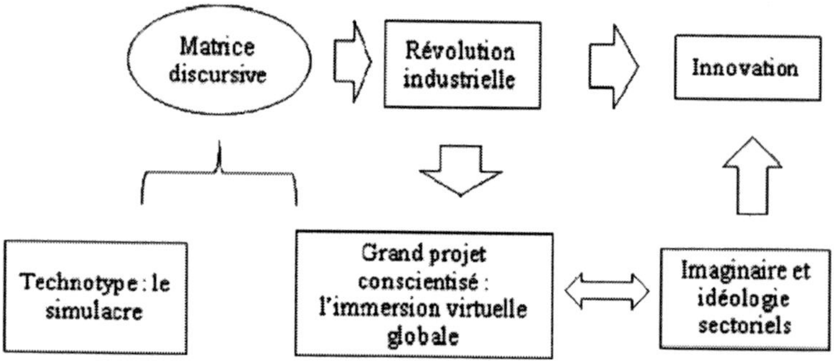

Fig.2 Du technotype à la fiction instituante, éléments de dynamique du capitalisme.

Les œuvres de science-fiction étudiées font donc penser à une métaphore critique de l'informatisation des sociétés, puis de leur virtualisation. Les jeux vidéo, puis Internet provoquent une telle fascination et une telle mutation des organisations que des fantasmes et des imaginaires participent à leur assimilation par les individus. Bon nombre des fictions sur la réalité virtuelle se déroulent dans le futur. Qu'est-ce qui permet de considérer ces récits comme des prophéties du système capitaliste ?

Une prophétie industrialiste

Le système industriel a développé une rationalité remettant en question les prophéties provenant notamment de sectes ou de religions. Le futur est rationalisé, décrit par des fictions et des scénarios provenant de prospectivistes ou de futurologues. Penser le futur est une activité stratégique de plus en plus importante pour les organisations et les sociétés. La science-fiction permet de diffuser des visions auprès d'une audience très large, en raison de sa popularité, certains spécialistes la considérant comme une culture populaire, alors que d'autres la perçoivent comme un genre élitiste, diffusé en majorité dans les communautés scientifiques. Les deux conceptions sont valables. Certaines superproductions américaines rencontrent de grands succès, comme les films *Avatar*, ou *Star Wars*. C'est l'occasion d'introduire des technologies utopiques qui feront fantasmer les spectateurs, comme nous avons déjà pu le montrer dans la partie consacrée à l'imaginaire des casques de réalité virtuelle. Par ailleurs, les fans de science-fiction développent une culture plus approfondie, constituée de références plus confidentielles et souvent très innovantes en termes d'imaginaire technoscientifique. La culture geek est devenue en quelques années un phénomène majeur, qui incite à se pencher sur la fonction des visions du futur technologique qui ont fait sa renommée dans la plupart des pays développés. L'industrie a besoin de fictions pour mobiliser ses travailleurs, à tous les niveaux de son système de production. Dans la lignée de la théorie de la prophétie de saint Thomas d'Aquin, interrogeons nous sur un aspect fondamental des processus d'innovation, la convergence entre l'imaginaire prophétique et sa réalisation en actes.

Thomas d'Aquin appelle à se méfier des faux prophètes. Il convient de se demander si les auteurs de science-fiction appartiennent à cette catégorie. Un vrai prophète ne se définit pourtant pas de la même manière à l'époque de Thomas d'Aquin, au Moyen Age, dans laquelle la religion était toute puissante, et au vingt-et-unième siècle où un ordre global industrialiste fonctionne par delà les clivages religieux. La théorie de Thomas d'Aquin peut cependant s'appliquer à notre sujet. Le monde industriel produit des fictions du futur utiles pour gouverner le système productif. Les auteurs de science-fiction admettent rarement que leur but est de décrire le monde tel qu'il sera effectivement. Leurs œuvres sont pourtant des sources d'inspiration pour les leaders d'opinion. Des courants comme le transhumanisme dérivent de cet imaginaire et assurent l'interface entre des auteurs créatifs et le système d'innovation capable grâce à des investissements dans l'intellect, de mettre au point des technologies utopiques commercialisables. La multiplication des récits futuristes depuis le dix-neuvième siècle contribue à spiritualiser le système productif. Il s'agit d'un imaginaire de l'innovation globale, susceptible de déterminer les orientations de la R&D de certains secteurs. Le courant cyberpunk propose des récits se déroulant dans des futurs relativement proches, contribuant activement aux processus d'innovation. Le genre incite à s'interroger sur l'impact du virtuel sur la vie quotidienne dans les décennies à venir. C'est notamment le cas du film *Retour vers le futur 2*, dont les descriptions du futur se sont révélées en partie exactes, notamment en ce qui concerne la diffusion des casques de réalité virtuelle, ce qui entretient la fascination collective pour ce type de science-fiction.

Saint Thomas évoque saint Augustin pour décrire le fonctionnement de la prophétie :

> « Selon S. Augustin, ce n'est pas la vision imaginative qui fait un prophète, mais seulement la vision intellectuelle (...) Or la vision intellectuelle, comme le remarque encore S. Augustin, ne se produit pas par certaines similitudes, mais par la vérité même des réalités. La révélation prophétique ne semble donc pas se faire par l'impression d'images ou d'idées[100] ».

Il propose une description du processus menant de l'idée à l'acte, et de la fonction de la prophétie :

> « D'après S. Augustin, « la connaissance prophétique a surtout pour siège l'esprit ». Or, au sujet de la connaissance de l'esprit humain, il y a deux choses à considérer : le mode de réception ou de représentation des réalités, et le jugement sur les réalités représentées. Les réalités sont représentées à l'esprit humain par les idées (ou species) ; normalement, il est nécessaire que ces idées ou species passent par les sens, puis par l'imagination, et aboutissent à l'intellect possible : celui-ci est modifié par les phantasmes qu'éclaire l'intellect agent. Or l'imagination ne fait pas que recevoir les formes des choses sensibles telles qu'elles viennent des sens, mais elle subit aussi diverses transformations : soit par suite de modifications

[100] Saint Thomas d'Aquin, *La Prophétie*, Paris, Les Editions du Cerf, 2005, p. 89-90

corporelles, comme il arrive dans le sommeil ou la folie, soit par suite d'une intervention de la raison, qui dispose les phantasmes en vue de ce qu'il faut comprendre. Quand, en effet, on change l'ordre des mêmes lettres d'un mot, le sens diffère, de même aussi, si l'on dispose de diverses manières les phantasmes, il résulte dans l'intelligence des idées intelligibles différentes. – Quant au jugement de l'esprit humain sur ces représentations, il dépend de la force de la lumière intellectuelle qui les éclaire[101] ».

Ainsi, il convient de se méfier de la représentation du futur purement imaginative :

« On désignera comme prophète celui dont l'intelligence seule aura été éclairée pour juger même ce que d'autres ont vu imaginativement[102] ». Toutefois, « Ne faut-il pas appeler prophètes, au sens propre, ceux qui ont une vision à la fois imaginative et intellectuelle, plutôt que ceux qui n'ont qu'une vision intellectuelle ?[103] ».

En suivant cette analyse, il est possible de considérer que les récits futuristes sur la réalité virtuelle peuvent être considérés comme des prophéties, dans un sens non religieux. L'auteur de science-fiction développe un imaginaire futuriste qui est par la suite interprété, voire instrumentalisé, par le système industriel, intellectuel. Imaginaire et intellect vont de paire quand il s'agit de prophétiser, notamment dans le système industriel.

Au niveau moral, il est toujours possible d'estimer que la science-fiction diffuse des pensées néfastes ce qui ferait de ses auteurs des faux prophètes, des démons dans la terminologie théologique. La science et la technique sont souvent abordées avec suspicion par les autorités morales avant, souvent, d'être assimilées à des cadeaux de Dieu à l'Humanité.

---

[101] *Ibid*, p. 91-92
[102] *Ibid*, p. 93
[103] *Ibid*, p. 117

Conclusion

L'innovation repose en partie sur des fictions, qui finissent par devenir instituantes quand elles sont relayées et appréciées par des acteurs volontaristes. Nous avons constaté que des cycles existent dans la création des imaginaires. Pendant plusieurs années, un thème se propage chez les créatifs, relayant bien souvent un questionnement collectif relatif à des données en voie de rationalisation. Certains champs de la recherche scientifique ou technique se heurtent bien souvent à des limites, liées par exemple à la méconnaissance de certaines lois ou à un manque de données assurant l'établissement de régularités permettant d'effectuer des découvertes pouvant mener à des innovations commercialisables. A la question « Qu'est-ce qu'on ne sait pas ? », la science-fiction propose des expériences de pensées, des spéculations parfois à la limite de la rationalité. Elle mène l'esprit humain vers ses limites, repoussant les barrières cognitives qui pourraient neutraliser la vocation de pionniers des scientifiques.

L'imaginaire de la réalité virtuelle est passé par plusieurs phases. Les fondateurs évoquèrent une technologie révolutionnaire, extrapolant les découvertes dans les secteurs de l'informatique et de l'intelligence artificielle. Revenir vers ces œuvres permet de constater que les réflexions éthiques actuelles sont largement issues des problématiques édulcorées par la science-fiction dès les années 1970-80. Des récits comme *Neuromancien* ou *Terminator* ont contribué à l'élaboration de représentations collectives qui structurent désormais les débats scientifiques, par exemple sur l'évolution de l'intelligence artificielle. Des leaders comme Bill Gates, Elon Musk ou Stephen Hawking appellent régulièrement à prendre des mesures contre un développement incontrôlé des machines, faisant penser à des acteurs dont la vision du futur est structurée par des peurs dont l'origine science-fictionnelle est en partie irrationnelle. Par ailleurs, certaines œuvres s'interrogent sur les vertus de la réalité virtuelle. Bien souvent, le lecteur ou le spectateur est intrigué et fasciné par cette technologie qui permet de vivre dans une réalité parallèle où les facultés humaines sont considérablement augmentées, donnant l'impression d'évoluer dans un rêve. La plupart de ces fictions dégénèrent, montrant les dérives possibles de cette innovation, si elle n'est pas maîtrisée et contrôlée par des institutions responsables et éthiques. Certaines œuvres comme *Matrix* s'interrogent aussi d'un point de vue métaphysique sur la structure de la réalité. Philip K. Dick fut un précurseur de cette thématique. Qu'est-ce qui permet de distinguer le réel de la réalité virtuelle, quand la technologie atteint un haut niveau de sophistication ?

La science-fiction a pour fonction d'imaginer les applications sociétales des innovations et des découvertes scientifiques. Elle a tendance à projeter dans le futur des découvertes dont certaines se réalisent. L'auteur de science-fiction est ainsi régulièrement convoqué par des institutions, publiques ou privées, pour faire part de ses visions concernant l'avenir. Bon nombre d'entre eux refusent le qualificatif de prophètes. Pourtant, ils acceptent de consacrer une partie de leur temps pour effectuer des travaux de prospective dans de nombreux pays sur tous les continents. En ce qui concerne le secteur de la réalité virtuelle, il est intéressant de constater que ces dernières années, les innovations ont rattrapé de nombreuses fictions. Pourtant, à chaque fois que la technologie rattrape les représentations du futur, ces dernières se renouvellent et proposent des conceptions originales, challengeant à nouveau les innovateurs. La série *Black Mirror* a depuis 2011 contribué à renouveler les visions du futur dans le secteur des TIC d'une manière comparable aux cyberpunks dans les années 1980. Le virtuel est un élément central dans plusieurs épisodes dont certains sont présentés dans ce livre. Les innovations qui y sont présentées ne verront peut-être jamais le jour. D'ailleurs, cela n'est pas souhaitable tant les dérives qui y sont associées sont rédhibitoires. Dans ce cas, la science-fiction est un miroir déformant de la société, de son futur. Elle envisage le pire pour que les organisations évitent certains écueils. Cette démarche fut aussi utilisée par les cyberpunks, qui ne considéraient que rarement la technologie comme un bien absolu. Systématiquement, leurs œuvres se focalisaient sur les dérives potentielles de la technologie. Cette caractéristique de la science-fiction est peut-être la raison pour laquelle elle est considérée par de nombreuses personnes comme un mauvais genre. Elle fait souvent preuve d'une forme de perversité intellectuelle pour faire du futur un monde certes révolutionné par la technologie, mais aussi créé et contrôlé par une Humanité à la nature parfois vicieuse. C'est aussi ce qui fait le succès de cet art. En représentant un futur dans lequel l'Humanité est encore plus vicieuse que dans la réalité, la science-fiction touche un large public conscient des limites de la société pour éviter de sombrer dans son côté obscur, voire dans la barbarie. Pendant une trentaine d'années, les cyberpunks et les écrivains du futur ont décrit la réalité virtuelle comme une technologie utopique, qui n'existait d'abord que dans l'esprit de quelques pionniers, puis de quelques laboratoires institutionnels. Ces récits étaient généralement considérés comme des projections utiles pour le secteur des jeux vidéo. La dimension réticulaire de la réalité virtuelle faisait de ces récits des extrapolations sur le futur d'Internet. Depuis 2010, les œuvres sont de plus en plus réalistes. La réalité virtuelle atteint un bon niveau de fiabilité, de grandes entreprises comme Samsung, Google, Microsoft ou Facebook investissent des milliards de dollars en R&D, pariant sur une diffusion massive de cette technologie dans les prochaines années et décennies. Si bien que certains films innovent pour suggérer l'avènement de nouveaux modes de connexion au virtuel, les casques devenant obsolètes. La technologie des casques semble avoir atteint son paroxysme dans la science-fiction avec le roman *Player One*. *Black Mirror* rend dans certains épisodes ces derniers inutiles, une simple pastille sur une tempe suffisant parfois à la connexion aux mondes virtuels. Les représentations de la neuroconnexion ont considérablement évolué. Les cyberpunks la montraient comme une pratique répandue dans leurs futurs hyperconnectés. Il fallait que les protagonistes se dotent d'une prise, souvent dans la colonne vertébrale, comme dans *Neuromancien*, *eXistenZ* ou *Matrix*, pour accéder à une simulation optimale. Ces représentations ont certainement rebuté une partie de la population. Si bien que les films ne font plus que très rarement référence à cette technologie. La neuroconnexion demeure une technologie utopique, permettant une connexion du système nerveux humain à une réalité simulée par ordinateur. Mais la science-fiction a probablement contribué à générer des représentations négatives de cette technologie, dans le prolongement de la cyberculture. Cette dernière, si elle a permis la rencontre des artistes et des scientifiques, principalement dans les années 1990, a aussi contribué à diaboliser en partie la réalité virtuelle. La neuroconnexion, bien que largement méconnue, fut considérée davantage comme un instrument de torture que comme un objet permettant d'accéder à des loisirs de nouvelle génération. La sensation de cinétose n'est que rarement évoquée dans les œuvres étudiées, bien qu'une partie de la population soit décrite comme technopathe vis-à-vis de cette technologie. De même l'excès de connexion peut mener à une forme d'autisme, proche de ce que Lucien Sfez nommait le tautisme dans *Critique de la communication*.

Les innovateurs doivent jouer avec les représentations collectives pour s'assurer du succès de leurs produits. Ils doivent évaluer si leur produit est considéré positivement ou négativement par les marchés avant de le commercialiser. Dans le cas où le produit est perçu négativement, il est possible de corriger cet inconvénient en créant de nouvelles représentations, plus favorables. La publicité peut jouer ce rôle. Il est aussi possible de créer de la science-fiction institutionnelle, c'est-à-dire des récits financés par les grandes entreprises et diffusés par la suite gratuitement sur Internet. Cette pratique est notamment décrite dans *L'innovation, entre science et science-fiction*. Les entreprises doivent se poser la question, avant de diffuser une innovation, de sa compatibilité avec l'imaginaire collectif. Sans cela, elles pourraient être vouées à l'échec.

Il n'en reste pas moins que la réalité virtuelle s'inscrit dans la continuité d'un processus d'innovation très ancien, amorcé par l'invention du théâtre, puis de la télévision et d'Internet. La science-fiction permet un travail de prospective, particulièrement utile pour promouvoir la réalité virtuelle vertueuse et pour critiquer les éventuels dérives et dangers de cette technologie. Une dualité existe dans cet imaginaire technique. D'un côté, les dangers pour la santé physique et mentale des utilisateurs sont mis en avant. D'autre part, ces fictions convergent vers une promesse collectivement partagée, de la création de réalités parallèles, de métavers, d'univers artificiels susceptibles de satisfaire les désirs les plus fous des utilisateurs, dans lesquels la frustration n'existerait plus, où l'individu deviendrait aussi puissant qu'il le souhaite, devenu démiurge d'univers créés à son image et sans limites. Le transhumanisme promet la mutation de l'espèce humaine vers ces univers, provoquant une évolution des caractéristiques de l'Humain. Cet utopisme spiritualiste sert de discours quasi idéologique aux promoteurs de la réalité virtuelle depuis les années 1980. Il n'en reste pas moins que les rapports au corps et à la matière pourraient devenir des enjeux cruciaux dans les prochaines années, certaines fictions promettant notamment à l'esprit humain de devenir immortel en quittant son enveloppe corporelle imparfaite et mortelle pour s'emparer de corps supérieurs, voire de machines capables pour certaines, guidées par la seule pensée humaine, d'explorer l'univers physique.

Bibliographie

ALSFORD Mike, *What if?: Religious themes in science fiction*, Darton, Longman & Todd, 2000.

ALTER Norbert, *Sociologie de l'entreprise et de l'innovation*, PUF, Paris, 1996.

ALTER Norbert, *L'innovation ordinaire*, PUF, Paris, 2010.

ALDRIDGE Alexandra, *The scientific world view in dystopia.* Ann Arbor: UMI Research Press, 1984.

ALKON Paul K., *Origins of Futuristic Fiction*, University of Georgia Press, 2010.

ALKON Paul K., *Science Fiction Before 1900: Imagination Discovers Technology*, Routledge, Londres, 2002.

ALTSHULLER Genrich Saulovich., *How to learn how to invent*, Tambov Publishing House, Tambov, 1964.

ALTSHULLER Genrick Saulovich, *Creativity is an exact science: The theory of the solution of inventive problems*, Gordon and Breach Science Publishers, 1984.

ALTSHULLER Genrick Saulovich, *The innovative algorithm: TRIZ, systematic innovation, and technical creativity*, Technical Innovation Center, Worchester: Massachussets, 1999.

AMABILE T.M., *The social psychology of creativity*, Springer-Verlag, New York, 1983.

AMABILE Teresa M., *Creativity and innovation in organizations*, Harvard Business School, Boston, 1996.

ANTCZAK Janice, *Science fiction: the mythos of a new romance*, Neal-Schuman, New York, 1985.

ANSART Pierre, *Les idéologies politiques*, PUF, Paris, 1974.

ARONOWITZ S. (dir.), MARTINSONS B. (dir.), MENSER M. (dir), RICH J. (dir.), *Technoscience and Cyberculture*, Routledge, Londres, New York, 1995.

ATTALI Jacques, *Peut-on prévoir l'avenir?*, Fayard, Paris, 2015.

AUSTIN John Langshaw, *Quand dire c'est faire*, Seuil, Paris, 1991.

BADIOU Alain, *De l'idéologie*, F. Maspero, Paris, 1976.

BACHELARD Gaston, *L'eau et les rêves: essai sur l'imagination de la matière*, J. Corti, Paris, 1987.

BACHELARD Gaston, *Le nouvel esprit scientifique*, PUF, Paris, 1987.

BACHELARD Gaston, *L'air et les songes: essai sur l'imagination du mouvement*, J. Corti, Paris, 1990.

BACHELARD Gaston, *La poétique de l'espace*, PUF, Paris, 1992.

BACHELARD Gaston, *La psychanalyse du feu*, Gallimard, Paris, 1992.

BACHELARD Gaston, *La poétique de la rêverie*, PUF, Paris, 2005.

BACON-SMITH Camille, *Science fiction culture*, University of Pennsylvania press, Philadelphia, 2000.

BAECHLER Jean, *Qu'est-ce que l'idéologie ?*, Gallimard, Paris, 1976.

BAINBRIDGE William Sims, *Dimensions of science fiction*, Cambridge (Mass.), Harvard University Press, 1986.

BALANDIER Georges, *Le grand système*, Fayard, Paris, 2001.

BARBROOK Richard, *Imaginary futures – From thinking machines to the global village*, Pluto Press, Londres, 2007.

BARETS Stan, *Le science-fictionnaire*, Denoël, Paris, 1994.

BARTHES Roland, *Mythologies*, Ed. du Seuil, Paris, 1957.

BAUDRILLARD Jean, *Amérique*, Le livre de poche, Paris, 1998.

BEAU Franck (dir.), *Culture d'univers. Jeux en réseau, mondes virtuels, le nouvel âge de la société numérique*, Fyp éditions, Limoges, 2007.

BELL Daniel, *La fin de l'idéologie*, PUF, Paris, 1998.

BERGER Peter L., LUCKMANN Thomas, *La construction sociale de la réalité*, A. Colin, Paris, 1976.

BERGER René, *L'origine du futur*, Ed. du Rocher, Monaco, 1996.

BERGSON Henri, *La pensée et le mouvant*, PUF, Paris, 1938.

BERSAUDE-VINCENT Bernadette, *Les vertiges de la technoscience*, La Découverte, Paris, 2009.

BERTHIER Denis, *Méditations sur le réel et le virtuel*, L'Harmattan, Paris, 2004.

BETTELHEIM Bruno, *Psychanalyse des contes de fées*, Robert Laffont, Paris, 1976.

BLOCH Ernst, *L'esprit de l'utopie*, Gallimard, Paris, 1977.

BLY Robert, *The science in science fiction: 83 SF predictions that became scientific realities*, BenBella Books, 2005.

BOIA Lucien, *L'Exploration imaginaire de l'espace*, La Découverte, Paris, 1987.

BOIA Lucien, *La Fin du monde, une histoire sans fin*, La Découverte, Paris, 1989.

BOIA Lucien, *Pour une histoire de l'imaginaire*, Les Belles Lettres, Paris, 1998.

BOLTANSKI Luc et CHIAPELLO Eve, *Le nouvel esprit du capitalisme*, Gallimard, Paris, 1999.

BOUDON Raymond, *L'idéologie, ou l'origine des idées reçues*, Points Essais, Paris, 1992.

BRETON Philippe, *L'utopie de la communication, le mythe du village planétaire*, La Découverte, Paris, 1995.

BRETON Philippe, *Le culte de l'Internet. Une menace pour le lien social ?*, La Découverte, Paris, 2000.

BROWN Tim, *Change by design: How design thinking transforms organizations and inspires innovation*, Harper Bus, New York, 2009.

BUKATMAN Scott, *Terminal Identity: The virtual subject in postmodern science fiction*, Durham, Duke University Press, Londres, 1993.

BUDERI Robert, *Engines of tomorrow: how the world's best companies are using their research labs to win the future*, Simon & Schuster, New York, 2000.

CANGUILHEM Georges, *Idéologie et rationalité dans l'histoire des sciences de la vie*, J. Vrin, Paris, 2002.

CANTO Christopher, *The history of the future: images of the 21st century*, Flammarion, Paris, 1993.

CARRET Philip L., *The art of speculation*, Cosimo, New York, 2006.

CARRIER Camille et GELINAS Sylvie, *Créativité et gestion, les idées au service de l'innovation*, Presses de l'Université du Québec, 2011.

CASTELLS Manuel, *La galaxie Internet*, Fayard, Paris, 2001.

CASTORIADIS C., *L'institution imaginaire de la société*, Seuil, Paris, 1999.

CAVALLARO Dani, *Cyberpunk and cyberculture: science fiction and the work of William Gibson*, The Athlone Press, Londres, 2001.

CAZES Bernard, *Histoire des futurs, les figures de l'avenir de Saint-Augustin au XXIème siècle*, Seghers, Paris, 1986.

CHESBROUGH Henry, *Open innovation: The new imperative for creating and profiting from technology*, Harvard Business School Press, Cambridge, Massachussets, 2003.

CHIRPAZ François, *Raison et déraison dans l'utopie*, L'Harmattan, Paris, 1992.

CHRISTENSEN Clayton M, *The innovator's dilemma : When new technologies cause great firms to fail*, Harvard business school press, Boston, Massachussets, 1997.

CLEGG Brian, *Ten billion tomorrows : How science fiction technology became reality and shapes the future*, St. Martin's Press, 2015.

CSIKSZENTMIHALYI Mihaly, *La créativité : psychologie de la découverte et de l'invention*, Robert Laffont, Paris, 1990.

COLLET Isabelle, *L'informatique a-t-elle un sexe ? Hackers, mythes et réalité*, Ed. l'Harmattan, Paris, 2006.

CROZIER Michel et FRIEDBERG Erhard., *L'acteur et le système*, Seuil, Paris, 1977.

DAVIS Erik, *TechGnosis : Myth, Magic, and Mysticism in the Age of Information*, North Atlantic Books, Berkeley, 2015.

DERY Mark, *Vitesse virtuelle, la cyberculture aujourd'hui*, Abbeville Press France, Paris, 1997.

DESTUTT DE TRACY Antoine-Louis-Claude, *Projet d'éléments d'idéologie*, L'Harmattan, Paris, 2005.

DISCH Thomas M., *The dreams our stuff is made of: how science fiction conquered the world*, Free Press, New York, Londres, Toronto, 2000.

DREGNI Eric et John, *Follies of science – 20th century visions of our fantastic future*, Speck Press, Denver, 2006.

DUBEY Gérard, *Le lien social à l'ère du virtue*l, PUF, Paris, 2001.

DUNNE Anthony Dunne et RABY Fiona, *Speculative everything: design, fiction, and social dreaming*, MIT Press, Londres, 2013.

DURAND Gilbert, *Les structures anthropologiques de l'imaginaire*, Dunod, Paris, 1993.

DURAND Gilbert, *Introduction à la mythodologie*, Librairie générale française, Paris, 2000.

EASTON Lee et SCHROEDER Randy, *The influence of imagination : Essays on science fiction and fantasy as agents of social change*, McFarland & Company, 2008.

EIZYKMAN Boris, *Science-fiction et capitalisme, critique de la position de désir de la science*, Mame, Tours, 1974.

ELIADE Mircea, *Aspects du mythe*, Gallimard, Paris, 1963.

ELIADE Mircea., *Le sacré et le profane*, Gallimard, Paris, 1967.

ELIAS Norbert, *L'utopie*, La Découverte, Paris, 2014.

ELLUL Jacques, *Le bluff technologique*, Hachette, Paris, 1988.

ELLUL Jacques, *La technique ou l'enjeu du siècle*, Economica, Paris, 1990.

ELLUL Jacques, *Le système technicien*, Le Cherche-Midi, Paris, 2004.

ENRIQUEZ Eugène, *L'organisation en analyse*, PUF, Paris, 2003.

FISCHER Hervé, *La société sur le divan, Eléments de mythanalyse*, vlb, Montréal, 2007.

FLICHY Patrice, *L'innovation technique : Récents développements en sciences sociales, vers une nouvelle théorie de l'innovation*, La Découverte, Paris, 1995.

FLICHY Patrice, *L'imaginaire d'Internet*, La Découverte, Paris, 2001.

FREEDMAN Carl, *Critical theory and science fiction*, Wesleyan University Press, 2000.

FUKUYAMA Francis, *La fin de l'histoire et le denier homme*, Flammarion, Paris, 1992.

GARÇON Anne-Françoise, *L'imaginaire et la pensée technique : Une approche historique, XVIe-XXe siècle*, Éditions Classiques Garnier, Paris, 2012.

GAUDIN Thierry, *Le temps du germe, philosophie de l'innovation*, Strasbourg, Sophon, 1987.

GEOFF King, *Science fiction cinema: from outerspace to cyberspace*, Wallflower, London, 2000.

GILLE Bertrand, *Histoire des techniques : Technique et civilisation, techniques et sciences*, Gallimard, Paris, 1978.

GODET Michel, *From anticipation to action: a handbook of strategic prospective*, UNESCO Publ., Paris, 1994.

GOIMARD Jacques, *Univers sans limites, Critique de la science-fiction*, Pocket, Paris, 2002.

GOLDEN Kenneth L., *Science fiction, Myth, and Jungian psychology*, The E. Mellen press, Lewiston, 1995.

GOUANVIC Jean-Marc, *Sociologie de la traduction : la science-fiction américaine dans l'espace culturel français des années 1950,* Artois Presses Université, Arras, 1999.

GRAS Alain, POIROT-DELPECH Sophie, *L'imaginaire des techniques de pointe*, Ed. l'Harmattan, Paris, 1989.

GRAS Alain, *Les macro-systèmes techniques*, PUF, Paris, 1997.

GRAS Alain, *Les imaginaires de l'innovation technique*, Manucius, Paris, 2013.

GREGORY Alan., *Science fiction theology: beauty and the transformation of the sublime*, Baylor University Press, 2015.

GRENIER Christian, *La science-fiction, lectures d'avenirs?*, Presses Universitaires de Nancy, Nancy, 1994.

GRESCH Lois H., WEINBERG Robert., *The computers of Star Trek*, BasicBooks, New York, 2001.

GRESH Lois H., *The science of superheroes*, J. Wiley & Sons, Hoboken (N.J.), 2002.

GUELLEC Dominique, *Economie de l'innovation*, Ed. La Découverte, Paris, 1999.

HABERMAS Jurgen, *La technique et la science comme idéologie*, Gallimard, Paris, 1990.

HANEY William S., *Cyberculture, cyborgs and science fiction: Consciousness and the posthuman*, Rodopi, 2006.

HATCHUEL Armand, WEIL Benoit, LE MASSON Pascal, *Les processus d'innovation: Conception innovante et croissance des entreprises*, Hermès, Lavoisier, Paris, 2008.

HAYLES N.Katherine., *How we became posthuman: virtual bodies in cybernetics, literature, and informatics*, University of Chicago Press, Chicago, (Ill.), 1999..

HEUSER Sabine, *Virtual geographies: cyberpunk at the intersection of the postmodern and science fiction*, Rodopi, Amsterdam, New York, 2003.

HIPPEL Eric von, *The sources of innovation*, Oxford university press, New York, 1988.

HOLTON Gerald, *L'imagination scientifique*, Gallimard, Paris, 1981.

HOTTOIS Gilbert, *Philosophie et science-fiction*, Vrin, Paris, 2000.

HOTTOIS Gilbert, *Généalogies philosophique, politique et imaginaire de la technoscience*, Vrin, Paris, 2013.

HOUGRON Alexandre, *Science-fiction et société*, Paris, PUF, 2000

ICHBIAH Daniel, *Robots : From science fiction to technological revolution*, Harry N. Abrams, 2005.

JAMESON Frederic., *Postmodernism or the cultural logic of late capitalism*, Verso, London, New York, 1991.

JAMESON Frederic, *Archéologie du futur, un désir nommé utopie*, Max Milo, Paris, 2007.

JAMESON Frederic, *Archéologie du futur, penser la science-fiction, Tome 2.*, Max Milo, Paris, 2008.

JOHNSON Brian David, *Science fiction for prototyping: Designing the future with science fiction*, Morgan & Claypool Publishers, 2011.

KREUZIGER Frederick A., *The religion of science fiction*, Bowling Green, Ohio, Bowling Green state university popular press, 1986.

KUHN Thomas Samuel, *The structure of scientific revolution*, University of Chicago Press, 1979.

LABOUNOUX Gérard, *Malaise dans l'organisation : le pouvoir imaginaire*, L'Harmattan, Paris, 1997.

LAFONTAINE Céline, *L'empire cybernétique*, Seuil, Paris, 2004.

LANGLET Irène, *La science-fiction: Lecture et poétique d'un genre littéraire*, Armand Colin, 2006.

LANIER Jaron, *Internet : qui possède notre futur ?*, Le Pommier, Paris, 2014.

LARDEAU Guy, *Fictions philosophiques et science-fiction: récréation philosophique*, Actes Sud, Arles, 1988.

LATOUCHE Serge, *La mégamachine: raison techno-scientifique, raison économique et mythe du progrès: essais à la mémoire de Jacques Ellul*, Ed. La Découverte, Paris, 2004.

LATOUR Bruno, *La science en action*, La Découverte, Paris, 1989.

LATOUR Bruno, *Aramis ou l'amour des techniques*, Ed. La Découverte, Paris, 1992.

LATOUR Bruno, *La vie de laboratoire*, La Découverte, Paris, 1993.

LEARY Timothy, *Chaos et cyberculture*, Editions du Lézard, Paris, 1998.

LEROI-GOURHAN André, *L'homme et la matière*, Albin Michel, Paris, 1943.

LUOKKALA Barry B., *Exploring science through science fiction*, Springer Science & Business Media, 2013.

LYOTARD Jean-François, *La condition postmoderne. Rapport sur le savoir*, Editions de Minuit, Paris, 1978.

MABUYA Frédérick T., *Les mondes virtuels dans la science-fiction*, Publibook, Paris, 2010.

MAHIEUX Francis, *La prévision de l'innovation de l'entreprise*, Droz, Genève, Paris, 1975.

MAFFESOLI Michel, *Imaginaire et postmodernité*, Manucius, Paris, 2013.

MALRIEU Philippe, *La construction des imaginaires*, L'Harmattan, Paris, 2000.

MANNHEIM Karl, *Idéologie et utopie*, Ed. de la Maison des sciences de l'homme, DL, Paris, 2006.

MARCUS George .E., *Technoscientific Imaginaries*, University of Chicago Press, Chicago, 1995.

MARTINET Alain Charles et PESQUEUX Yvon., *Epistémologie des sciences de gestion*, Vuibert, Paris, 2013.

MATTELART Armand, *Histoire de l'utopie planétaire. De la cité*

MICHAUD Thomas, *Télécommunications et science-fiction*, Editions Memoriae, Paris, 2008.

MICHAUD Thomas, *La stratégie comme discours, la science-fiction dans les centres de recherche et développement*, L'Harmattan, Paris, 2010.

MICHAUD Thomas, *Prospective et science-fiction*, L'Harmattan, Paris, 2010.

MICHAUD Thomas, *L'imaginaire et l'organisation : la stimulation de l'innovation technoscientifique par la science-fiction*, L'Harmattan, Paris, 2014.

MICHAUD Thomas, « La dimension imaginaire de l'innovation : l'influence de la science-fiction dans la construction du cyberespace », *Innovations, Revue d'économie et de management de l'innovation*, n°44, 2014/2.

MINOIS Georges, *Histoire de l'avenir, des prophètes à la prospective*, Fayard, Paris, 1996.

MINTZBERG Henry, *Structure et dynamique des organisations*, Ed. d'Organisation, Paris, 1994.

MINVIELLE Nicolas, WATHELET Olivier, MASSON Antony, *Jouer avec les futurs : utilisez le design fiction pour faire pivoter votre entreprise*, Pearson Education, Paris, 2016.

MOLES A., « La fonction des mythes dynamiques dans la construction de l'imaginaire social », *Cahiers de l'imaginaire*, n°5/6, 1990, p. 9-33.

NELSON Richard et WINTER Sidney, *An evolutionary theory of economic change*, Harvard University Press, Cambridge, Massachussets, 1982.

NOBLE David F., *The religion of technology, the divinity of Man and the spirit of invention*, A. A. Knopf: Distributed by Random House, New York, 1997.

OSBORN Alex, *Applied imagination: Principles and procedures of creative thinking*, Charles Scribner's Sons, New York, 1953.

PARENT Jean et SEPARI Sabine, *La société technicienne des origines à nos jours*, PUF, Paris, 2001.

PARKER Martin. (ed.), *Utopia and Organization*, Oxford: Blackwell, 1992.

PARRINDER Patrick, *Science fiction: its criticism and teaching*, Methuen, London, 1980.

PARRINDER Patrick, *Shadows of the future: H.G. Wells, science fiction, and prophecy*, Syracuse University Press, 1995.

PARRINDER Patrick, *Learning from other worlds: estrangement, cognition and the politics of science fiction and utopia*, Duke University Press, Durham, 2001.

PESQUEUX Yvon, *Le gouvernement de l'entreprise comme idéologie*, Editions Ellipses, Paris, 2000.

POPPER Karl, *La logique de la découverte scientifique*, Payot, Paris, 1973.

PRANTZOS Nicolas, *Voyages dans le futur, l'aventure cosmique de l'humanité*, Le Pommier, Paris, 1998.

QUANTIN Patrick., *Les origines de l'idéologie*, Economica, Paris, 1987.

RICOEUR Paul, *Du texte à l'action, essais d'herméneutique II*, Seuil, Paris, 1986.

RICOEUR Paul, *L'idéologie et l'utopie*, Seuil, Paris, 2005.

SALMON Christian, *Storytelling: La machine à fabriquer les histories et à formater les esprits*, La Découverte, Paris, 2007.

SCARDIGLI Victor, *Imaginaire de chercheurs & innovation technique*, Éditions Manucius, Paris, 2013.

SCHUMPETER Joseph Alois., *Business cycles: a theoretical, historical and statistical analysis of the capitalist process*, Porcupine press, Philadelphia (Pa.), 1989.

SCHUMPETER Joseph Alois, *Capitalisme, socialisme et démocratie*, Payot, Paris, 2006.

SCHOLES Robert E., *Structural fabulation: an essay on fiction of the future*, UMI, Books on demand, Ann Arbor (Mich.), 1994.

SEGAL Howard P., *Technological utopianism in American culture*, Syracuse University Press, New York, 2005.

SEGRESTIN Denis, *Sociologie de l'entreprise*, Armand Colin, Paris, 1992.

SFEZ Lucien, *Critique de la Communication*, Le Seuil, Paris, 1988.

SFEZ Lucien, *La santé parfaite, critique d'une nouvelle utopie*, Seuil, Paris, 1995.

SFEZ Lucien, *Technique et idéologie, un enjeu de pouvoir*, Seuil, Paris, 2002.

SHEDROFF Nathan et NOESSEL Christopher, *Make it so: Interaction design lessons from science fiction*, Rosenfeld Media, New York, 2012.

SIMONDON Gilbert, *Du mode d'existence des objets techniques*, Aubier, Paris, 1958.

SNOW Charles Percy., *The two cultures*, Cambridge University Press, 2012.

SPINOZA Baruch, *Traité théologique et politique I*, Pléiade, Paris, 1958.

SPINRAD Norman, *Science fiction in the real world*, Southern Illinois university press, Carbondale, 1990.

STABLEFORD Brian, *Sociology of science fiction*, Borgo Press, 2007.

STABLEFORD Brian., *The plurality of imaginary worlds: the evolution of French roman scientifique*, Hollywood Comics, 2016.

STENGERS Isabelle, *Sciences et pouvoir. La démocratie face à la technoscience*, La Découverte, Paris, 1997.

STERLING Bruce, *The hacker crackdown: law and disorder on the electronic frontier*, Viking, London, 1993.

SUVIN Darko, *Metamorphosis of science fiction: On the poetics and history of a literary genre*, Yale University Press, 1979.

SUVIN Darko., *Defined by a hollow: Essays on utopia, science fiction and political epistemology*, Peter Lang, 2010.

TONNIES Ferdinand., *Communauté et société*, PUF, Paris, 2010.

TOURAINE Alain, *Sociologie de l'action*, Paris, Le Seuil, 1965.

TURNER Mark, *The origin of ideas: Blending, creativity, and the human spark*, Oxford university Press, 2014.

TWISS Brian C., *Managing technological innovation*, Pitman, London, 1992.

VAS-DEYRES Natacha, *Ces français qui ont écrit demain. Utopie, anticipation et science-fiction au XXe siècle*, Honoré Champion, 2010.

VIRILIO Paul, *La vitesse de libération*, Editions Galilée, Paris, 1995.

VALANTIN Jean-Michel, *Hollywood, le Pentagone et Washington, les trois acteurs d'une stratégie globale*, Ed. Autrement, Paris, 2003.

VERSINS Pierre, *Encyclopédie de l'utopie, des voyages extraordinaires et de la science-fiction*, L'Âge d'homme, Lausanne, 1972.

WEBER Max, *L'éthique protestante et l'esprit du capitalisme*, Gallimard, Paris, 2003.

WEICK Karl E., *The social psychology of organizing*, McGraw-Hill, New York, 1979.

WEICK Karl E., *Sensemaking in organizations*, Sage Publications, Californie, 1995.

WESTFAHL Gary, *The mechanics of wonder: the creation of the idea of science fiction*, Liverpool University Press, 1998.

WESTFAHL Gary, Space and beyond: The frontier theme in science fiction, Greenwood Publishing Group, 2000.

WESTFAHL Gary, *The Greenwood Encyclopedia of Science Fiction and Fantasy: Themes, Works and Wonder, Volume 1*, Greenwood Publishing Group, 2005.

WOHLSEN M., *Biopunk : DIY scientists hack the software of life*, Current, New York, 2011.

YASZEK Lisa., *The self wired: technology and subjectivity in contemporary narrative*, Routledge, New York, London, 2002.

Sommaire

Revue « Marché et Organisations »
L'Harmattan

Cahiers d'économie et de gestion thématiques dont le but est de promouvoir la recherche originale sur les relations de plus en plus étroites qui se tissent entre le marché et les organisations. Les acteurs économiques de taille, de puissance et de pouvoir différents dont les intérêts peuvent être convergents, complémentaires ou, le plus souvent, antagoniques, ont tendance à organiser les marchés. La raison du marché, pourtant, est la référence stratégique pour l'entreprise ainsi que pour les institutions publiques de décision économique.

Numéros parus :

N°1 : Artisanat. La modernité réinventée, 2006
N°2 : La petite entreprise, elle a tout d'une grande. De l'accompagnement aux choix stratégiques, 2006
N°3 : Tourisme et Innovation. La force créative des loisirs, 2007
N°4 : Le travail. Formes récentes et nouvelles questions, 2007
N°5 : Les universités et l'innovation. L'enseignement et la recherche dans l'économie des connaissances, 2007
N°6 : Entrepreneuriat et accompagnement. Outils, actions et paradigmes nouveaux, 2008
N°7 : Développement durable des territoires. Economie sociale, environnement et innovations, 2008
N°8 : Développement durable et responsabilité sociale des acteurs, 2009
N°9 : Gouvernance : exercices de pouvoir, 2009
N°10 : Le travail collaboratif. Une innovation générique, 2009
N°11 : Economie sociale et solidaire. Nouvelles trajectoires d'innovations, 2010
N°12 : Relations à la marque et marques de la relation. Regards croisés sur le management relationnel de la marque, 2010
N°13 : Les contrats au service de la recherche ?, 2011
N°14 : Le potentiel économique de l'Afrique subsaharienne, 2011
N°15 : Management de la distribution, 2012
N°16 : Territoire Vert. Entreprises, Institutions, Innovations, 2012
N°17 : Eco-conception, conception et innovation. Les nouveaux défis de l'entreprise, 2013
N°18 : Intelligence économique : entreprises et territoires, 2013
N°19 : La finance globale. Un monde fini, 2013
N°20 : La crise du « développement », 2014
N°21 : La Chine innove. Politiques publiques et stratégies d'entreprise, 2014
N°22 : Go East! Nouvelles Economies de Marché, 2015
N°23 : L'économie du changement, 2015
N°24 : Le temps des artisans. Permanences et mutations, 2015
N°25 : Innovations de proximité et esprit d'entreprise, 2016
N°26 : L'avenir des économies du Maghreb : entre inertie structurelle et envie de rupture, 2016/3 (n° 27)
N°27 : Le sport aux frontières du marché du travail, 2016
N°28 : Dynamiques internationales des entreprises, 2017
N°29 : L'univers du risque, 2017
N°30 : Les petites entreprises dans l'histoire industrielle, 2017
N°31 : Economie sociale et *social business* ? Au défi d'entreprendre et se financer, 2018
N°32 : Éducation et fertilisation des économies africaines, 2018

Collection « L'esprit économique »

fondée par Sophie Boutillier et Dimitri Uzunidis en 1996
dirigée par Sophie Boutillier, Blandine Laperche, Dimitri Uzunidis

Dernières parutions

► ***Série Economie et Innovation***
S. MAHREZ, La division cognitive du travail dans le capitalisme postfordiste, 2016.
M.-J. POLLET-VILLARD, *L'innovation dans les services. cadre d'une analyse dynamique fondée sur les réseaux*, 2017.
B. CHRISTOPHE, *La décroissance écologique transforme l'entreprise*, 2017.
G. ACHERMANN, *Territoires d'innovation en Russie, Ambitions et contraintes d'une politique de clusterisation*, 2018.
C. ABDOU LAHAD THIAW, *Innovation localisée pour le développement économique du Sénégal*, 2018.
N. ANIDO FREIRE, *Tradition et innovation : de l'opposition à la complémentarité*, 2018.
► ***Série Le Monde en Question***
W. AMEDZRO St-HILAIRE, *Le capital global et sa régulation*, 2014.
W. AMEDZRO St-HILAIRE, *Reconstruire l'Afrique. Nouvelle gouvernance et projet de développement*, 2014.
M. SANTI, *Misère et opulence. Chroniques d'austérité globalisée*, 2015
J.-M. BOUSSARD, *Les prix agricoles. Nouveau dialogue sur le commerce des bleds*, 2017
C. BASTIDON, O. GBAGUIDI A. GHOUFRANE, A. SILEM (dir.), *Commerce, invostissement et développement durable en Afrique*, 2017.
L. BOURQUIN, *Europe 3.0 : le grand réveil*, 2017.
A. ROSOWSKY, *De l'économie de pillage a la société désagrégée, un essai sur la révolution thatchérienne*, tomes 1 & 2, 2017.
► ***Série Krisis***
A. MARQUEZ-VELASCO, *Politique et économie. 10 mesures phares pour un monde meilleur*, 2015.
R. GOODFELLOW, *Le cycle des crises aux États-Unis depuis 1929. essai de systématisation de la conjoncture*, 2016.
M. LAUDET, *Aux origines de l'économie politique : Antoine de Montchrestien et son « traicte de l'oeconomie politique »*, 2016.
J. HUERTA DE SOTO, *La théorie de l'efficience dynamique*, 2017.
Y. LEVANT, S. TREBUCQ, *Théorie comptable et sciences économiques du XVe au XXIe siècle, mélanges en l'honneur du professeur Jean-Guy Degos*, 2018.
M. WIELEZYNSKI, *Retour sur l'origine du profit : et si l'économie changeait de paradigme…*, 2018.
► ***Série Clichés***
S. BOUTILLIER, D. UZUNIDIS (dir.), *La Russie européenne. Du passé composé au futur antérieur*, 2008.
R. VOLPI, *La négociation. Pain, paix, liberté*, 2009.
► ***Série Cours Principaux***
P. BOUVIER-PATRON, *Economie et management de l'entreprise innovante. Réseaux, territoire et développement durable*, 2014.
J. KIAMBU, *Eléments d'analyse économique*
J.-P. MOCKERS, *Court traite d'économie et de politique économique*, 2016.
P.-Y. CARASCO, Prix de transfert et stratégies d'optimisation fiscale de la firme multinationale, 2017.
O. ESNEU, *Fondements de droit. Manuel d'initiation*, 2018.
B. LANDAIS, *Les fluctuations économiques, une synthèse nouvelle*, 2017.
► ***Série L'économie formelle***
J. BERNARD, *La croissance. 10 points cruciaux*, 2013.
P.-A. LAMBERT, *Le temps de la rigueur. Fiscalité, protection sociale, mondialisation*, 2014.
F. BISMANS, *La grande récession : un autre regard sur des temps troubles (2007-2013)*, 2016.
B. SCHWENGLER, *De l'inflation à la dette publique : analyse des discours politiques*, 2016.
S. PARK, *Les abus de puissance économique dans les relations commerciales déséquilibrées*, 2018.

Structures éditoriales du groupe L'Harmattan

L'Harmattan Italie
Via degli Artisti, 15
10124 Torino
harmattan.italia@gmail.com

L'Harmattan Hongrie
Kossuth l. u. 14-16.
1053 Budapest
harmattan@harmattan.hu

L'Harmattan Sénégal
10 VDN en face Mermoz
BP 45034 Dakar-Fann
senharmattan@gmail.com

L'Harmattan Cameroun
TSINGA/FECAFOOT
BP 11486 Yaoundé
inkoukam@gmail.com

L'Harmattan Burkina Faso
Achille Somé – tengnule@hotmail.fr

L'Harmattan Guinée
Almamya, rue KA 028 OKB Agency
BP 3470 Conakry
harmattanguinee@yahoo.fr

L'Harmattan RDC
185, avenue Nyangwe
Commune de Lingwala – Kinshasa
matangilamusadila@yahoo.fr

L'Harmattan Congo
67, boulevard Denis-Sassou-N'Guesso
BP 2874 Brazzaville
harmattan.congo@yahoo.fr

L'Harmattan Mali
Sirakoro-Meguetana V31
Bamako
syllaka@yahoo.fr

L'Harmattan Togo
Djidjole – Lomé
Maison Amela
face EPP BATOME
ddamela@aol.com

L'Harmattan Côte d'Ivoire
Résidence Karl – Cité des Arts
Abidjan-Cocody
03 BP 1588 Abidjan
espace_harmattan.ci@hotmail.fr

L'Harmattan Algérie
22, rue Moulay-Mohamed
31000 Oran
info2@harmattan-algerie.com

L'Harmattan Maroc
5, rue Ferrane-Kouicha, Talaâ-Elkbira
Chrableyine, Fès-Médine
30000 Fès
harmattan.maroc@gmail.com

Nos librairies en France

Librairie internationale
16, rue des Écoles – 75005 Paris
librairie.internationale@harmattan.fr
01 40 46 79 11
www.librairieharmattan.com

Librairie l'Espace Harmattan
21 bis, rue des Écoles – 75005 Paris
librairie.espace@harmattan.fr
01 43 29 49 42

Lib. sciences humaines & histoire
21, rue des Écoles – 75005 Paris
librairie.sh@harmattan.fr
01 46 34 13 71
www.librairieharmattansh.com

Lib. Méditerranée & Moyen-Orient
7, rue des Carmes – 75005 Paris
librairie.mediterranee@harmattan.fr
01 43 29 71 15

Librairie Le Lucernaire
53, rue Notre-Dame-des-Champs – 75006 Paris
librairie@lucernaire.fr
01 42 22 67 13

Achevé d'imprimer par Corlet Numérique - 14110 Condé-sur-Noireau
N° d'Imprimeur : 148703 - Juin 2018 - Imprimé en France

Institutions juridictionnelles